"十四五"职业教育河南省规划教材

财务管理

第2版

主　编　吴希慧

副主编　李　萃　贾　娜

参　编　王金震　吴玉婉　杜耀龙

机械工业出版社

本书紧紧围绕高等职业教育新型人才培养目标，以全国会计专业技术资格标准为参照，以企业财务管理活动为主线，以财务决策为主要内容，突出财务管理岗位职业能力与职业素质的培养，贯彻了教、学、做一体化和理论与实践相结合的教学理念，侧重培养学生运用所学理论知识分析、解决实际问题的能力。本书共分为九章：第一、二章阐述了财务管理基础知识及货币时间价值与风险价值；第三～七章是财务管理的核心内容，即筹资方式、筹资决策、投资管理、营运资金管理、收益分配管理；第八、九章介绍财务管理的专题内容，即财务分析和财务战略。

本书内容深入浅出，注重实用性，每章后附有同步测试，便于学生加强理解和练习，使学生能够举一反三，融会贯通；本书还配有电子课件、教案、参考答案和二维码教学视频等相关教学资源，有助于学生自学，也方便教师授课。

本书可作为高等职业院校财务会计类专业及相关专业的通用教材，也可作为企业在职人员培训或自学考试及会计专业技术资格考试的参考教材。

图书在版编目（CIP）数据

财务管理/吴希慧主编. —2版. —北京：机械工业出版社，2023.6（2025.1重印）
ISBN 978-7-111-72400-1

Ⅰ．①财…　Ⅱ．①吴…　Ⅲ．①财务管理—高等职业教育—教材　Ⅳ．①F275

中国国家版本馆CIP数据核字（2023）第075129号

机械工业出版社（北京市百万庄大街22号　邮政编码100037）
策划编辑：孔文梅　　　　　　责任编辑：孔文梅　乔　晨
责任校对：龚思文　何　洋　　封面设计：鞠　杨
责任印制：李　昂
北京捷迅佳彩印刷有限公司印刷
2025年1月第2版第4次印刷
184mm×260mm・15.25印张・374千字
标准书号：ISBN 978-7-111-72400-1
定价：49.00元

电话服务　　　　　　　　　网络服务
客服电话：010-88361066　　机　工　官　网：www.cmpbook.com
　　　　　010-88379833　　机　工　官　博：weibo.com/cmp1952
　　　　　010-68326294　　金　书　网：www.golden-book.com
封底无防伪标均为盗版　　机工教育服务网：www.cmpedu.com

前言
Preface

随着信息技术的快速发展，很多技能性的会计核算工作将逐渐被计算机所替代，会计工作的重点由核算转向管理是一种必然的趋势，这就要求我们将人才培养的重点由核算型转向管理型。而财务管理是企业管理的重要组成部分，是组织财务活动、处理财务关系的一项经济管理工作。在市场经济条件下，企业财务管理水平决定着企业生产经营规模和市场竞争力，强化企业的财务管理已经成为现代企业在激烈市场竞争中得以生存和发展的根本保障。

本书根据以就业为导向、突出专业技能训练和岗位的职业性等高等职业教育人才培养目标编写。本书围绕如何更科学、合理地筹集资金、使用资金和分配资金这一核心问题，系统地阐述了企业财务管理的基本理论、内容、方法和技能。全书共分九章，有如下特点：

（1）将党的二十大精神有机融入教材。为贯彻落实党的二十大报告中提出的"深入实施科教兴国战略、人才强国战略、创新驱动发展战略，开辟发展新领域新赛道，不断塑造发展新动能新优势"这一战略部署及赋予教育的新使命、新任务，加快推进教育高质量发展，本书编者认真研读党的二十大报告、党章及相关重要讲话精神，坚持育人的根本在于立德，加强整体设计和系统梳理，结合本课程特点，将党的二十大精神有机融入教材内容，以充分发挥教材的铸魂育人功能，为培养德智体美劳全面发展的社会主义建设者和接班人奠定坚实基础。

（2）内容科学先进、针对性强。内容的选取力求科学先进、重点突出、深浅适度、精简实用。本书内容涵盖财务管理的各环节，覆盖面较广，涉及货币时间价值与风险价值，筹资、投资、营运资金、收益分配的管理，财务分析以及财务战略等内容；同时本书针对高等职业院校学生特点，对教学内容进行了适当精简，在保证内容全面的同时，突出教学重点，并在教学深度上予以平衡，以求学生从整体角度把握本课程，体现高等职业教育的实践性、应用性。

（3）编写体例科学合理，注重问题导向，体现以学生为主体的理念。本书每章开篇都设置了学习目标及案例引入，以引导学生带着问题进入具体内容的学习，为教师教学和学生学习指引方向，同时有利于增加本书的可读性。内容上以阐述理论为基础，同时突出实际运用，配以较多精炼贴切的案例，通过密切联系实际，直观形象地对相关理论加以说明，尽量通俗易懂，便于学生的理解，以提升学生分析、解决实际问题的能力。

（4）教学资源优质丰富。本书配有电子课件、教案、参考答案和二维码教学视频等相关教学资源，内容全面优质，讲解清晰，方便教师教学使用，提升教学效率与效果。凡选用本书作为教材的教师均可登录机械工业出版社教育服务网 www.cmpedu.com 下载。咨询电话：010-88379375；服务 QQ：945379158。

本书由河南工业职业技术学院骨干教师吴希慧、李萃、王金震、吴玉婉、杜耀龙和金冠电气股份有限公司行业专家贾娜共同编写，由吴希慧担任主编，李萃、贾娜担任副主编。具体分工如下：第一、二章由吴希慧编写；第三、四章由李萃编写；第五章由王金震编写；第六章由贾娜编写；第七、九章由吴玉婉编写；第八章由杜耀龙编写，最终由吴希慧负责全书的总纂、修改定稿。

在编写过程中，我们借鉴和参考了相关著作，在此谨向相关作者一并表示衷心的感谢；本书的出版也得到了机械工业出版社的大力支持和帮助，在此致以诚挚的谢意。虽然本书各作者通力合作，力求做到精益求精，但由于作者水平有限，书中难免存在纰漏或不妥之处，恳请专家、同行及读者批评指正，使之日臻完善。

编　者

二维码索引 Qr Code Index

目 录 Contents

第一章

财务管理基础知识

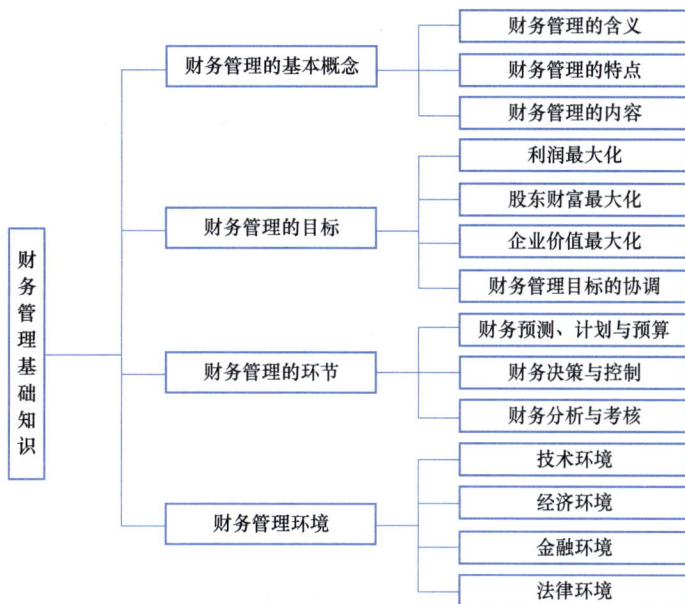

案例引入

有这样一则寓言故事：

一个国王远行前交给 3 位仆人各一锭银子，吩咐道："你们去做生意，等我回来时见我。"国王回来时，一位仆人说："您交给我的一锭银子，我已赚了 10 锭。"国王便奖励他 10 座城邑。另一位仆人说："您给我的一锭银子，我已赚了 5 锭。"国王奖励他 5 座城邑。第三位仆人说："您给我的 1 锭银子，我一直包在手帕里，怕丢失，一直没有拿出来用。"于是国王便命令将其银子没收，并奖赏给第一位仆人，并说：凡是少的，就连他所有的也要夺过来。凡是多的，还要给他，叫他多多益善。这个观念后来被经济学家运用，命名为"马太效应"：即任何个体、群体或地区，在某一个方面（如金钱、名誉、地位等）获得成功和进步，就会产生一种积累优势，就会有更多的机会取得更大的成功和进步，这也体现了强者愈强、弱者愈弱的一种普遍现象。在如今的经济社会中，资本有其自身的运动法则，而财务管理的实质就是理财、生财、聚财之道，掌握了它，你就可能开启财富之门。

讨论与思考

何为理财？何为财务管理？

第一节　财务管理的基本概念

财务管理导论

财务管理大致起源于 15 世纪末 16 世纪初。当时西方社会正处于资本主义萌芽时期，地中海沿岸很多商业城市出现了由譬如商人、王公大臣以及市民等社会公众入股的商业组织。商业股份经济的发展客观上需要企业合理预测资金的需要量，高效率地筹集资本。但由于这一时期的企业对资本的需要量并不是很大，筹资渠道和筹资方式都比较单一，企业的筹资活动也仅仅附属于商业经营管理，为商业经营管理而服务，所以此时并没有真正形成独立的财务管理职业。直到 19 世纪末 20 世纪初，随着资本主义市场经济进一步发展，企业财务管理活动的重要性越来越明显，随之产生的财务管理职业也逐渐被企业所有者所重视。

企业财务管理的发展是与社会经济的发展、重大的经济事件及特殊的经济时期密不可分的。在现代企业的管理中，财务管理者扮演着一个重要的角色，企业的财务管理者必须应对诸多外部环境的变化及进行内部事务的处理。诸如全球经济的不确定性、汇率的波动、税法政策的调整，各企业之间竞争的加剧，技术的革新，企业筹资的决策、投资的决策，企业资产管理的决策等，都与企业财务管理工作相关，那么到底什么是企业财务管理呢？

一、财务管理的含义

企业财务管理，简而言之就是对企业财务的管理。财务一般是指与钱、物有关的事务，是财务活动和财务关系的统一。企业财务则是指企业在生产经营过程中的财务活动及企业在财务活动中与有关各方发生的财务关系。

因此，企业财务管理作为企业管理的一部分，是企业组织财务活动、处理财务关系的一项综合性管理工作。具体来说，财务管理是以价值的形式对企业的生产经营活动进行综合管理，它利用资金、成本费用、收入、利润等价值形式反映企业经济活动中的劳动占用量、劳动消耗量和劳动成果，进而反映企业经济效益的好坏。财务管理的对象是企业在生产过程中的资金活动，而财务管理的内容就是企业财务管理对象的具体化。

二、财务管理的特点

企业管理包括生产管理、销售管理、财务管理、人力资源管理、信息管理和战略管理等许多方面，而财务管理作为企业管理的一个重要组成部分，区别于其他企业管理活动的特点主要在于：

（一）侧重价值管理

财务管理主要利用资金、成本、收入、利润等价值指标，通过财务预测、计划与预算，财务决策与控制以及财务分析与考核等环节来组织企业价值的形成、实现与分配。这与其他企业管理工作所涉及的产销量、品种、质量、劳动生产率、物资消耗率等指标具有比较明显的区别。在财务活动中，价值的观念无处不在，其中，货币时间价值与风险价值这两个主要的价值观念贯穿于财务活动的始终。运用价值手段进行财务管理活动，可以全面、系统、完整地对财务主体的经济活动进行高效管理。企业管理在实行分工和分权的过程中形成了一系列专业管理工作，有的侧重于劳动要素的管理，有的侧重于信息管理，而企业财务管理侧重于价值管理。

（二）协调性

无论是组织财务活动还是处理财务关系，财务管理都具有较强的协调性。财务管理与企业生产管理、销售管理等其他管理活动密切相关，同时又为企业其他管理活动提供前提和基础。由于财务管理运用价值的观念和货币关系来配置企业资源，执行各项法律法规及财务制度，规范各利益相关者的行为，因此可以提高资源的配置效率，使不同利益主体因企业共同的利益关系而组合在一起。财务管理协调性的特点，体现了财务管理具有较强的控制能力。

（三）综合性

企业财务管理利用价值形式对再生产过程进行管理，不仅要组织企业各种财务活动，还要处理企业各种财务关系。其综合性的特点一方面体现在财务管理工作中的相关指标具有一定的综合性，另一方面则体现在财务管理工作与其他管理工作相互配合，以保证企业各项工作不偏离财务管理的既定目标。

三、财务管理的内容

企业财务管理是组织财务活动、处理财务关系的一项综合性管理工作。财务管理的内容是企业财务管理职能的具体化，主要包括组织财务活动和处理财务关系两个方面。

（一）财务活动

企业的财务活动包括资金的筹集、运用、回收及分配等一系列行为。根据资金运动的性质，财务活动可以划分为筹资活动、投资活动、资金营运活动以及收益分配活动四个方面。

1. 筹资活动

资金的筹集是资金运动的起点。筹资活动是指企业为了满足生产经营活动的需要，从一定的渠道，采用特定的方式，筹措企业所需资金的过程。一般而言，企业筹措的资金来源主要有两个方面，一方面是投资者投入的资本、资本公积及留存收益等权益资金；另一方面是从债权人那里筹措到的借款、发行的债券等债务资金。企业筹措的资金可以是货币资金形态，也可以是实物和无形资产等形态。在筹资活动中，资金一般表现为流入企业。

2. 投资活动

筹资的目的是投资。企业在取得资金后，必须将资金投入到生产经营活动中，以获得更大的经济效益。投资活动即企业根据项目资金的需要投出资金的行为。投资分为广义的投资和狭义的投资。广义的投资不仅包括对外投资（如投资购买其他公司的股票、债权以获得收益，或与其他企业联营，或投资于外部项目），还包括内部使用资金（如购置固定资产、无形资产和其他流动资产等）。狭义的投资仅包括对外投资。在投资活动中，资金一般表现为流出企业。

3. 资金营运活动

资金营运活动是指企业在正常生产经营活动中发生的一系列资金收付活动，如销售商品、提供劳务，或采购材料、支付工人薪酬和其他经营费用等。相对于筹资活动、投资活动和收益分配活动，资金营运活动的发生最为频繁。而且资金营运活动围绕营运资金展开，其关键在于如何加快营运资金周转，提升营运资金的利用效率。在资金营运活动中，资金既表现为流入企业，又表现为流出企业。

4. 收益分配活动

企业通过资金的投放和使用，能够取得相应的收入，这些收入在弥补了生产耗费、期间费用和流转环节的相关税费后，剩余部分形成企业的营业利润。营业利润、投资净收益和营业外收支净额构成了企业的利润总额，利润总额按照国家规定缴纳所得税后，还应当根据相关法律规定对剩余收益进行分配。广义的收益分配指的是企业对于各种收入进行分割并分派的行为，而狭义的收益分配则指的是对企业净利润的分配，如将税后利润提取公积金、分配给投资者或暂时留存企业。企业必须根据国家相关法律、法规以及相关制度的规定确定适合企业的收益分配原则，选择合理的分配规模及方式，确保企业取得最大的长期利益。在收益分配活动中，资金表现为流出企业。

筹资活动、投资活动、资金营运活动与收益分配活动共同构成了企业财务活动的主要内容，同时这些财务活动之间紧密相关。筹资活动是企业财务管理的首要环节。成立企业首先需要以一定的方式获得资金，在资金筹措的基础上，进行投资。投资活动是企业财务管理的关键环节，为企业获利提供了重要的条件，资金投放后，企业通过对营运资金进行管理，提高资金营运效率，产生利润、增加股东财富。赚取利润之后，企业通过制定适合的分配政策，兼顾多方面的利益为企业财务活动的持续开展提供动力。

（二）财务关系

财务关系是指企业在投资活动、筹资活动、资金营运活动和收益分配活动中形成的企业与各有关方面的经济利益关系。这些关系主要体现为以下几个方面：

1. 企业与投资者之间的财务关系

企业与投资者之间的财务关系体现为投资者按照约定向企业投入资金，企业向投资者支付投资报酬所形成的经济利益关系，投资者可以是国家、其他单位、外商或者个人。投资者因向企业投入资金而成为企业的所有者，拥有企业的所有权，享受企业收益的分配权和剩余财产的分配权；企业吸收的资金形成企业的自有资金，依法经营、自负盈亏、照章纳税，向投资者支付投资报酬，实质上是一种所有权和经营权之间的关系。

2. 企业与债权人之间的财务关系

企业与债权人之间的财务关系体现为债权人（可以是银行等金融机构、非金融机构、其他单位、外商或个人）按照合约向企业投入资金，企业按照合约向债权人支付利息、归还本金所形成的经济利益关系。债权人向企业投入资金的目的不仅仅是收回本金，获得固定的利息收入也同样重要。企业与债权人之间的这种财务关系实质上是一种债务与债权的关系。

3. 企业与受资企业之间的财务关系

企业与受资企业之间的财务关系主要指的是企业以购买股票或者直接投资的形式向其他企业投资所形成的经济利益关系，在这种财务关系下，企业为投资者，对方为受资者。现代市场经济发展迅速，企业的经营规模和经营范围都在不断扩大，企业通过收购、兼并等形式对其他企业进行参股、控股的行为都十分普遍，企业向其他企业出资，履行出资义务，根据投资额参与受资企业的经营管理和利润分配，实质上就是所有权性质的投资与受资的关系。

4. 企业与债务人之间的财务关系

企业与债务人之间的财务关系指的是企业以购买债券、提供贷款或商业信用等形式将资金出借给其他企业所形成的经济利益关系。企业将资金出借后，有权要求对方按照双方约定的条件支付利息并归还本金。两者之间的关系实质上属于债权债务关系。

5. 企业与其他企业之间的财务关系

企业与其他企业之间的财务关系可以通过三个方面来体现：①企业因购买材料、销售商品或劳务而与供应商和客户形成的货币收支关系；②企业之间相互赊销、赊购形成的短期债权债务关系；③企业之间相互投资或因持股、控股而形成的所有权关系。企业之间的经济往来越来越密切，之间的经济利益也越来越复杂，由此形成的财务关系也必然是企业财务管理的重要方面。

6. 企业内部各单位之间的财务关系

企业内部各单位之间的财务关系主要是指企业内部各单位之间相互提供产品或劳务所形成的经济利益关系。企业内部各单位之间既有分工又有合作，共同形成一个完整的生产经营系统。同时，内部各单位之间又是一个个相互独立的子系统，既要履行各自独立的职能，又要相互协调、配合。只有这样，企业才能高效、稳定地运行，从而实现企业既定的生产经营目标。企业内部各单位之间相互提供产品、劳务要以合理的价格进行计价结算，严格区分各单位的经济利益和经济责任，充分发挥激励机制和约束机制的作用。内部各单位之间形成的财务关系实质上是资金结算关系，体现了企业内部各单位之间的责任和利益。

7. 企业与职工之间的财务关系

企业与职工之间的财务关系指的是企业在向其职工支付劳动报酬过程中所形成的经济利益关系，企业按照"各尽所能，按劳分配"的原则，主要以货币形式支付职工的劳动报酬，包括工资、补贴、奖金及福利等，这种关系实质上体现了职工个人与企业在劳动成果上的分配关系。

8. 企业与社会公众之间的财务关系

企业与社会公众之间的财务关系主要体现在两个方面：①商品或劳务的提供与接受都应当遵循等价交换的原则；②企业作为社会公民，也应当承担一定的社会责任，不能仅将其成本转嫁给社会，也需要用一定的资金支持社会公益事业。企业与社会公众之间的财务关系一般反映为责任与义务的关系。

第二节　财务管理的目标

企业是营利性组织，企业的目标表现为生存、发展和获利。企业财务管理的目标是企业在特定的理财环境中，通过组织财务活动、处理财务关系所要达到的目的。企业财务管理目标取决于企业目标，是企业财务管理活动所希望实现的结果。它决定了企业财务管理的发展方向，是企业一切财务活动的出发点和归宿，也是评价企业财务活动的基本标准。

目前，人们对企业财务管理的目标看法不一，但在财务管理的发展历程中，具有以下几种具有代表性的观点，分别是利润最大化、股东财富最大化和企业价值最大化。

一、利润最大化

利润最大化是西方微观经济学的理论基础，指的是企业财务管理以实现利润最大化为目标。这种观点认为：利润代表了企业新创造的财富，利润越多则说明企业的财富增加得越多，越接近企业的目标。以利润最大化作为财务管理目标的原因有三个：①人类从事生产经营活动的主要目的在于创造更多的剩余产品，而利润这一指标可以用来衡量剩余产品的多少；②在自由竞争的资本市场中，资本使用权最终属于获利多的企业；③只有每个企业都最大限度地创造利润，整个社会的财富才能实现最大化，从而带来整个社会的进步与发展。以利润最大化作为财务管理的目标，其合理的一面主要体现在企业追求利润最大化，就必须进行经济核算，改进技术，提高劳动生产率，降低产品成本。这些措施都有利于资源的合理配置，有利于经济效益的提高。

但以利润最大化作为企业的财务管理目标存在以下缺点，经营管理者不能忽视。

（1）利润最大化没有考虑利润实现的时间，没有考虑货币时间价值。例如，今年10万元的利润和5年后10万元的利润，实际价值必然是不相等的，10万元的利润经过5年的时间会有时间价值的增加，而且这一数值会因贴现率的不同而不同。

（2）利润最大化没有考虑风险问题。不同行业具有不同的风险，同样金额的利润在不同的行业中意义也不同。例如，风险较高的高科技企业与风险相对较低的制造业企业，由于风险不同，也无法简单地用利润来进行比较。

（3）利润最大化没有反映创造的利润与投入资本之间的关系。例如，两个企业同样获得利润 10 万元，但一个企业投入资本 100 万元，另一企业投入资本 150 万元，由于投入资本不同，显然并不能够直接进行比较。

（4）可能导致企业短期财务决策行为，影响企业长远发展。由于利润这一指标通常按年计算，企业决策往往会服务于企业年度指标的完成或实现，这样势必会使企业财务决策带有短期行为的倾向。

二、股东财富最大化

股东财富最大化是指企业财务管理以实现股东财富最大为目标。在上市公司中，股东财富由股东所拥有的股票数量和股票市场价格两个因素来决定。在股票数量一定时，股票价格越高，股东财富越大，股票价格达到最高，股东财富也就达到最大。

（一）优点

（1）考虑了风险因素，因为股价通常会对风险做出敏感反应，产生股价波动。

（2）在一定程度上能够规避企业的短期行为，因为不仅当前的利润会对股价产生影响，预期未来的利润同样会对股价产生重要影响。

（3）对于上市公司而言，股东财富最大化的目标比较容易量化，便于企业进行奖惩和考核。

（二）缺点

（1）该目标往往只适用于上市公司，因为上市公司需要对公众披露相关财务信息，可以随时准确地获得公司的股价，但在非上市公司难以应用。

（2）公司的股价容易受到众多因素尤其是企业外部因素的影响，甚至是一些非正常的因素也可能影响公司股价。因此股票价格这一指标并不能够完全反映企业的财务管理状况。例如，有的上市公司明明已经处于破产边缘，但由于还存在某些机会或特殊原因，其股价还可能继续走高。

（3）股东财富最大化目标更多强调的是股东的利益，而对其他相关者的利益重视不够。

三、企业价值最大化

企业价值最大化指的是企业财务管理行为以实现企业的价值最大为目标。企业的价值可以理解为企业所有者权益和债权人权益的市场价值，或者说是企业能够创造的预计未来现金流量的现值。未来现金流量这一概念，考虑了货币时间价值和风险价值两个方面的因素。因为未来现金流量的预测包含了一定的不确定性和风险因素，而现金流量现值正是以货币时间价值为基础对现金流量进行折现计算得出的。

企业价值最大化目标要求企业通过选择最优的财务策略，充分考虑货币时间价值和风险与报酬之间的关系，在保证企业长期稳定发展的基础上使得企业总价值达到最大。

（一）优点

（1）该目标考虑了取得报酬的时间，并运用货币时间价值的原理进行了计量，企业价值等于其未来预期实现的现金净流量的现值。

（2）该目标考虑了风险与报酬之间的关系。

（3）该目标克服了企业在追求利润上的短期行为，将企业长期稳定发展和持续的获利能力放在首位，因为不仅当前的利润会影响企业的价值，预期未来的利润也会影响企业的价值。

（4）用价值代替价格，克服了过多外界市场因素的干扰，能够有效地规避企业的短期行为。

（二）缺点

（1）企业价值过于理论化，不易操作。尽管对于上市公司，股价变动能够在一定程度上揭示企业价值的变化，但是股价受众多因素共同影响，特别是在资本市场效率低下的情况下，股票价格难以反映企业的真实价值。

（2）对于非上市公司，由于无法获得企业公开的相关财务信息，只有对企业进行专门的评估方能确定其价值，而受到评估标准和评估方式的影响，很难做到完全客观准确，因此，评估的企业价值也会存在偏差。

在现代市场经济条件下，资本市场日趋完善，上市公司数量增加，且其在国民经济中所占的地位和发挥的作用逐渐提高、增强，企业价值最大化逐渐得到广泛认可，同时企业价值最大化体现了对经济效益的深层次认识，因此它是企业财务管理的最优目标。但在实践中，企业价值最大化只是一个抽象的概念，企业价值尚存在难以计量的问题。

四、财务管理目标的协调

我们认为，企业财务管理的最优目标是企业价值最大化，根据这一目标，财务活动要处理各种财务关系，这意味着企业不同的利益相关者之间会出现利益冲突。而协调相关者的利益冲突，则要把握一定的原则，即尽可能使企业相关者的利益分配在数量和时间这两个方面达到动态的协调平衡。在所有的利益冲突协调中，所有者和经营者、所有者和债权人的利益冲突与协调至关重要。

（一）所有者和经营者的利益冲突与协调

在现代企业中，经营者一般不拥有占支配地位的股权，他们只是所有者的代理人。所有者期望经营者代表他们的利益工作，实现所有者财富最大化，而经营者则有其自身的利益考虑，二者的目标经常会不一致。通常而言，所有者支付给经营者报酬的多少，取决于经营者能够为所有者创造多少财富。经营者和所有者的主要利益冲突是经营者希望在创造财富的同时，能够获取更多的报酬、更多的享受，并避免各种风险；而所有者则希望以较小的代价即支付较少报酬来实现更多的财富。为了协调这一利益冲突，企业通常可采取以下方式解决：

1. 解聘

这是一种通过所有者约束经营者的办法。所有者对经营者予以监督，如果经营者绩效不佳，就解聘经营者；经营者为了不被解聘就需要努力工作，为实现财务管理目标服务。

2. 接收

这是一种通过市场约束经营者的办法。如果经营者决策失误、经营不力、绩效不佳，该企业就可能被其他企业强行接收或吞并，相应的经营者也会被解聘。经营者为了避免这种接收，就必须努力实现财务管理目标。

3. 激励

激励就是将经营者的报酬与其绩效直接挂钩，以使经营者自觉采取能提高所有者财富的措施。激励通常有两种方式：

（1）股票期权。它是指允许经营者以预先确定的条件购买本企业一定数量股份的权利，当股票的市场价格高于约定价格，经营者就会因此获得收益。经营者为了获得更大的股票涨价益处，就必然主动采取能够提高股价的行动，从而增加所有者财富。

（2）绩效股。它是指企业运用每股收益、资产收益率等指标来评价经营者绩效，并视其绩效大小给予经营者数量不等的股票作为报酬。如果经营者绩效未能达到规定目标，则将丧失原先持有的部分绩效股。这种方式使经营者不仅为了多得绩效股而不断采取措施提高经营绩效，而且为了使每股市价最大化，也会采取各种措施使股票市价稳定上升，从而增加所有者财富。即使由于客观原因股价并未提高，经营者也会因为获取绩效股而获利。

（二）所有者和债权人的利益冲突与协调

所有者的目标可能与债权人期望实现的目标发生矛盾。首先，所有者可能要求经营者改变举债资金的原定用途，将其用于风险更高的项目，这会增大偿债风险，债权人的负债价值也必然会降低，造成债权人风险与收益的不对称。因为高风险的项目一旦成功，额外的利润就会被所有者独享；但若失败，债权人却要与所有者共同负担由此而造成的损失。其次，所有者可能在未征得现有债权人同意的情况下，要求经营者举借新债，因为偿债风险相应增大，从而致使原有债权的价值降低。所有者与债权人的上述利益冲突，可以通过以下方式解决：

1. 限制性借债

债权人通过事先规定借债用途、借债担保条款和借债信用条件，使所有者不能通过以上两种方式削弱债权人的债权价值。

2. 收回借款或停止借款

当债权人发现企业有侵蚀其债权价值的意图时，采取收回债权或不再给予新的借款的措施，从而保护自身权益。

3. 债转股

通过合约形式，将企业部分债务转为股本，从而使债权人角色转换为股东角色，以实现二者利益目标的协调。

第三节　财务管理的环节

财务管理的环节是企业财务管理工作各阶段的步骤与一般工作程序，主要包括财务预测、计划与预算，财务决策与控制和财务分析与考核这几个环节。这几个环节相互联系、相互作用，形成周而复始的财务管理循环。

一、财务预测、计划与预算

（一）财务预测

财务预测是指根据企业财务活动的历史资料，结合现实情况，运用专门的方法，对企业未来的财务活动做出预计和测算的过程。财务预测可以测算各项生产经营方案的经济效益，为决策提供可靠的依据；可以预计财务收支的发展变化情况，以确定经营目标；可以测算各项定额和标准，为编制计划、分解计划指标服务。

财务预测也是财务决策的依据，它是在上一个财务循环的基础上进行的。财务预测根据内容可分为资金预测、成本费用预测、销售预测和利润预测。资金预测是对资金需要量和现金流量做出的预测；成本费用预测是对销售成本、税金及期间费用等做出的预测；销售预测是对销售价格、销售量和销售收入等做出的预测；利润预测则是对企业利润的形成及分配进行的预测。

财务预测的一般步骤为：

（1）确定预测对象和目标，使预测工作有目的地进行。

（2）收集和整理相关信息资料，并加以分类和整理。

（3）选定专门的预测方法，有效地进行预测。

财务预测的方法可采用定性预测法和定量预测法两种。定性预测法主要是利用直观材料，依靠个人的主观判断和综合分析能力，对事物未来的状况和趋势做出预测的一种方法；定量预测法包括趋势预测法和因果预测法等专门方法，主要是根据变量之间存在的数量关系建立数学模型来进行预测的方法。

（4）将预测结果与现实比较，检查和修正预测结果。

（二）财务计划

财务计划是指根据企业整体战略目标和规划，结合财务预测的结果，对财务活动进行计划，并以指标形式落实到每一个计划期间的过程。财务计划主要通过指标和表格，以货币形式反映在一定的计划期内企业生产经营活动所需要的资金及其来源、财务收入和支出、财务成果及其分配的情况。通常情况下，财务计划指标的确定方法有平衡法、因素法、比例法和定额法等。

财务计划的一般步骤为：

（1）收集和整理资料。

（2）紧密结合企业各项计划，对各项指标进行协调，实现计划的综合平衡。

（3）在先进、合理的技术经济基础上，调整各种指标，编制财务计划。

（4）组织讨论，提出措施，实施计划。

（三）财务预算

财务预算是指根据财务战略、财务计划和各种预测信息，确定预算期内各种预算指标的过程。财务预算是财务决策的具体化，是财务计划的分解和落实。正确的财务预算可以提高财务管理的预见性，也可以为企业及各部门、各层级提出具体的财务目标。企业应按照财务决策的要求，分析财务环境和条件，确定各项预算指标，对需要与可能进行协调，综合平衡，采用适当方法、编制好财务预算。

财务预算主要内容包括资金筹集预算、固定资产投资和折旧预算、流动资产占用和周转预算、对外投资预算、利润和利润分配预算。财务预算的方法通常包括固定预算与弹性预算、增量预算与零基预算、定期预算与滚动预算等。

财务预算的一般步骤为：

（1）分析财务环境，确定预算指标。

（2）协调财务能力，组织综合平衡。

（3）编制预算表格，协调各项指标。

二、财务决策与控制

（一）财务决策

财务决策是指企业根据国家宏观经济政策要求和企业自身的经营战略要求，在财务预测的基础上，利用专门的方法，对提出的多个备选方案进行论证，在若干个可以选择的财务活动方案中选择一个最佳方案的过程。财务决策是财务管理的核心环节，财务管理效果的优劣很大程度上取决于财务决策的成败，而财务决策的成功与否又直接关系到企业的兴衰成败。

财务决策的方法主要有两类：一类是经验判断法，属于定性分析方法，即决策者根据经验进行判断，做出选择，常用的方法有淘汰法、排队法、归类法等；另一类则属于定量分析方法，常用的方法有数学微分法、线性规划法、概率决策法等。

财务决策环节的一般步骤为：

（1）根据预测的信息提出问题。

（2）确定能够解决问题的备选方案。

（3）分析、评价、对比各种方案。

（4）拟定择优标准，选择最佳方案。

（二）财务控制

财务控制是指利用有关信息和特定手段，对企业的财务活动施加影响或调节，查明差异的具体原因，及时采取措施，以保证财务活动按计划进行，实现既定财务目标的过程。

财务控制的主要方法有前馈控制、过程控制和反馈控制几种。

财务控制的一般步骤为：

（1）制定控制标准，分解落实责任。

（2）执行控制标准，实施追踪控制。

（3）确定差异程度，分析执行差异。

（4）及时消除差异，做好考核奖惩。

三、财务分析与考核

（一）财务分析

财务分析是指以核算资料为主要依据，对企业财务活动的过程和结果进行评价和分析的一项专门工作。财务分析的基本目的是为了说明财务活动实际结果与财务计划或历史实际等比较基础之间的差异及其产生原因，从而为编制下期财务计划和以后的财务管理提供一定的参考依据。财务分析的方法通常有因素分析法、比较分析法和比率分析法等。

财务分析的一般步骤为：

（1）确定目的，明确目标。

（2）收集资料，掌握信息。

（3）进行对比，做出评价。

（4）分析原因，明确责任。

（5）提出措施，改进工作。

（二）财务考核

财务考核是指将报告期实际完成数与规定的相关考核指标进行对比，以确定有关责任单位和个人完成任务情况的过程。财务考核与奖惩紧密相关，是企业贯彻责任制的要求，也是构建企业激励与约束机制的关键环节。

企业可以采用多种考核形式，既可以用绝对指标、相对指标或者完成百分比等进行考核，也可以将多种财务指标结合在一起、定性考核与定量考核结合在一起进行综合评价考核。

第四节 财务管理环境

财务管理环境是指对企业组织财务管理活动、处理财务关系产生影响的各种外部条件的总称。通过分析企业财务管理的环境，可以提升企业财务行为对环境变化的适应能力和利用能力，更好地为实现企业管理目标服务。一般对企业财务管理影响较大的外部环境主要有技术环境、经济环境、金融环境以及法律环境。

一、技术环境

财务管理的技术环境是指财务管理得以实现的技术手段和技术条件，它决定着财务管理的效率和效果。近年来，随着大数据、人工智能、云计算、物联网等新兴技术的蓬勃发展，涌现出了如企业精细化管理、零库存管理、互联网＋模式创新等企业新型管理手段，我国企业财务管理的模式和手段也不断推陈出新并日趋成熟。目前，我国进行财务管理所依据的会计信息是通过会计系统所提供的，占企业经济信息总量的 60% ～ 70%。在企业内部，会计信息主要是提供给管理层决策使用的，而在企业外部，会计信息则主要是为企业的投资者、债权人等提供服务。

我国在全面推进会计信息化工作的过程中，通过不断建立健全会计信息化法规体系和会计信息化标准体系以及全力打造会计信息化人才队伍，使企业会计信息化与经营管理信息化得以融合，企业的管理水平和风险防范能力也得以大幅度提升，不同信息使用者能够共享资源，获取、分析和利用相关信息进行投资和决策也变得更为高效；大型会计师事务所也可通过信息化手段对客户的财务报告和内部控制进行审计，使得社会监督质量和效率进一步提升；政府会计管理和会计监督基本实现信息化，使会计管理水平和监管效能也得以提高。全面推进会计信息化工作，进行财务信息化建设，目的是使我国的会计信息化达到或接近世界先进水平，而我国企业会计信息化的全面推进，财务数字化管理进一步推进，则会进一步完善和优化我国企业财务管理的技术环境，提升财务管理的效率。

二、经济环境

在影响财务管理的各种外部环境中，经济环境是最为重要的。近些年来，国际环境趋于复杂严峻，如何保障人民生命健康并实现经济平稳发展，是世界各国共同面对的难题。我国以习近平同志为核心的党中央深刻把握国际国内大局大势，坚持稳中求进工作总基调，引领中国经济高质量发展。中国经济坚持全面辨证长远目光，既看当前之形，又看长远之势，在砥砺奋进、保持韧性中提振信心决心、积厚发展动力。

经济环境的内容十分广泛，包括经济体制、经济周期、经济发展水平、宏观经济政策及通货膨胀水平等。

（一）经济体制

在市场经济体制下，企业成为"自主经营、自负盈亏"的经济实体，有独立的经营权，同时也有独立的理财权。企业可以从其自身需要出发，合理确定资本需要量，然后到市场上筹集资本，再把筹集到的资本投放到高效益的项目上获取更大的收益，最后将收益根据需要和可能进行分配，保证企业财务活动自始至终都根据自身条件和外部环境做出各种财务管理决策并组织实施。因此，财务管理活动的内容比较丰富，方法也复杂多样。

（二）经济周期

在市场经济条件下，经济发展与运行带有一定的波动性。一般来说，经济大体上会经历复苏、繁荣、衰退和萧条几个阶段的循环，这种循环叫作经济周期。在不同的阶段，企业应采用不同的财务管理战略。对经济周期中不同阶段的财务管理战略，现择其要点归纳见表 1-1。

表 1-1　经济周期中不同阶段的财务管理战略

复　苏	繁　荣	衰　退	萧　条
1. 增加厂房设备	1. 扩充厂房设备	1. 停止扩张	1. 建立投资标准
2. 实行长期租赁	2. 继续建立存货储备	2. 出售多余设备	2. 保持市场份额
3. 建立存货储备	3. 提高产品价格	3. 停产不利产品	3. 压缩管理费用
4. 开发新产品	4. 开展营销规划	4. 停止长期采购	4. 放弃次要利益
5. 增加雇员	5. 增加雇员	5. 削减存货	5. 削减存货
		6. 停止扩招雇员	6. 裁减雇员

（三）经济发展水平

财务管理的发展水平是和经济发展水平密切相关的，经济发展水平越高，财务管理水平也就越好。财务管理水平的提高，将推动企业降低成本，改进效率，提高效益，从而促进经济发展水平的提高；而经济发展水平的提高，将改变企业的财务战略、财务理念、财务管理模式和财务管理的方法手段，从而促进企业财务管理水平的提高。财务管理应当以经济发展水平为基础，以宏观经济发展目标为导向，从业务工作角度保证企业经营目标和经营战略的实现。

（四）宏观经济政策

我国宏观经济政策的施行往往伴随着财税体制、金融体制、外汇体制、外贸体制、计划体制、价格体制、投资体制、社会保障制度等各项经济体制的改革，所有这些改革措施，深刻影响着我国的经济生活，也深刻影响着我国企业的发展和财务活动的运行。例如：金融政策中的货币发行量、信贷规模会影响企业投资的资金来源和投资的预期收益；财税政策会影响企业的资金结构和投资项目的选择等；价格政策会影响资金的投向和投资的回收期及预期收益；会计制度的改革会影响会计要素的确认和计量，进而对企业财务活动的事前预测、决策及事后的评价产生影响，从而影响企业财务管理的经济环境。

（五）通货膨胀水平

通货膨胀对企业财务活动的影响是多方面的，主要表现在：
（1）引起资金占用的大量增加，从而增加企业的资金需求。
（2）引起企业利润虚增，造成企业资金由于利润分配而流失。
（3）引起利润上升，加大企业的权益资金成本。
（4）引起有价证券价格下降，增加企业的筹资难度。
（5）引起资金供应紧张，增加企业的筹资困难。

为了减轻通货膨胀对企业造成的不利影响，企业应当采取措施予以防范。在通货膨胀初期，货币面临着贬值的风险，这时企业进行适当投资可以避免风险，实现资本保值；与客户应签订长期购货合同，可以减少物价上涨造成的损失；取得长期负债，可以保持资本成本的稳定。在通货膨胀持续期，企业可以采用比较严格的信用条件，减少企业债权；也可以通过调整财务政策，防止和减少企业资本流失等。

三、金融环境

金融环境是企业重要的环境因素之一，影响企业财务管理金融环境的主要因素有金融机构、金融工具和金融市场等。

（一）金融机构

金融机构主要是指银行和非银行金融机构。银行是指经营存款、放款、汇兑、储蓄等金融业务，承担信用中介的金融机构，包括各种商业银行和政策性银行，如中国工商银行、中国农业银行、中国银行、中国建设银行、国家开发银行、中国农业发展银行。非银行金融机构主要包括保险公司、信托投资公司、证券公司、财务公司、金融资产管理公司、金融租赁公司等机构。

（二）金融工具

金融工具是指融通资金形成一方金融资产并形成另一方金融负债或者权益工具的合同。借助金融工具，资金从供给一方转移至需求一方。金融工具分为基本金融工具和衍生金融工具两大类。常见的基本金融工具有货币、票据、债券、股票等。衍生金融工具又称派生金融工具，是在基本金融工具的基础上通过特定技术设计形成的新的金融工具，如各种远期合约、互换、掉期、资产支持证券等，种类非常复杂、繁多，具有高风险、高杠杆效应的特点。一般认为金融工具具有流动性、风险性和收益性的特点。其流动性是指金融工具在必要时能够迅速变现而使企业不必遭受损失的能力；风险性则是指购买金融工具的本金和预期收益都可能遭受损失的可能性，一般包括信用风险与市场风险；收益性则是指金融工具能够定期或者不定期地给持有者带来收益。

（三）金融市场

金融市场是指资金供应者和资金需求者双方通过一定的金融工具进行交易而融通资金的场所。金融市场的构成要素包括资金供应者、资金需求者、金融工具、交易价格和组织方式等。金融市场的作用在于将社会各个单位和个人的剩余资金有条件地转移给需要资金的社会单位和个人，使资金流动起来，财尽其用，创造更多价值，促进社会发展。为了协调资金供应者高收益的需求与资金需求者低成本的要求，就出现了金融机构与金融市场从中协调，使其各取所需。同时，金融市场不仅为企业筹资和投资提供了场所，还可以帮助企业实现长短期资金的转换，引导资金流动，提高资金的转移和使用效率。

金融市场可以按照不同的标准进行分类。

1. 货币市场和资本市场

以期限为标准，金融市场可分为货币市场和资本市场。货币市场又称短期金融市场，是指以期限在 1 年以内的金融工具为媒介，进行短期资金融通的市场；资本市场又称长期金融市场，是指以期限在 1 年以上的金融工具为媒介，进行长期资金交易活动的市场。

（1）货币市场。货币市场的主要功能是调节短期资金融通。其主要特点是：①期限短。一般为 3～6 个月，最长不超过 1 年。②融通的目的是解决短期资金周转。它的资金来源主要是资金所有者暂时闲置的资金，融通资金的用途一般是弥补短期资金的不足。③其中的金融工具有较强的"货币性"，具有流动性强、价格平稳、风险较小等特性。

货币市场主要有同业拆借市场、票据市场、大额定期存单市场和短期债券市场等。同业拆借市场是指银行（包括非银行金融机构）同业之间短期性资本的借贷活动。这种交易一般没有固定的场所，主要通过电讯手段成交，期限按日计算，一般不超过 1 个月。票据市场包括票据承兑市场和票据贴现市场。票据承兑市场是票据流通转让的基础；票据贴现市场是对未到期票据进行贴现，为客户提供短期资本融通，包括贴现、再贴现和转贴现。大额定期存单市场是一种买卖银行发行的可转让大额定期存单的市场。短期债券市场主要买卖 1 年期以内的短期企业债券和政府债券，尤其是政府的国库券。短期债券的转让可以通过贴现或买卖的方式进行。短期债券以其信誉好、期限短、利率优惠等优点，成为货币市场中的重要金融工具之一。

（2）资本市场。资本市场的主要功能是实现长期资本融通。其主要特点是：①融资期限长。至少 1 年以上，最长可达 10 年甚至 10 年以上。②融通的目的是解决长期投资性资本的需要，用于补充长期资本，扩大生产能力。③资本借贷量大。④其中的金融工具收益较高但风险也较大。

资本市场主要包括债券市场、股票市场和融资租赁市场等。其中债券市场和股票市场由证券（债券和股票）发行和证券流通构成。有价证券的发行是一项复杂的金融活动，一般要经过以下几个重要环节：①证券种类的选择；②偿还期限的确定；③发售方式的选择。在证券流通中，参与者除了买卖双方外，中介也非常活跃。这些中介主要有证券经纪人、证券商，他们在流通市场中起着不同的作用。而融资租赁市场则是指通过资产租赁实现长期资金融通的市场，它具有融资与融物相结合的特点，融资期限一般与资产租赁期限一致。

2. 发行市场和流通市场

以功能为标准，金融市场可分为发行市场和流通市场。发行市场又称为一级市场，它主要处理金融工具的发行与最初购买者之间的交易；流通市场又称为二级市场，它主要处理现有金融工具转让和变现的交易。

3. 资本市场、外汇市场和黄金市场

以融资对象为标准，金融市场可分为资本市场、外汇市场和黄金市场。资本市场以货币和资本为交易对象；外汇市场以各种外汇金融工具为交易对象；黄金市场则是集中进行黄金买卖和金币兑换的交易市场。

4. 基础性金融市场和金融衍生品市场

按所交易金融工具的属性，金融市场可分为基础性金融市场与金融衍生品市场。基础性金融市场是指以基础金融工具为交易对象的金融市场，如商业票据、企业债券、企业股票的交易市场；金融衍生品市场是指以金融衍生品为交易对象的金融市场，如远期合约、期货、掉期、互换、期权，以及具有远期合约、期货、掉期、互换、期权中一种或多种特征的结构化金融工具的交易市场。

5. 地方性金融市场、全国性金融市场和国际性金融市场

以地理范围为标准，金融市场可分为地方性金融市场、全国性金融市场和国际性金融市场。

四、法律环境

全面推进依法治国是习近平新时代中国特色社会主义思想的重要组成部分，其总目标是建设中国特色社会主义体系、建设社会主义法治国家，而实现这一目标，首要的是完善以《宪法》为核心的中国特色社会主义法律体系。市场经济是法制经济，企业的一些经济活动总是在一定的法律规范内进行。法律既约束企业的非法经济行为，也为企业从事各种合法经济活动提供保护。

国家相关法律法规按照对财务管理内容的影响情况可以分如下几类：

（1）影响企业筹资的各种法规。这类法规主要有《公司法》《证券法》《民法典》等。这些法规可以从不同方面规范或制约企业的筹资活动。

（2）影响企业投资的各种法规。这类法规主要有《证券法》《公司法》《企业财务通则》等。这些法规从不同角度规范了企业的投资活动。

（3）影响企业收益分配的各种法规。这类法规主要有《企业所得税法》《公司法》《民法典》等。这些法规从不同方面对企业收益分配进行了规范。

法律环境对企业的影响力是多方面的，影响范围包括企业组织形式、公司治理结构、筹资或投资活动、日常经营、收益分配等。国际上通常认为企业可以采用独资、合伙、公司制等企

业组织形式。企业组织形式不同，企业主（股东）权利责任、企业投融资、收益分配、纳税、信息披露等不同，公司治理结构也不同。上述不同种类的法律，分别从不同方面约束了企业的经济行为，对企业财务管理产生了影响。

本章小结

　　财务管理作为企业管理的一部分，是企业组织财务活动、处理财务关系的一项综合性管理工作，具有侧重价值管理、协调性以及综合性等特点。财务管理的内容是企业财务管理职能的具体化，主要包括财务活动和财务关系两个方面。财务活动可以划分为筹资活动、投资活动、资金营运活动以及收益分配活动四个方面；财务关系则主要体现在企业与投资者之间、与债权人之间、与受资企业之间、与债务人之间、与其他企业之间的财务关系以及企业内部各单位之间的财务关系等。企业的利益相关者之间会出现利益冲突，在所有的利益冲突与协调中，所有者和经营者、所有者和债权人的利益冲突与协调至关重要。为了协调所有者和经营者的利益冲突，通常可采取解聘、接收和激励等方式来解决；为了协调所有者和债权人的利益冲突，则通常采用限制性借债、收回借款或停止借款、债转股等方式来解决。

　　企业财务管理的目标是企业在特定的理财环境中，通过组织财务活动、处理财务关系所要达到的目的。在财务管理的发展历程中，有利润最大化、股东财富最大化和企业价值最大化等几种具有代表性的观点，这里沿用目前被广泛接受的观点，将企业价值最大化作为企业财务管理的目标。

　　财务管理的环节是企业财务管理工作各阶段的步骤与一般工作程序，主要包括财务预测、计划与预算，财务决策与控制和财务分析与考核这几个环节。财务管理工作的核心环节是财务决策。

　　企业财务管理环境是指对企业组织财务管理活动、处理财务关系产生影响的各种外部条件的总称。对企业财务管理影响较大的外部环境主要有技术环境、经济环境、金融环境以及法律环境。通过分析企业财务管理的环境，可以提升企业财务行为对环境变化的适应能力和利用能力，更好地为实现企业管理目标而服务。

同步测试

一、单项选择题

1. 由企业经营而引起的财务活动是（　　　）。
    A. 投资活动　　　　　B. 筹资活动　　　　　C. 资金营运活动　　　D. 收益分配活动
2. 以下各项不属于筹资活动引起的财务活动是（　　　）。
    A. 银行借款　　　　　B. 发行债券　　　　　C. 发行股票　　　　　D. 对外投资

3．企业筹资活动的最终结果是（　　　）。

    A．银行借款　　　　　B．发行债券　　　　　C．发行股票　　　　　D．资金流入

4．下列各项企业财务管理目标中，能够同时考虑货币时间价值和投资风险因素的是（　　　）。

    A．产值最大化　　　　　　　　　　　B．利润最大化

    C．每股收益最大化　　　　　　　　　D．企业价值最大化

5．某公司董事会召开公司战略发展讨论会，拟将企业价值最大化作为财务管理目标，下列理由中，难以成立的是（　　　）。

    A．有利于规避企业短期行为　　　　　B．有利于量化考核和评价

    C．有利于持续提升企业获利能力　　　D．有利于均衡风险与报酬的关系

6．企业财务管理的核心环节是（　　　）。

    A．财务预测　　　　　B．财务决策　　　　　C．财务控制　　　　　D．财务预算

7．利用专门的方法对各种备选方案进行比较和分析，从中选出最佳方案的过程是（　　　）。

    A．财务预测　　　　　B．财务决策　　　　　C．财务控制　　　　　D．财务分析

8．在下列各项中，不属于财务管理经济环境构成要素的是（　　　）。

    A．经济周期　　　　　B．通货膨胀水平　　　C．宏观经济政策　　　D．公司治理结构

二、多项选择题

1．下列经济行为中，属于企业财务活动的有（　　　）。

    A．资金营运活动　　　B．收益分配活动　　　C．筹资活动　　　　　D．投资活动

2．下列经济行为中，属于企业投资活动的有（　　　）。

    A．购置无形资产　　　　　　　　　　B．提取盈余公积金

    C．支付股息　　　　　　　　　　　　D．购买股票

3．下列各项中，属于筹资决策必须考虑的因素有（　　　）。

    A．取得资金的渠道　　　　　　　　　B．取得资金的方式

    C．取得资金的总规模　　　　　　　　D．取得资金的成本与风险

4．以下各项中，属于利润最大化目标存在的问题有（　　　）。

    A．没有考虑利润的实现时间和货币时间价值

    B．没有考虑风险问题

    C．没有反映创造的利润与投入的资本之间的关系

    D．可能导致企业短期财务决策倾向，影响企业长远发展

5．以下各项中，属于以股东财富最大化作为财务管理目标存在的问题有（　　　）。

    A．通常只适用于上市公司

    B．股价不能够完全准确地反映企业财务管理状况

    C．对其相关者的利益重视不够

    D．没有考虑风险因素

6．财务预算的方法包括（　　　）。

    A．固定预算与弹性预算　　　　　　　B．增量预算与零基预算

    C．专门预算与综合预算　　　　　　　D．定期预算与滚动预算

7. 与资本性金融工具相比，下列各项中，属于货币性金融工具特点的有（　　　　）。

　　A. 期限较长　　　　B. 流动性强　　　　C. 风险较小　　　　D. 价格平稳

8. 下列各项中，属于金融衍生品的有（　　　　）。

　　A. 互换　　　　　　B. 可转换债券　　　C. 股票　　　　　　D. 债券

三、判断题

1. 财务管理是基于企业生产经营过程中客观存在的生产活动和财务关系而产生的，是企业组织财务活动、处理各方面财务关系的一项最重要的企业管理工作。（　　）

2. 财务管理的主要内容是投资、筹资、营运和收益分配，因此，财务管理一般不会涉及成本问题。（　　）

3. 就上市公司而言，将股东财富最大化作为财务管理目标的缺点之一是不容易被量化。（　　）

4. 在经济衰退初期，公司一般应当出售多余设备，停止长期采购。（　　）

5. 通货膨胀会引起企业利润上升，降低企业的资金成本。（　　）

6. 以融资对象为划分标准，可将金融市场分为资本市场、外汇市场和黄金市场。（　　）

四、简答题

1. 简述财务管理的含义和内容。

2. 简述为何将企业价值最大化作为企业财务管理的最优目标。

第二章

货币时间价值与风险价值

知识目标

1. 理解货币时间价值的含义。
2. 掌握复利终值、现值的计算。
3. 掌握年金终值、现值的计算。
4. 掌握风险价值的计算。

能力目标

1. 能够熟练进行货币时间价值、风险价值的计算。
2. 能够运用货币时间价值、风险价值的观念,正确解决实际问题。

知识结构

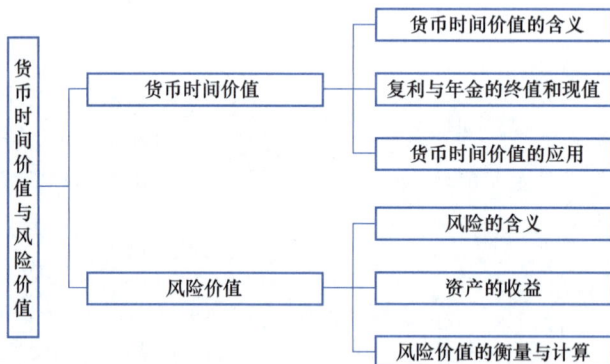

案例引入

　　小张的朋友小王准备投资一套房产,向小张借款 20 万元,答应他 3 年后连本带利归还 22 万元。

　　另外,小张拟购置一辆汽车,销售方给出的付款方式有两种,一种是现在一次性付款 18 万元,另一种是分期付款,可在今后的 5 年内每年年末付款 4.1 万元。

讨论与思考

1. 在银行利率为 5% 的情况下,小张可以答应朋友小王吗?
2. 在银行利率为 5% 的情况下,小张购置汽车时采取哪种付款方式更有利?

　　财务管理是一项价值管理活动，在管理过程中要对价值进行准确计量。现代财务管理环境要求在进行计量及决策过程中充分考虑时间与风险带来的影响。按照财务管理的观念，位于不同时点上的货币是不等值的，同时不具有可比性，这与财务会计核算思想明显不同；同时在进行财务决策时，对具有不同风险的项目要求予以不同处理，并且通过对风险的计量确定项目要求的回报率并据此进行决策。货币时间价值和风险价值理论，是财务管理的基础理念，脱离了货币时间价值和风险价值谈财务管理，很多决策都是不能够成立的。

第一节　货币时间价值

一、货币时间价值的含义

　　在商品经济中，我们往往可以看到这么一种现象：现在的 1 元钱和 1 年后的 1 元钱其经济价值不相等，或者说其经济效用不相等。现在的 1 元钱，不管是否存在通货膨胀，比 1 年后的 1 元钱的经济价值更大一些。这是为什么呢？例如，将现在的 1 元钱存入银行，假设银行存款利率为 10%，那么 1 年后可得到 1.1 元。这 1 元钱经过 1 年时间的投资，增加了 0.1 元，这增加的 0.1 元是什么呢？就是货币时间价值。一般情况下，货币时间价值有绝对数和相对数两种表现形式，前面所述的 0.1 元就是以绝对数表示的货币时间价值，体现为平常意义上所说的"利息"。在实务中，人们更习惯以相对数来表示货币时间价值，即用增加的价值占投入货币的百分比来表示。例如，前面所述的货币时间价值可以表示为 10%，也就是平常意义上所说的"利率"。

　　由于资金随着时间的延续而增值，所以现在的 1 元钱与将来的 1 元多钱甚至是几元钱是等值的，换言之，就是现在的 1 元钱和将来的 1 元钱经济价值不相等。由于不同时间单位货币的价值不等，所以，不同时间的资金不宜直接进行比较，必须把它们折算到同一时点，才能计算价值并进行比较。

　　综上，货币时间价值是资金经历一定时间的投资和再投资所产生的价值量的增加，即一定量的货币资金在不同时间点上的价值量的差额，也称为资金时间价值。从计量角度指的是没有风险和没有通货膨胀下的社会平均利润率，因为没有风险，意味着不考虑投资损失的情况；没有通货膨胀，货币不会由于通货膨胀造成贬值损失。实务中一般以利率、报酬率等相对数来表示货币时间价值，而没有通货膨胀下的国债利率可以用来近似表示货币时间价值。

二、复利与年金的终值和现值

　　复利是计算利息的一种方法，按照这种方法，每经过一个计息期，要将所产生的利息加入本金再计算利息，逐期滚算，俗称"利滚利"。这里所说的计息期，是指相邻两次计息的时间间隔，可以是 1 年、半年、1 个季度或者 1 个月等。在实务中，除非特别指明，计息期一般为 1 年。与复利计息相对的是单利计息，指的是仅对本金计算利息，而不对之前计息期产生的利息累加到本金中去计算利息的一种计息方法，即利息不再产生利息。

需要说明的是，单利计息不是货币时间价值的表现形式，因为在经济人假设下，人们都是理性的，会用赚取的收益进行再投资，企业资金的使用也是如此，因此单利计息不能用来计算货币时间价值，它通常只适合特定情况下的计算，如商业票据的贴现息的计算、单利计息条件下债券利息的计算等。而在涉及货币时间价值的相关计算时，没有特别说明，计息方式通常指的是复利计息。

（一）复利终值和现值

在财务决策分析中，应用货币时间价值，首先应弄清楚终值和现值两个概念。终值（Future Value）又称将来值，是指一定量的资金按一定的折算率计算的未来价值，通常用 F 来表示；而现值（Present Value）是指一定量未来的资金按一定的折算率折算到现在的价值，通常用 P 来表示。终值和现值是一定量资金在前后两个不同时点上对应的价值，其差额即为货币时间价值。

1. 复利终值

复利终值是指现在的特定资金按复利计算的将来一定时间的价值，或者说是现在的一定本金在将来一定时间按复利计算的本金与利息之和，简称本利和。

例 2-1 某人将 100 000 元存入银行，计算 1 年后、2 年后的本利和。

1 年后的本利和：$F_1 = 100\,000 + 100\,000 \times 5\% = 105\,000$（元）

2 年后的本利和：$F_2 = 100\,000 \times (1+5\%)^2 = 110\,250$（元）

由此递推，可知第 n 年的本利和：$F_n = 100\,000 \times (1+5\%)^n$

因此，复利终值的计算公式为

$$F_n = P \times (1+i)^n$$

式中，F 表示复利终值（本利和），P 表示现值（本金），i 表示计息期利率，n 表示计息期数。$(1+i)^n$ 被称为复利终值系数，用符号 $(F/P, i, n)$ 表示，即 $F_n = P \times (F/P, i, n)$。为了便于计算，本书编制了"复利终值系数表"（见附录 A）。该表的第一行是利率 i，第一列是计息期数 n，相应的 $(1+i)^n$ 值在其纵横相交处。

例如在例 2-1 中，通过附录 A 可查出，$(F/P, 5\%, 2) = 1.102\,5$，由此可以计算出 $F_2 = 100\,000 \times (F/P, 5\%, 2) = 100\,000 \times 1.102\,5 = 110\,250$（元），表明在利率为 5% 的情况下，现在的 100 000 元和两年后的 110 250 元在经济上是等效的。

例 2-2 某人将 100 万元存入银行，年利率为 4%，每半年计息一次，按照复利计算，求 5 年后的本利和。

在例 2-2 中，一个计息期为半年，故一年计息两次，所以计息期利率为 4%÷2=2%，即 $i=2\%$。5 年共计息 10 次，故 $n=10$。所以：

$F_5 = 100 \times (F/P, 2\%, 10) = 100 \times 1.219\,0 = 121.9$（万元）

即半年计息一次，按照复利计算，求得 5 年后的本利和为 121.9 万元。

在实务中，除了查阅"复利终值系数表"进行计算外，也可利用 Excel 中的"FV"函数进行计算以便决策。

运用"FV"函数
计算复利终值

2. 复利现值

复利现值是指特定时点的资金按复利计息方法，折算到现在的价值。或者说是为取得将来一定的本利和，现在所需要的本金。

根据复利终值公式计算复利现值，是指已知 F、i、n 时，求 P。

将复利终值计算公式 $F_n = P \times (1+i)^n$ 移项，可得

$$P = F \times (1+i)^{-n}$$

式中，$(1+i)^{-n}$ 称为复利现值系数，用符号 $(P/F, i, n)$ 来表示，即

$$P = F \times (P/F, i, n)$$

为了便于计算，本书编制了"复利现值系数表"（见附录 B）。

例 2-3　某人拟在 5 年后获得本利和 100 万元。假设存款年利率为 4%，按照复利计息，他现在应存入多少钱？

$P = 100 \times (P/F, 4\%, 5) = 100 \times 0.821\,9 = 82.19$（万元）

即某人现在存入 82.19 万元，可在 5 年后获得本利和 100 万元。

在实务中，除了查阅"复利现值系数表"进行计算外，也可利用 Excel 中的"PV"函数进行计算以便决策。

通过上述内容的学习，我们可以得出如下结论：

（1）复利终值和复利现值互为逆运算。

（2）复利终值系数 $(1+i)^n$ 即 $(F/P, i, n)$ 和复利现值系数 $(1+i)^{-n}$ 即 $(P/F, i, n)$ 互为倒数。

运用"PV"函数
计算复利现值

（二）年金终值和现值

与我们上面所学习的复利终值和现值分别针对的是一次性收付款项不同，年金是指间隔期相等的系列等额收付款项。例如，间隔期固定、金额相等的分期付款赊购、分期偿还货款、发放养老金、分期支付工程款以及每年相同的租金收入等，都属于年金。按照款项收付的次数和支付的时间进行划分，年金可以划分为普通年金、预付年金、递延年金、永续年金等形式，不论哪种年金都是建立在复利基础之上的。

应当注意的是，在年金中，间隔期间可以不是一年，可以是每个季度、每个月等。例如每季末等额支付的债务利息也是年金。

1. 普通年金

普通年金又称后付年金，是年金的最基本形式，它是指从第一期起，在一定时期内每期期末等额收付的系列款项。

等额收付 4 次的普通年金如图 2-1 所示。图中的序号代表的时间点是期末，例如"2"代表的时点是第 2 期期末，需要说明的是，上期期末和下期期初是同一个时点，所以，"2"代表的时点既可以表示第 2 期期末，也可以表示为第 3 期期初，通常称"0"代表的时点是第 1 期期初。竖线上端数字 A 表示每次等额收付的金额。

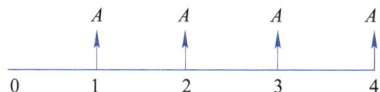

图 2-1　普通年金的收付形式

（1）普通年金终值。普通年金终值是指各期等额收付款项之和在第 n 期期末的复利终值之和，

类似于生活中的"零存整取"。普通年金终值的计算如图 2-2 所示。

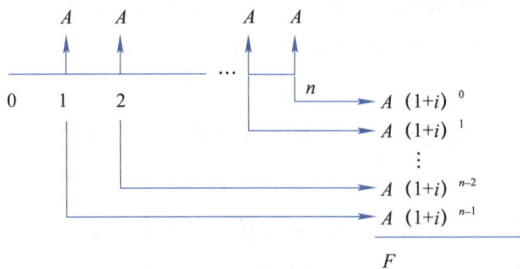

图 2-2 普通年金终值计算示意图

计算公式如下：

假设每期期末的支付金额为 A，利率为 i，期数为 n，则按复利计算的普通年金终值 F 为

$$F=A+A(1+i)+A(1+i)^2+A(1+i)^3+\cdots\cdots+A(1+i)^{n-1}$$
$$=A[(1+i)^0+(1+i)^1+(1+i)^2+\cdots\cdots+(1+i)^{n-1}]$$
$$=A\sum_{t=1}^{n}(1+i)^{t-1}$$
$$=A\times\frac{(1+i)^n-1}{i}$$

式中，$\frac{(1+i)^n-1}{i}$ 被称为"年金终值系数"，表示为 $(F/A, i, n)$，可以通过查阅"年金终值系数表"（见本书附录 C）直接得到。

因此利用年金终值系数表进行计算时，年金终值可以表示为

$$F=A\times(F/A, i, n)$$

式中，n 代表普通年金 A 的个数。

例 2-4 小王计划每年年末存入银行 1 000 元，若存款利率为 2%，问第 9 年年末账面的本利和为多少？

$F=1 000\times(F/A, 2\%, 9)=1 000\times9.754 6=9 754.6$（元）

即第 9 年年末账面的本利和是 9 754.6 元。

在实务中，除了查阅"年金终值系数表"进行计算外，也可利用 Excel 中的"FV"函数进行计算以便决策。

运用"FV"函数计算普通年金终值

一般在计算普通年金终值时，是已知年金 A，计算终值 F。在某些情况下，会已知 F，来确定每期期末等额收付的款项 A，此时，A 被称为偿债基金。偿债基金指的是为了在约定的未来某一时点清偿某笔债务或积累一定量的资金而必须分次等额形成的存款准备金。

偿债基金的计算其实是普通年金终值的逆运算。根据 $F=A\times(F/A, i, n)$ 可得

$$A=\frac{F}{(F/A, i, n)}=F\times(A/F, i, n)$$

式中，$\frac{F}{(F/A, i, n)}$ 即 $(A/F, i, n)$ 称为偿债基金系数，其数值可以通过查询"年金终值系数表"后，计算其倒数得到。

通过上述内容的学习，我们可以得出如下结论：

1）普通年金终值和偿债基金互为逆运算。

2）普通年金终值系数（F/A，i，n）和偿债基金系数（A/F，i，n）互为倒数。

例 2-5　某企业有一笔 4 年后到期的借款，数额为 1 000 万元，企业计划每年年末拿出一笔钱进行投资以便偿还到期的债务。假设投资收益率为 10%，那么每年年末应当拿出多少钱进行投资？

每年年末应当拿出进行投资的资金金额 =1 000÷（F/A，10%，4）=1 000÷4.641 0=215.47（万元）

（2）普通年金现值。普通年金现值是指在普通年金中，各期等额收付的金额折算到第一期期初的复利现值之和。普通年金现值的计算如图 2-3 所示。

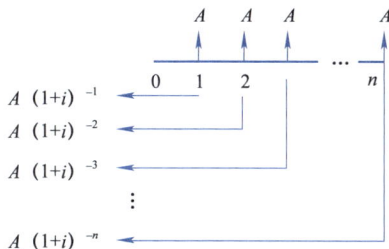

图 2-3　普通年金现值计算示意图

$$P=A\times(1+i)^{-1}+A\times(1+i)^{-2}+A\times(1+i)^{-3}+\cdots+A\times(1+i)^{-n}$$
$$=A\sum_{t=1}^{n}(1+i)^{-n}$$
$$=A\times\frac{1-(1+i)^{-n}}{i}$$

上式中，$\dfrac{1-(1+i)^{-n}}{i}$ 被称为"年金现值系数"，表示为（P/A，i，n），可以通过查阅"年金现值系数表"（见本书附录 D）直接得到。

例 2-6　某投资项目于年初动工，假设当年投产，从投产之日起每年年末可得收益 40 000 元。按年利率 6% 计算，计算预期 10 年收益的现值。

P=40 000×（P/A，6%，10）=40 000×7.360 1=294 404（元）

在实务中，除了查阅"年金现值系数表"进行计算外，也可利用 Excel 中的"PV"函数进行计算以便决策。

运用"PV"
函数计算普通
年金现值

一般在计算普通年金现值时，是已知年金 A，计算现值 P。在某些情况下，会已知 P，来确定每期期末等额收付的款项 A，此时，A 被称为资本回收额。资本回收额指的是在约定年限内等额收回初始投资的金额。

资本回收额的计算其实是普通年金现值的逆运算。根据 $P=A\times(P/A$，i，$n)$ 可得

$$A=\frac{P}{(P/A，i，n)}=P\times(A/P，i，n)$$

式中，$\dfrac{1}{(P/A，i，n)}$ 即（A/P，i，n）称为资本回收系数，其数值可以通过查询"年金现值系数表"后，计算其倒数得到。

通过上述内容的学习，我们可以得出如下结论：

1）普通年金现值和资本回收额互为逆运算。

2）普通年金现值系数（P/A，i，n）和资本回收系数（A/P，i，n）互为倒数。

例2-7　A公司以1 000万元投资一个项目，预期收益率能达到24%，若想要5年内收回投资，每年至少回收多少？

在该案例中，若想要5年收回投资，每年至少回收金额为

$$A=\frac{1\,000}{(P/A,\,24\%,\,5)}=\frac{1\,000}{2.745\,4}=364.25（万元）$$

2. 预付年金

预付年金指的是在一定时期内每期期初进行收付的系列等额款项，又称先付年金或者即付年金。预付年金与普通年金的主要差别在于款项收付的时间不同，普通年金发生在期末而预付年金发生在期初。对于等额收付4次的预付年金而言，如图2-4所示，等额收付发生的时点为第1期期初（0时点）、第2期期初（1时点）、第3期期初（2时点）和第4期期初（3时点）。

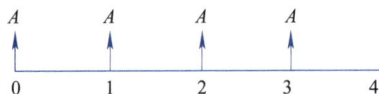

图2-4　预付年金的收付形式

（1）预付年金终值。预付年金终值指的是预付年金中各期等额收付金额的复利终值之和。

在计算预付年金终值时，普通年金每一期款项收支发生在期末，预付年金每一期款项收支发生在期初，我们发现，预付年金的款项收支要比普通年金早一期，由此可见，预付年金终值要比同期普通年金终值要多一期的利息，因此，只需要在普通年金的终值公式基础之上乘以（1+i），便可以得到预付年金的终值公式，即

$$F=A\times(F/A,\,i,\,n)\times(1+i)$$

另外，我们可以发现，在计算预付年金终值时，n期预付年金与$n+1$期普通年金相比，两者计息期是相同的，但由于预付年金款项收支发生在期初，所以n期预付年金比同期普通年金多收付一次款项A。因此，根据n期预付年金终值和$n+1$期普通年金终值的这种关系，我们还可以推导出，只要将$n+1$期普通年金的终值减去一期的收付款项A，便可以求得n期预付年金的终值，即

$$F=A\times(F/A,\,i,\,n+1)-A$$

$$=A\times[(F/A,\,i,\,n+1)-1]$$

也就是说，n期的预付年金终值系数可以表示为同期普通年金终值系数乘以（1+i），或者表示为同期普通年金终值系数期数+1，系数−1。

例2-8　A公司租入固定资产，连续3年每年年初支付租金1万元，假设银行存款利率为10%，则该公司3年支付的租金在第3年年末的总额是多少？

该公司3年支付的租金在第3年年末的总额为

$F=1\times(F/A,\,10\%,\,3)\times(1+10\%)=1\times3.310\,0\times1.1=3.64（万元）$

或者

$F=1\times[(F/A,\,10\%,\,3+1)-1]=1\times(4.641\,0-1)=3.64（万元）$

运用"FV"函数计算预付年金终值

在实务中，除了查阅"年金终值系数表"进行计算外，也可利用 Excel 中的"FV"函数进行计算以便决策。

（2）预付年金现值。预付年金现值指的是预付年金中各期等额收付金额在第一期期初（0 时点）的复利现值之和。

在计算预付年金现值时，普通年金每一期款项收支发生在期末，预付年金每一期款项收支发生在期初，我们发现，预付年金的款项收支要比普通年金少折现一期，由此可见，预付年金的现值比同期普通年金现值要多一期的利息，因此，只需要在普通年金的现值公式基础之上乘以（1+i），便可以得到预付年金的现值公式，即

$$P=A\times(P/A,\ i,\ n)\times(1+i)$$

另外，我们可以发现，在计算现值时，n 期预付年金与 $n-1$ 期普通年金相比，两者计息期是相同的，但由于预付年金的款项收支发生在期初，所以在折现时，n 期预付年金比同期普通年金少收付一次款项 A。因此，根据 n 期预付年金现值和 $n-1$ 期普通年金现值的这种关系，我们还可以推导出，只要将 $n-1$ 期普通年金的现值加上一期的收付款项 A，便可以求得 n 期预付年金的现值，即

$$P=A\times(P/A,\ i,\ n-1)+A=A\times[(P/A,\ i,\ n-1)+1]$$

也就是说，n 期的预付年金现值系数可以表示为同期普通年金现值系数乘以（1+i），或者表示为同期普通年金现值系数期数 -1，系数 $+1$。

例 2-9　A 企业需要购置一种设备，现有两个方案可供选择。方案一，自己购买，需要资金 100 万元；方案二，融资租入，每年年初支付 25 万元，连付 5 年。假如 A 企业有足够的资金，其资金利润率平均为 10%，A 企业应该选择哪种方案？

如果选择方案一，现在一次性支付现金 100 万元，即 $P=100$ 万元。

如果选择方案二，则需要把 5 次支付的租金折合到现在相加。该租金支付属于预付年金，计算预付年金现值为

$P=25\times(P/A,\ 10\%,\ 5)\times(1+10\%)=25\times3.790\ 8\times1.1=104.25$（万元）

或者

$P=25\times[(P/A,\ 10\%,\ 5-1)+1]=25\times(3.169\ 9+1)=104.25$（万元）

可见，方案一支付的现金少于方案二支付的租金。

故应选择方案一，即自己购买。

在实务中，除了查阅"年金现值系数表"进行计算外，仍可利用 Excel 中的"PV"函数进行计算以便决策。

3. 递延年金

递延年金是指第一次收付款项发生在第二期或第二期以后的年金。递延年金最初若干期没有款项收付，若干期以后，款项在每期期末等额收付，是普通年金的特殊形式，是延迟若干期的普通年金。通常用 m 来表示递延期，用 n 来表示年金期，递延期 m 和年金期 n 共同构成了递延年金的总期数。

在图 2-5 所示的递延年金中，总期数为 $m+n=4$，递延期 $m=2$，年金期 $n=2$。

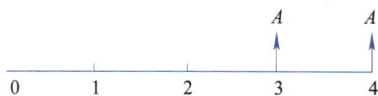

图 2-5　递延年金的收付形式

（1）递延年金终值。递延年金终值是指各期等额收付款项在第（$m+n$）期期末的本利和。在递延年金中，递延期 m 对递延年金终值的计算没有影响，只有年金期 n（A 的个数）对其计算有影响。因此递延年金终值计算公式与普通年金终值计算公式相同，为

$$F_{递}=A\times(F/A, i, n)$$

例 2-10 A 公司拟购买一处办公房，开发商提出了两个付款方案。

方案一：现在起 10 年内每年年末支付 100 万元。

方案二：前 5 年不支付款项，第 6 年起到第 10 年每年年末支付 250 万元。

假设银行贷款利率为 10%，采用终值方式比较，以上两种方案中，哪一种付款方式对 A 公司有利？

方案一：

该支付方式下，款项属于期数为 10 期的普通年金，计算其终值为

$F_1=100\times(F/A, 10\%, 10)=100\times15.937\ 4=1\ 593.74$（万元）

方案二：

该支付方式下，款项属于递延期为 $m=5$、年金期 $n=5$ 的递延年金，计算其终值为

$F_2=250\times(F/A, 10\%, 5)=250\times6.105\ 1=1\ 526.28$（万元）

从上述计算可得出，采用第二种付款方案对 A 公司有利。

（2）递延年金现值。递延年金现值指的是在递延年金中，各期等额收付款项在期初（0 时点）的复利现值之和。递延年金现值的计算方法一般有两种：

第一种计算方法为分段法。先将递延年金视为 n 期普通年金，求出在年金期期初也就是递延期期末的普通年金现值，然后再折算到第一期期初：

$$P_{递}=A\times(P/A, i, n)\times(P/F, i, m)$$

第二种计算方法为补缺法。假设递延期也存在款项的收付，这样现金流的形式就变成了 $m+n$ 期的普通年金，先计算出 $m+n$ 期普通年金的现值，然后再减去实际未产生现金流的递延期 m 期的年金现值，得到的结果即为递延年金的现值：

$$P_{递}=A\times[(P/A, i, m+n)-(P/A, i, m)]$$

例 2-11 A 公司拟租赁一台设备，出租方提出两种付款方案：

方案一：从现在起，每年年初支付 20 万元，连续支付 10 次，共 200 万元。

方案二：从第 5 年开始，每年年末支付 25 万元，连续支付 10 次，共 250 万元。

假设该公司的资金成本率（即最低报酬率）为 10%，采用现值方式进行比较，A 公司该选择哪个付款方案？

方案一：

该支付方式下，款项属于期数为 10 期的预付年金，计算其现值为

$P_1=20\times(P/A, 10\%, 10)\times(1+10\%)=20\times6.144\ 6\times1.1=135.18$（万元）

或者

$P_1=20\times[(P/A, 10\%, 10-1)+1]=20\times(5.759\ 0+1)=135.18$（万元）

方案二：

该支付方式下，款项属于递延期 $m=4$，年金期 $n=10$ 的递延年金，计算其现值为

$P_2=25\times(P/A，10\%，10)\times(P/F，10\%，4)=25\times6.144\,6\times0.683\,0=104.92（万元）$

或者

$P_2=25\times[(P/A，10\%，4+10)-(P/A，10\%，4)]=25\times(7.366\,7-3.169\,9)=104.92（万元）$

从上述计算可得出 $P_1>P_2$，故采用第二种付款方案对 A 公司有利。

4．永续年金

永续年金是普通年金的极限形式，当普通年金的收付次数为无穷大时即为永续年金。永续年金的收付形式如图 2-6 所示。

图 2-6　永续年金的收付形式

（1）永续年金终值。由于永续年金期限趋近于无穷大，没有终止的时间，因此永续年金没有终值。

（2）永续年金现值。永续年金现值可以通过对普通年金现值的公式推导得出：

$$P=A\times\frac{1-(1+i)^{-n}}{i}$$

当上式中 $n\to\infty$ 时，$(1+i)^{-n}\to0$

故

$$P=A\times\frac{1}{i}=\frac{A}{i}$$

例 2-12　某企业欲建立永久性的奖励基金，希望于未来每年年末取出 10 万元，奖励有贡献的员工，假设规定投资报酬率为 10%，则现在应一次性投资多少？

$$P=\frac{10}{10\%}=100（万元）$$

即现在一次性投资 100 万元则可满足其需要。

三、货币时间价值的应用

货币时间价值的应用主要包括两个方面：一是名义利率与实际利率的换算；二是利用附录中的"系数表"计算利息或者期数。

（一）名义利率与实际利率

名义利率指的是以"年"为基本计息期，每年复利一次时的年利率。但实务中，复利的计息期间不一定是一年，有可能是半年、季度或一个月甚至是日。例如：有的债券每半年计息一次；有的抵押贷款每月计息一次；银行之间拆借资金均为每天计息一次。当每年复利次数超过一次时，实际利率由全年利息额除以年初本金计算得出，往往不等于名义利率。

对于一年内复利多次的情况，通常需要将名义利率调整为实际利率，两者之间的换算关系为

$$i = \left(1 + \frac{r}{m}\right)^m - 1$$

式中　i——实际利率；

　　　r——名义利率；

　　　m——一年内复利的次数。

例 2-13　某企业现在存入银行 10 万元，在年利率为 10%，每半年复利计息一次的情况下，实际利率是多少？

$$i = \left(1 + \frac{10\%}{2}\right)^2 - 1 = 10.25\%$$

即实际利率为 10.25%。

（二）插值法的应用

在前面学习的内容中，主要是利用"系数表"计算终值 F 或者现值 P 以及年金 A，前提条件是利率 i 和期数 n 均是已知的，但实务中，可能会遇到利率 i 或者期数 n 未知的情况，那么我们就会用到另一种方法——插值法。

插值法应用的前提是将系数与利率或计息期数之间的变动看成是线性变动。

以求普通年金现值下的贴现率为例：在大部分情况下，系数表中给定的期数和利率均为整数，往往不能找到完全对应的数值，这就需要利用插值法来计算折现率。

若已知 P、A、n，则可以按照以下步骤推算利率 i 的值。

首先，计算出 P/A 的值，假设 $P/A = a$。

其次，查年金现值系数表，沿着已知期数 n 所在的行横向查找，若恰好能找到某系数值等于 a，则该系数值所在的列对应的利率就是所求的 i 值；若无法找到恰好等于 a 的数值，就应在表中期数 n 所在的行上找到与该系数值最接近的左右临界系数值，设为 b_1、b_2（$b_1 < a < b_2$），列出 b_1、b_2 所对应的临界利率 i_1、i_2。

最后，运用插值法计算贴现率 i：

$$\left.\begin{array}{cc} i_2 & b_2 \\ i & a \\ i_1 & b_1 \end{array}\right\}\quad 列出等式 \frac{i - i_1}{i_2 - i_1} = \frac{a - b_1}{b_2 - b_1}$$

计算得出 $i = i_1 + \dfrac{a - b_1}{b_2 - b_1}(i_2 - i_1)$

期数的计算方法与利率的计算方法相同，只不过在"系数表"中，需要沿着已知利率 i 所在的列纵向查找，进行推算。

运用插值法计算期数 n：

$$\left.\begin{array}{cc} n_2 & b_2 \\ n & a \\ n_1 & b_1 \end{array}\right\}\quad 列出等式 \frac{n - n_1}{n_2 - n_1} = \frac{a - b_1}{b_2 - b_1}$$

计算得出 $n = n_1 + \dfrac{a - b_1}{b_2 - b_1}(n_2 - n_1)$

例 2-14　A 公司需要一台设备，价值 150 万元，能够使用 10 年。现在有两个方案：

方案一，立即购买，需要向银行贷款。

方案二，融资租赁，从现在起，每年年初支付 20 万元，连续支付 10 次，共 200 万元。

请问银行贷款利率不高于多少时，A 企业会选择贷款购买？

该问题可以通过计算出租方要求的利率进行决策：

已知 $P=150$，预付年金 $A=20$，期数 $n=10$，则有：

$150=20×[(P/A, i, 9)+1]$，即 $(P/A, i, 9)=6.5$

运用插值法计算利率 i：

$$
\begin{array}{cc}
8\% & 6.246\,9 \\
i & 6.5 \\
7\% & 6.515\,2
\end{array}
\qquad
列出等式\ \frac{i-7\%}{8\%-7\%}=\frac{6.5-6.515\,2}{6.246\,9-6.515\,2}
$$

计算得出 $i=7.06\%$

因此在银行贷款利率不高于 7.06% 时，A 企业会选择贷款购买。

第二节　风险价值

在讨论货币时间价值时，货币时间价值通常被描述为没有风险和通货膨胀情况下的社会平均投资报酬率。然而事实上，做任何投资几乎都是有风险的。我们经常听到一句话："股市有风险，投资需谨慎"，这就意味着，风险广泛存在于企业财务活动中。企业的财务决策几乎都是在存在风险的情况下做出的，风险是客观存在的。

一、风险的含义

（一）风险的概念

风险是预期结果的不确定性。从企业财务管理的角度来看，风险指的是企业在各项财务活动中，由于各种无法预料或控制的因素的作用，使得企业实际收益与预期收益发生背离，从而蒙受经济损失的可能性，也可以说是未来收益与预期收益的偏离程度。

既然股市存在风险，那么为什么投资者又甘愿冒风险进行股票投资呢？原因在于风险虽然可能给投资者带来超出预期的损失，但是也可能给投资者带来超出预期的收益。因此在企业财务管理中，需要研究风险与收益的关系，以期以最小的风险取得最大的收益。

既然在企业财务管理的各个环节都不可避免地要面对风险，风险客观存在，而且由于完全信息的缺乏以及决策者不能控制未来事物的发展过程，因此企业如何防范和化解风险，以达到风险与报酬的优化配置就显得非常重要。

（二）风险的特征

（1）客观性。风险不以人的意志为转移，不论人们喜欢与否，它都无处不在，无时不有。

（2）不确定性。虽然整体风险可以通过概率测算，但某一特定风险是否发生、何时发生、怎样发生难以预测。

（3）风险与收益在一般情况下具有对等性，即风险越大，如果成功则收益越大，如果失败则损失越大，反之亦然。

（三）风险的种类

1. 从企业自身的角度分类

从企业自身的角度分类，风险可分为经营风险和财务风险。

（1）经营风险。经营风险是指由于生产经营上的原因给企业的利润额或利润率带来的不确定性。经营风险源于两个方面：一方面是企业内部条件的变动，如原材料价格变动、供应渠道改变、生产设备故障、产品质量出现问题等；另一方面是企业外部条件的变动，如出现经济危机、通货膨胀、宏观经济政策变化等。这些内外因素的变化都会使企业的生产经营发生变化，从而引起收益的变化。

（2）财务风险。财务风险是指企业由于负债融资导致的净资产收益率或每股收益的不确定性，也是企业到期不能还本付息的可能性。财务风险也称筹资风险。

2. 从个别投资主体的角度分类

从个别投资主体的角度分类，风险可分为市场风险和企业特有风险。

（1）市场风险。市场风险是指对所有公司产生影响的因素引起的风险，如战争、经济衰退、通货膨胀、高利率等。市场风险又称不可分散风险或系统性风险。

（2）企业特有风险。企业特有风险是指发生在个别企业的特有事件造成投资者发生损失的可能性，如新产品开发失败、订单被取消、诉讼失败等。企业特有风险又称可分散风险或非系统性风险。

（四）风险控制对策

1. 完全规避风险

当资产风险所造成的损失不能由该资产可能获得的收益予以抵消时，应当放弃该资产，以规避风险。例如，拒绝与不守信用的厂商业务往来，放弃可能明显导致亏损的投资项目。但是在这种对策之下，虽然潜在的或不确定的损失能够就此避免，但是获得收益的机会往往也会因此损失。

2. 减少风险

减少风险有两层含义：①通过控制产生风险的相关因素，减少风险的发生；②控制风险的发生频率以及降低风险的损害程度。减少风险的常用方法有：进行准确的预测；对决策进行多方案优选和替代；及时与政府部门沟通来及时获取政策信息；在开发新产品前，充分进行市场调研；采用多领域、多地域、多项目、多品种的经营或投资以分散风险。

3. 转移风险

对可能给企业带来重大损失的资产，企业应当以付出一定代价的形式转移风险。例如：向保险公司投保；采取合资、联营、联合开发等措施实现风险共担；通过技术转让、租赁经营和业务外包等形式实现风险转移。

4. 接受风险

接受风险包括风险自担和风险自保两种。风险自担是指当企业发生风险损失时，直接将相关损失摊入成本或者费用，或者冲减利润；风险自保是指预留一笔风险金，或随着生产经营的进行，有计划地计提资产减值准备等。

二、资产的收益

（一）资产收益的含义

与风险密切相关的另一个概念是收益。收益主要是指资产收益。资产收益是指资产的价值在一定时期的增值。资产收益的表述方式有两种：

（1）以绝对数即金额表示的，称为资产的收益额，通常以资产价值在一定时期的增值量来表示。而该增值量来源于两部分，一部分是该时期内资产的现金净收入；另一部分是资产的价值或（市场价格）相对于期初价值（价格）的升值。前者多为利息红利或股息收益，后者称为资本利得。

（2）以相对数即百分比表示的，称为资产的收益率或报酬率，是资产增值量与期初资产价值（价格）的比值。该收益率也包括两部分：一部分是利息（股息）的收益率；另一部分是资本利得的收益率。通常情况不，为了便于比较分析，我们都是用年收益率的方式来表示资产的收益。

（二）资产收益的类型

在实际财务工作中，由于工作角度和出发点不同，收益率可以有以下表现类型：

1. 实际收益率

实际收益率表示已经实现的或者确定可以实现的资产收益率，表述为已实现的或确定可以实现的利（股）率与资本利得收益率之和。如果存在通货膨胀，实际收益率还应当扣除通货膨胀率的影响。

2. 名义收益率

名义收益率仅指在资产合约上标明的收益率。例如，借款协议上的借款利率。

3. 预期收益率

预期收益率也称期望收益率，是指在不确定的条件下，预测某资产未来可能实现的收益率。

计算预期收益率的方法是，首先描述影响收益率的各种可能的情况，然后预测其发生的概率以及在各种可能的情况下收益率的大小，那么预期收益率就是各种情况下收益率的加权平均数，其中权数是各种可能情况发生的概率。计算公式为

$$E(R)=\sum P_i \times R_i$$

式中　$E(R)$——预期收益率（期望收益率）；

P_i——情况 i 出现的概率；

R_i——情况 i 出现时的收益率。

4. 必要收益率

必要收益率也称最低必要报酬率或最低要求收益率，表示投资者对某资产所要求的最低收

益率。必要收益率一般与人们认识到的风险有关。例如：如果某公司陷入财务困境的可能性很大，也就是说投资该公司股票产生损失的可能性大，那么投资该公司股票的投资者由于承担了较高的风险，便会要求一个较高的收益率水平，即该股票的必要报酬率较高；反之，如果某项资产的风险较小，那么该资产的必要收益率就会较低。必要收益率由无风险收益率和风险收益率两部分组成：

（1）无风险收益率。无风险收益率也称无风险利率，是指可以确定、可知的无风险资产的收益率，它的大小由纯粹利率（货币时间价值）和通货膨胀补贴两部分组成。一般情况下，为了方便起见，通常用短期国库券的利率近似地代替无风险收益率。

（2）风险收益率。风险收益率是指某资产持有者因承担该资产的风险而要求的超过无风险收益率的额外收益，它等于必要收益率与无风险收益率之差。风险收益率衡量了投资者将资金从无风险资产转移至风险资产而要求得到的收益补偿。风险收益率的高低取决于两个因素，一个是风险的大小，另一个是投资者对风险的偏好。

三、风险价值的衡量与计算

（一）风险价值的衡量

由于风险具有普遍性和广泛性，因此能够正确地衡量风险就非常重要。资产的风险是资产收益的不确定性，其大小可以用资产收益率的离散程度即资产收益率各种可能的结果与期望收益率的偏差来进行衡量。衡量风险大小的指标主要有收益率的方差、标准差和标准离差率等。

1. 概率

在完全相同的条件下，某一事件可能发生也可能不发生，可能出现这种结果也可能出现另外一种结果，这类事件称为随机事件。例如，财务管理中的投资收益率、现金流量等都是随机事件。

概率就是用来反映随机事件发生可能性大小的数值，一般用 X 表示随机事件，X_i 表示随机事件的第 i 种结果，P_i 表示第 i 种结果出现的概率。随机事件的概率在 0 与 1 之间，即 $0 \leqslant P_i \leqslant 1$，$P$ 越大，表示该事件发生的可能性越大；反之，P 越小，表示该事件发生的可能性越小。所有可能的 n 种结果出现的概率之和一定为 1，即 $\sum P_i = 1$。肯定发生的事件概率为 1，肯定不发生的事件概率为 0。

例 2-15　某公司拟对外投资，现有甲公司、乙公司的股票可供选择。在不同的市场情况下，甲、乙公司的股票收益率及发生概率资料见表 2-1，试分析甲、乙公司股票投资风险的大小。

表 2-1　甲、乙公司的股票收益率及发生概率分布表

市场情况	发生概率 P_i	甲公司股票收益率	乙公司股票收益率
繁荣	0.3	25%	30%
正常	0.5	20%	20%
萧条	0.2	15%	10%
合计	1.0	—	—

从表 2-1 中可见，所有结果出现的概率 P_i 均在 0 和 1 之间，$P_1+P_2+P_3=0.3+0.5+0.2=1$。投资风险的大小将在后文例题中进行具体讲解。

2. 期望值

期望值是一个概率分布中的所有可能结果以各自相应的概率为权数进行计算的加权平均值。根据概率论及统计知识，一个随机变量的期望值为

$$E = \sum_{i=1}^{n} X_i P_i$$

例 2-16 利用例 2-15 中的资料，计算甲、乙公司股票收益率的期望值。

$E_{甲}$=25%×0.3+20%×0.5+15%×0.2=20.5%

$E_{乙}$=30%×0.3+20%×0.5+10%×0.2=21%

3. 收益率的方差

收益率的方差是用来表示某项资产收益率的各种可能结果与其期望值的离散程度的指标，其计算公式为

$$\sigma^2 = \sum_{i=1}^{n} [X_i - E(R)]^2 \times P_i$$

例 2-17 利用例 2-15、例 2-16 中的资料，计算甲、乙公司股票收益率的方差。

$\sigma^2_{甲} = (25\% - 20.5\%)^2 \times 0.3 + (20\% - 20.5\%)^2 \times 0.5 + (15\% - 20.5\%)^2 \times 0.2 = 0.001\,225$

$\sigma^2_{乙} = (30\% - 21\%)^2 \times 0.3 + (20\% - 21\%)^2 \times 0.5 + (10\% - 21\%)^2 \times 0.2 = 0.004\,9$

4. 收益率的标准差

收益率的标准差则是反映某资产收益率的各种可能结果与其期望值的偏离程度的指标。它等于方差的开方。

$$\sigma = \sqrt{\sum_{i=1}^{n} [X_i - E(R)]^2 \times P_i}$$

例 2-18 利用例 2-15、例 2-16、例 2-17 中的资料，计算甲、乙公司股票收益率的标准差。

$\sigma_{甲} = \sqrt{(25\% - 20.5\%)^2 \times 0.3 + (20\% - 20.5\%)^2 \times 0.5 + (15\% - 20.5\%)^2 \times 0.2}$

$\quad = \sqrt{0.001\,225} = 3.5\%$

$\sigma_{乙} = \sqrt{(30\% - 21\%)^2 \times 0.3 + (20\% - 21\%)^2 \times 0.5 + (10\% - 21\%)^2 \times 0.2} = \sqrt{0.004\,9} = 7\%$

标准差和方差都是以绝对数衡量某资产的全部风险，在预期收益率（即收益率的期望值）相同的情况下，方差或者标准差越大，风险越大；相反，在预期收益率相同的情况下，方差或者标准差越小，风险也越小。

但是由于方差或者标准差指标衡量的是风险的绝对大小，因而不适用于比较具有不同预期收益率的资产的风险。

5. 收益率的标准离差率

收益率的标准离差率是收益率的标准差与期望值之比，也可称为变异系数。其计算公式为

$$V = \frac{\sigma}{E(R)}$$

标准离差率以相对数衡量资产的全部风险的大小，它表示每单位预期收益所包含的风险，即每一元预期收益所承担的风险的大小。一般情况下，标准离差率越大，资产的相对风险越大；相反，标准离差率越小，资产的相对风险越小。标准离差率可以用来比较具有不同预期收益率的资产的风险。

例 2-19 利用例 2-15～例 2-18 中的资料，计算甲、乙公司股票收益率的标准离差率。

$$V_甲 = \frac{3.5\%}{20.5\%} = 17.07\%$$

$$V_乙 = \frac{7\%}{21\%} = 33.33\%$$

通过计算可知，甲股票的标准离差率小于乙股票的标准离差率，即甲股票的风险小于乙股票。

借助标准离差率这一指标，我们可以确定不同方案风险的大小，选择决策方案。对于单个决策，决策者可以将标准离差率与设定的可接受的此指标最高限制进行比较；对于多个方案，决策者应当选择低风险、高收益的方案，即选择标准离差率低、期望值高的方案。但是在实际生活中，高收益往往伴随着高风险，风险较低的方案往往收益也较低，因此需要决策者在风险和收益之间进行权衡，针对具体情况进行具体分析。

（二）风险价值的计算

1. 风险价值的含义

如上所述，企业的财务活动和经营管理活动总是在有风险的状态下进行的，只不过风险有大有小。风险不仅有大小，而且还有价值。风险价值又称风险报酬，投资者冒着风险投资，就是为了获得更多的报酬，冒的风险越大，要求的报酬就越高。风险报酬是投资报酬的组成部分，是指投资者冒着风险进行投资而获得的超过货币时间价值（不考虑通货膨胀）的那部分额外收益，是对人们所遇风险的一种价值补偿。与资产的收益类似，它的表现形式有两种：风险报酬额和风险报酬率。

风险报酬额是指投资者因冒风险进行投资而获得的超过货币时间价值的额外报酬，是对投资者所冒风险的一种价值补偿。风险报酬率是风险报酬额与原投资额的比率，也叫风险收益率。在财务管理实务中，风险价值即风险报酬，一般用风险报酬率表示。

2. 风险价值的计算方法

我们之前学习的用标准离差率来衡量一个投资项目的风险程度，即风险的大小，并未真正反映风险的价值。要将其换算为风险价值，即换算为风险报酬率，必须借助于一个转换系数——风险报酬系数，又叫风险报酬斜率。风险报酬率、风险报酬系数和标准离差率之间的关系可用公式表示为

$$R_R = bV$$

式中　R_R——风险报酬率；

　　　b——风险报酬系数（可以理解为风险的价格）；

　　　V——标准离差率（风险的大小）。

其中，b 的确定方法主要有以下几种：

（1）根据以往同类投资项目的历史资料进行确定。

（2）主要根据标准离差率、风险报酬系数和风险报酬率的历史数据进行测算。

（3）由企业领导或企业组织有关财经专家确定。如果缺乏历史资料，可由企业领导如首席执行官（CEO）、财务总监（CFO）等根据经验确定，也可由企业组织有关财经专家加以确定。

（4）由国家有关部门组织专家确定。

如果不考虑通货膨胀，投资者冒着风险进行投资所希望得到的投资报酬率是无风险报酬率与风险报酬率之和。即

$$R_i=R_F+R_R=R_F+bV$$

式中　　R_i——投资报酬率；

R_F——无风险报酬率。

风险和投资报酬率的关系如图 2-7 所示。

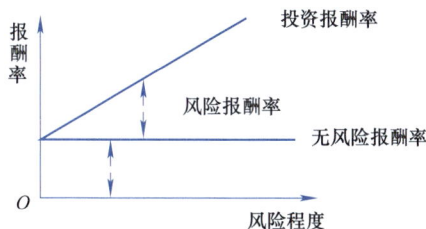

图 2-7　风险和投资报酬率的关系

例 2-20　利用例 2-15～例 2-19 中的资料，假设无风险报酬率为 4%，风险报酬系数为0.3，计算甲、乙公司股票的风险报酬率和投资报酬率。

甲公司股票的风险报酬率 =0.3×17.07%=5.12%

甲公司股票的投资报酬率 =4%+5.12%=9.12%

乙公司股票的风险报酬率 =0.3×33.33%=10.00%

乙公司股票的投资报酬率 =4%+10.00%=14.00%

由计算结果可知，乙公司股票的风险程度大于甲公司股票，在理论上计算出来的乙公司股票的风险报酬率和投资报酬率也高于甲公司。

3. 资本资产定价模型

资本资产定价模型（Capital Asset Pricing Model，CAPM）是由 1990 年度诺贝尔经济学奖获得者威廉·夏普于 20 世纪 60 年代根据投资组合理论提出的。资本资产定价模型是财务学形成和发展的重要里程碑，其意义在于使人们第一次能够量化市场风险的大小，并且能够对风险价值进行计量。其计算公式具体可以表示为

$$R_i=R_F+\beta_i\times(R_M-R_F)$$

式中　　R_i——第 i 种股票或者证券组合的必要报酬率；

R_F——无风险报酬率；

β_i——第 i 种股票或者证券组合的风险系数；

R_M——市场上所有投资组合的平均报酬率。

上式中，（R_M-R_F）是市场上所有投资组合的平均报酬率超过无风险报酬率的部分，称为市场风险溢价率，反映市场整体对风险的偏好，如果风险厌恶程度高，则要求有更高的风险溢价。

这个公式表明某种证券的必要报酬率与其 β 系数相关。在此，β 系数实际上是某一证券投资的风险报酬率相对于整个市场所有证券投资组合平均风险报酬率的变化率，一般来说，β 系数由相关证券研究机构定期确定公布。

如果 $\beta=0$，则 $R_i=R_F$，即某种证券的必要报酬率正好等于无风险资产的收益率，表明 $\beta=0$ 的股票或证券投资组合没有风险，其期望收益率 = 无风险资产的收益率。

如果 $\beta=1$，则 $R_i=R_M$，即某种证券的期望收益率正好等于市场的平均收益率，表明 $\beta=1$ 的股票或证券风险等于市场风险，故其期望收益率 = 市场的平均收益率。

如果 $\beta<1$，则某种证券的风险小于整个市场风险。

如果 $\beta>1$，则某种证券的风险大于整个市场风险。

例 2-21 若股票市场的无风险报酬率为 6%，市场平均报酬率为 10%，甲公司股票的 β 系数为 1.2，乙公司股票的 β 系数为 0.6。计算甲、乙公司股票的必要报酬率。

$R_{甲}=6\%+1.2\times（10\%–6\%）=10.8\%$

$R_{乙}=6\%+0.6\times（10\%–6\%）=8.4\%$

4. 投资组合的系统风险

投资组合的系统风险程度用投资组合的 β 系数表示。投资组合的 β 系数等于组合中单项资产 β 系数的加权平均数，即

$$\beta_P = \sum W_i \times \beta_i$$

式中　β_P——投资组合的风险系数；

　　　W_i——第 i 项资产在组合中所占价值比重；

　　　β_i——第 i 种股票或者证券组合的风险系数。

例 2-22 某公司打算投资 A、B、C 三种股票，β 系数分别为 1.5、1.8、0.8，投资比重分别为 40%、50%、10%。目前，短期国债的利率为 4%，市场风险溢价率为 5%，则该投资组合的必要报酬率为多少？

$\beta_P=40\%\times1.5+50\%\times1.8+10\%\times0.8=1.58$

该投资组合的必要报酬率 $=4\%+1.58\times5\%=11.9\%$

即该项组合的预期收益率至少为 11.9%，才值得投资。

综上，资本资产定价模型反映了市场达到均衡时资产的预期收益和风险之间的关系，该模型的提出在一定程度上解决了既定环境下投资者如何构建投资组合以分散风险的问题。

如前文所述，风险是预期收益的不确定性。企业在发展的过程中，要对面临的各种风险进行评估，对不同的风险采取应对策略，将风险控制在可承受的范围之内。在党的二十大报告中，也多次提及风险。尤其指出，要从多个方面提高防风险、化解风险的能力。奋进新征程、建功新时代，必须正视发展进程中的风险，勇于克服前进道路上的风险与挑战。这就要求各主体能够辩证看待风险，做到增强机遇意识和风险意识，准确识变、科学应变、主动求变，勇于开顶风船，善于转危为机，努力实现更高质量、更有效率、更加公平、更可持续、更为安全的发展。

本章小结

货币时间价值和风险价值理论是财务管理的基础理论。它们贯穿于企业财务管理的各方面，脱离了货币时间价值和风险价值谈财务管理，很多决策都不能成立。

货币时间价值是资金经历一定时间的投资和再投资所产生的价值量的增加，实务中一般以利率、报酬率等相对数来表示货币时间价值，而没有通货膨胀下的国债利率可以近似表示货币时间价值。在财务决策分析中，应用货币时间价值，还需应用终值和现值的概念。终值和现值是一定量的资金按一定的折算率计算的未来价值和现在价值，其差额即为货币时间价值。其计算在实务中一般采用复利计算；除了一次性收付款项，还有一类间隔期相等的系列等额收付款项，称之为年金。按照款项收付的次数和支付的时间进行划分，年金可以划分为普通年金、预付年金、递延年金、永续年金等形式。货币时间价值的应用主要包括两个方面，一是名义利率与实际利率的换算；二是利用附录中的"系数表"计算利息或者期数。

风险指的是未来实际收益与预期收益的偏离程度。风险具有客观性和不确定性，风险与收益在一般情况下具有对等性。企业在进行投资决策时，需要对风险进行衡量。衡量风险大小的指标主要有收益率的方差、标准差和标准离差率等。

同步测试

一、单项选择题

1. 货币时间价值的实质是（　　　）。

　　A. 利率　　　　　　　　　　　　　　B. 资金周转使用后的价值增值额

　　C. 企业的成本利润率　　　　　　　　D. 差额价值

2. 表示货币时间价值的利率是（　　　）。

　　A. 银行同期贷款利率

　　B. 银行同期存款利率

　　C. 没有风险和没有通货膨胀条件下社会资金平均利润率

　　D. 加权资本成本率

3. 单利和复利是两种不同的计息方法，单利第 1 年的终值（　　　）复利第 1 年的终值。

　　A. 大于　　　　　　B. 小于　　　　　　C. 等于　　　　　　D. 无法确定

4. 当银行利率为 10% 时，一项 6 年后付款 800 元的购货，若按单利计息，相当于第一年年初一次支付（　　　）元。

　　A. 451.6　　　　　B. 500　　　　　　C. 800　　　　　　D. 480

5. 王某拟存入一笔资金以备 3 年后使用，3 年后需用的资金总额为 34 500 元。假定银行 3 年期存款年利率为 5%，则在单利计息的情况下，目前王某需存入的资金为（　　　）元。

　　A. 30 000　　　　B. 29 803.04　　　C. 32 857.14　　　D. 31 500

6. 在银行年利率为 4% 的情况下，将 100 000 元存入银行，10 年后按复利计息可以从银行取得（　　　）元。

    A. 140 000　　　　　B. 148 024.43　　　　　C. 120 000　　　　　D. 150 000

7. 大华公司于年初向银行存入 5 万元资金，年利率为 8%，每半年复利一次，则第 10 年年末大华公司可得到本利和为（　　　）万元。

    A. 10　　　　　B. 8.96　　　　　C. 9　　　　　D. 10.96

8. 从银行借款 100 万元，年利率为 10%，每半年复利计息一次，则该项借款的实际利率是（　　　）。

    A. 10%　　　　　B. 10.56%　　　　　C. 11%　　　　　D. 10.25%

9. 从第一期起、在一定时期内每期期初等额收付的系列款项是（　　　）。

    A. 先付年金　　　　　B. 后付年金　　　　　C. 递延年金　　　　　D. 普通年金

10. 某高校拟建立一项基金，每年年初投入 100 000 元，若年利率为 10%，5 年后该项基金的本利和将为（　　　）元。

    A. 671 600　　　　　B. 564 100　　　　　C. 871 600　　　　　D. 610 500

11. 普通年金现值系数的倒数称为（　　　）。

    A. 复利现值系数　　　　　　　　　　B. 普通年金终值系数

    C. 偿债基金系数　　　　　　　　　　D. 资本回收系数

12. 以 10% 的利率借得 50 000 元，投资于寿命期为 5 年的项目，为使该投资项目成为有利项目，每年至少应收回的现金数额为（　　　）元。

    A. 10 000　　　　　B. 12 000　　　　　C. 13 189　　　　　D. 8 190

13. 甲方案在 3 年中每年年初付款 500 元，乙方案在 3 年中每年年末付款 500 元，若利率为 10%，则两个方案第三年年末时的终值相差（　　　）。

    A. 105 元　　　　　B. 165.50 元　　　　　C. 665.50 元　　　　　D. 505 元

14. 存本取息是（　　　）。

    A. 普通年金　　　　　B. 预付年金　　　　　C. 永续年金　　　　　D. 递延年金

15. 某慈善基金会决定建立赞助孤儿基金，现准备存入一笔现金，预计以后无限期地在每年年末支取利息 20 000 元用来发放孤儿基金。在存款年利率为 10% 的条件下，现在应存入（　　　）元。

    A. 250 000　　　　　B. 200 000　　　　　C. 215 000　　　　　D. 300 000

16. 企业发行债券，在名义利率相同的情况下，对其最不利的复利计息期是（　　　）。

    A. 1 年　　　　　B. 半年　　　　　C. 1 季　　　　　D. 1 月

17. 某人借入年利率为 10% 的借款，借款期限为 2 年，借款利息每半年付一次，则借款的实际利率为（　　　）。

    A. 10.25%　　　　　B. 10%　　　　　C. 10.5%　　　　　D. 9.75%

18. 由影响所有公司的因素引起的风险称为（　　　）。

    A. 公司特有风险　　　　　　　　　　B. 经营风险

    C. 市场风险　　　　　　　　　　　　D. 财务风险

19. 投资者甘冒风险进行投资的诱因是（　　　）。

    A. 可获得投资收益　　　　　　　　　B. 可获得货币时间价值回报

    C. 可获得风险报酬率　　　　　　　　D. 可一定程度抵御风险

20．企业某新产品开发成功的概率为 80%，成功后的投资报酬率为 40%；开发失败的概率为 20%，失败后的投资报酬率为 –100%，则该产品开发方案的预期投资报酬率为（　　）。

　　A．18%　　　　　　　B．20%　　　　　　　C．12%　　　　　　　D．40%

21．甲方案的标准差是 1，乙方案的标准差是 2，如甲乙两方案的期望值相同，则两方案的风险关系为（　　）。

　　A．甲小于乙　　　　B．甲大于乙　　　　C．甲等于乙　　　　D．无法确定

22．下列关于标准离差与标准离差率的表述不正确的是（　　）。

　　A．标准离差是反映概率分布中各种可能结果对期望值的偏离程度的指标

　　B．如果各方案的期望值相同，标准差越大则风险越大

　　C．在各方案期望值不同的情况下，应借助标准离差率衡量方案的风险程度，标准离差率越大则风险越大

　　D．标准离差和标准离差率的评价结果一般是相同的

二、多项选择题

1．下列选项中，（　　）可以视为年金的形式。

　　A．直线法计提的折旧　　　　　　　　B．每月等额的房租

　　C．利滚利　　　　　　　　　　　　　D．20 年等额支付的养老保险金

2．下列关于年金的表述中，正确的有（　　）。

　　A．年金既有终值又有现值

　　B．永续年金是特殊形式的普通年金

　　C．递延年金是第一次收付款项发生的时间在第二期或第二期以后的年金

　　D．永续年金是特殊形式的即付年金

3．下列选项中，既有现值又有终值的是（　　）。

　　A．递延年金　　　　B．普通年金　　　　C．先付年金　　　　D．永续年金

4．下列说法中，正确的有（　　）。

　　A．复利终值系数和复利现值系数互为倒数

　　B．普通年金终值系数和普通年金现值系数互为倒数

　　C．普通年金终值系数和偿债基金系数互为倒数

　　D．普通年金现值系数和资本回收系数互为倒数

5．下列说法中，正确的有（　　）。

　　A．偿债基金的计算实际上是年金现值的逆运算

　　B．即付年金与普通年金的区别仅在于付款时间的不同

　　C．凡不是从第一期开始的年金都是递延年金

　　D．永续年金是期限趋于无穷的普通年金，它没有终值

6．下列对递延年金的说法中，正确的有（　　）。

　　A．递延年金的现值与递延期有关

　　B．递延年金的终值与递延期无关

　　C．递延年金的第一次支付发生在若干期以后

　　D．递延年金只有现值没有终值

7. 企业因借款而增加的风险属于（　　　　）。

　　A. 财务风险　　　　　　B. 经营风险　　　　　　C. 筹资风险　　　　　　D. 市场风险

8. 风险与报酬的关系可表述为（　　　　）。

　　A. 风险越大，期望报酬越大　　　　　　　　B. 风险越大，期望投资报酬越小

　　C. 风险越大，要求的收益越高　　　　　　　D. 风险越大，获得的投资收益越小

9. 按风险形成的原因，企业特有风险可划分为（　　　　）。

　　A. 经营风险　　　　　　B. 市场风险　　　　　　C. 可分散风险　　　　　　D. 财务风险

10. 下列各项中，可以用来衡量风险大小的指标有（　　　　）。

　　A. 标准差　　　　　　　　　　　　　　　　B. 标准离差率

　　C. 无风险报酬率　　　　　　　　　　　　　D. 期望值

11. 甲项目的确定报酬率为 10%，乙项目的报酬率有两种可能：一是有 50% 的可能性获得 30% 的报酬率，二是有 50% 的可能性亏损 10%。下列说法正确的有（　　　　）。

　　A. 乙项目的期望报酬率为 10%

　　B. 甲项目的风险小于乙项目

　　C. 投资者绝不可能选择投资乙项目

　　D. 投资乙项目获得的实际报酬率可能大大超过甲项目

12. 风险收益率的大小取决于（　　　　）。

　　A. 风险报酬系数　　　　　　　　　　　　　B. 产生风险的原因

　　C. 风险能否发生　　　　　　　　　　　　　D. 标准离差率

三、判断题

1. 即使一笔系列收付款项的发生额不相等，该系列款项也能称为年金。　　（　　　）

2. 在利率和计息期相同的条件下，复利现值系数与复利终值系数互为倒数。　（　　　）

3. 在现值和利率一定的情况下，计息期数越少，则复利终值越大。　　（　　　）

4. 即付年金和普通年金的区别在于计息时间与付款方式的不同。　　（　　　）

5. 递延年金终值的大小与递延期无关，故其计算方法和普通年金终值相同。　（　　　）

6. 当年利率为 12% 时，每月复利一次，即 12% 为名义利率，1% 为实际利率。　（　　　）

7. 在实务中，当说到风险时，可能指的是确切意义上的风险，但更可能指的是不确定性，二者不做区分。　　（　　　）

8. 财务风险是由通货膨胀引起的风险。　　（　　　）

9. 风险与收益是对等的，风险越大收益的机会越多，期望的收益率就越高。　（　　　）

10. 两个方案进行比较时，标准离差率越大，说明风险越大。　　（　　　）

四、计算分析题

1. 某人拟购房，开发商提出两种方案，一是现在一次性付 80 万元，另一方案是 5 年后付 100 万元，假设当前的银行存款利率为 7%。

　　要求： 请分析应如何付款。

2. 乙公司向银行借款，预计 10 年后还本付息总额为 1 000 000 元。为归还这笔借款，乙

公司拟在各年提取相等数额的资金作为基金用来归还借款。假定银行的借款年利率为 10%。

要求：

（1）如果乙公司于每年年末提取该笔资金，计算每年应当提取的资金额。

（2）如果乙公司于每年年初提取该笔资金，计算每年应当提取的资金额。

3. 丙企业拟采购一套设备，供应商开出的付款条件是：自第 3 年年初开始，每年付款 100 000 元，连续支付 5 年。假定市场利率为 10%。

要求：计算丙企业购买该设备相当于现在一次性支付的金额。

4. 某企业拟购买一台柴油机以更新目前的汽油机。柴油机价格较汽油机高 2 000 元，但每年可节约燃料费用 500 元。

要求：若利率为 10%，请计算柴油机至少应使用多少年才有利？

5. 某公司现有甲、乙两个投资项目，它们的投资报酬情况与市场销售情况密切相关，有关资料见表 2-2。

表 2-2　投资项目有关资料

市场销售情况	概　　率	甲项目报酬率	乙项目报酬率
很好	30%	30%	20%
一般	50%	10%	10%
很差	20%	−15%	5%

要求：

（1）计算甲项目投资报酬的期望值、标准差和标准离差率。

（2）计算乙项目投资报酬的期望值、标准差和标准离差率。

（3）比较甲项目和乙项目的风险。

（4）假定该公司规定，任何投资项目的期望报酬率都必须在 10% 以上，而且标准离差率不得超过 1，试确定该公司应该投资哪个项目。

第三章

筹资方式

知识目标

1. 了解企业筹资的动因、方式和原则。
2. 熟悉股权筹资、债务筹资的具体方式及各种筹资方式的优缺点。

能力目标

1. 能够辨别各种筹资方式的优缺点。
2. 能够为企业选择合适的筹资方式。

知识结构

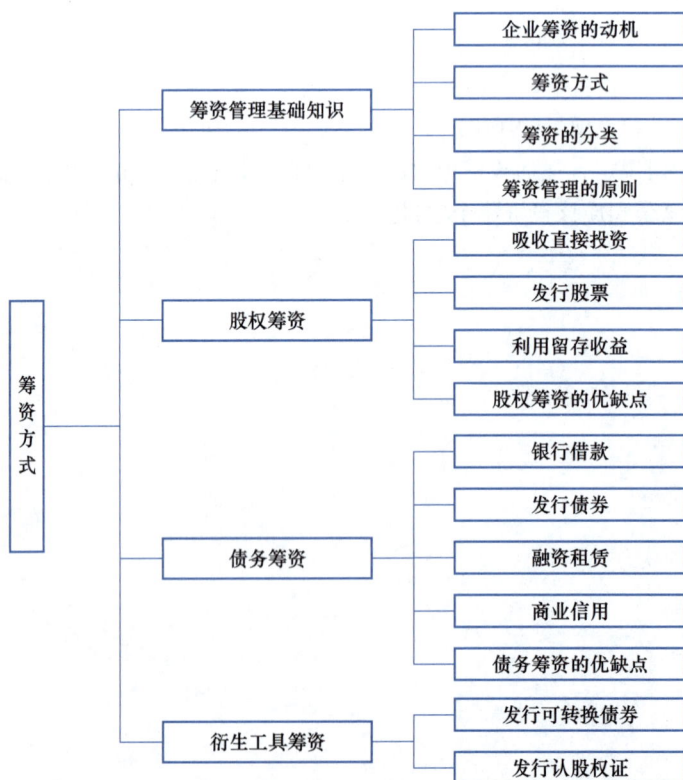

顺达公司急需 2 亿元资金用于技术改造项目，于是在年初召开了总经理办公会，会议由公司总经理召集主持，公司各部门副总经理参加，同时根据会议内容的需要，邀请信托投资公司相关的金融、财务专家参加研讨，商议如何足额高效地筹集资金。

会上，生产副总经理认为，技术改造项目的生产能力和产品质量都比较好，这笔投资预计在投产后 3 年内可完全收回，因此提议发行 5 年期的债券筹集资金。财务副总经理则认为，公司目前资产负债率为 65%，已经比较高了，如果再利用债券筹资，财务风险将过高，应当发行普通股或优先股筹集资金。金融专家认为，目前投资者对股票投资都心存恐惧，发行普通股十分困难，根据当时的利率水平和市场状况测算，如果发行优先股，年股利率不能低于 16.5%；如果发行债券，以 12% 的年利率即可顺利发行，技术改造项目投产后预计税后投资报酬率将达到 18%。财务专家认为，以 16.5% 的股利率发行优先股不可行，因为发行优先股的筹资费用较高，加上筹资费用后的资金成本将达到 19%，高于项目的税后投资报酬率；如果发行债券，由于利息可在税前抵扣，实际的资金成本大约在 9%。财务专家还提出，由于正处于通货膨胀时期，利率较高，不宜发行期限长、具有固定负担的债券或优先股，而应向银行筹措 2 亿元的 1 年期技术改造贷款，1 年后再以较低的股利率发行优先股来替换技术改造贷款。但是财务副总经理认为银行贷款的容量有限，在当时的条件下向银行筹措 2 亿元技术改造贷款不太现实，而且 1 年后通货膨胀也未必会消除。大家各抒己见，一时难以决策。

讨论与思考

如果你是顺达公司的总经理，对上述各位提出的建议该如何决策？

第一节 筹资管理基础知识

一、企业筹资的动机

企业筹资是指企业为了满足其经营活动、投资活动、资本结构调整等需要，运用一定的筹资方式，筹措和获取企业所需资金的一种财务行为。

企业筹资最基本的目的，是企业经营的维持和发展，为企业的经营活动提供资金保障，但每次具体的筹资行为，往往受特定动机的驱动。例如：为提高技术水平购置新设备而筹资；为对外投资活动而筹资；为产品研发而筹资；为解决资金周转临时需要而筹资等。各种具体的筹资原因，将其进行归纳，大致表现为四类筹资动机：创立性筹资动机、支付性筹资动机、扩张性筹资动机和调整性筹资动机。

（一）创立性筹资动机

创立性筹资动机是指企业设立时，为取得资本金并形成开展经营活动的基本条件而产生的筹资动机。资金是设立企业的第一道门槛。根据我国《公司法》等相关法律的规定，任何一个企业或公司在设立时都要求有符合企业章程或公司章程规定的全体股东认缴的出资额。企业创建时，要按照企业经营规模确定长期资本需要量和流动资金需要量，以购建厂房、设备投入生产，同时还需安排铺底流动资金，形成企业的经营能力。这样，就需要企业筹措注册资本和资本公积等股权资金，股权资金筹措后仍然不足的部分则需要考虑筹集银行借款等债务资金。

（二）支付性筹资动机

支付性筹资动机是指为了满足经营活动的正常波动所形成的支付需要而产生的筹资动机。企业在开展经营活动过程中，经常会出现超出维持正常经营活动资金需求的季节性、临时性的交易支付需要，如原材料购买的大额支付、员工工资的集中发放、银行借款的提前偿还、股东股利的发放等。这些情况要求除了正常经营活动的资金投入以外，还需要通过经常的临时性筹资来满足经营活动的正常波动需求，维持企业的支付能力。

（三）扩张性筹资动机

扩张性筹资动机是指企业因扩大经营规模或对外投资需要而产生的筹资动机。企业维持简单再生产所需要的资金是稳定的，通常不需要或很少需要追加筹资。但是企业一旦扩大再生产，经营规模扩张、开展对外投资，就需要在原有资本基础上追加筹资。特别是那些具有良好发展前景、处于成长期的企业，往往会产生扩张性筹资动机。扩张性筹资的直接结果，往往是企业资产总规模的增加和资本结构的明显变化。

（四）调整性筹资动机

调整性筹资动机是指企业因调整资本结构而产生的筹资动机。企业进行资本结构调整的目的在于降低资本成本，控制财务风险，提升企业价值。企业之所以会产生调整性筹资动机，具体原因大致有二：①优化资本结构，合理利用财务杠杆效应；②偿还到期债务，进行债务结构内部的调整。例如，在企业所有的债务中，如果流动负债占比过大，使企业近期偿还债务的压力较大，可以考虑举借长期债务偿还部分短期债务；又例如企业的一些债务即将到期，企业虽然有足够的偿债能力，但为了保持现有的资本结构，可以举借新债以偿还旧债。调整性筹资的目的是调整资本结构，而不是为企业经营活动追加资金，这类筹资通常不会增加企业的资本总额。

在实务中，企业筹资的目的可能不是单纯和唯一的，通过追加筹资，既满足了经营活动的资金需要，又达到了调整资本结构的目的，这类情况很多，可以将其称为混合性筹资动机。

二、筹资方式

筹资方式是指企业筹集资金所采取的具体形式，它受到法律环境、经济体制、融资市场等筹资环境的制约，特别是受国家对金融市场和融资行为方面的法律法规制约。

一般来说，企业最基本的筹资方式有两种：股权筹资和债务筹资。股权筹资形成企业的股权资金，通过吸收直接投资、公开发行股票、利用企业自身留存收益等方式取得；债务筹资形成企业的债务资金，通过向银行借款、发行公司债券、利用商业信用等方式取得。至于发行可转换债券等筹集资金的方式，属于兼有股权筹资和债务筹资性质的混合筹资方式。

（一）吸收直接投资

吸收直接投资是指企业以投资合同、协议等形式定向地吸收国家、法人单位、自然人等投资主体资金的筹资方式。这种筹资方式不以股票这种融资工具为载体，通过签订投资合同或投资协议规定双方的权利和义务，主要适用于非股份制公司筹集股权资本。吸收直接投资是一种股权筹资方式。

（二）发行股票

发行股票是指企业以发售股票的方式取得资金的筹资方式，只有股份有限公司才能发行股票。国务院发布的《股票发行与交易管理暂行条例》规定，股票交易必须在经证券委批准可以进行股票交易的证券交易场所进行。目前我国内地有三个证券交易所，分别是深圳证券交易所、上海证券交易所、北京证券交易所。股票的发售对象，可以是社会公众，也可以是特定的投资主体。这种筹资方式只适用于股份有限公司，而且必须以股票作为载体。发行股票是一种股权筹资方式。

（三）留存收益筹资

留存收益是指企业从税后净利润中提取的盈余公积以及从企业可供分配利润中留存的未分配利润。留存收益筹资是企业将当年利润转化为股东对企业追加投资的过程，是一种股权筹资方式。

（四）向金融机构借款

向金融机构借款是指企业根据借款合同从银行或非银行金融机构取得资金的筹资方式。这种筹资方式广泛适用于各类企业，它既可以筹集长期资金，也可以用于短期融通资金，具有灵活、方便的特点。向金融机构借款是一种债务筹资方式。

（五）发行公司债券

发行公司债券是指企业以发售公司债券的方式取得资金的筹资方式。公司债券是公司依照法定程序发行、约定还本付息期限、标明债权债务关系的有价证券。发行公司债券适用于向法人单位和自然人两种渠道筹资。发行公司债券是一种债务筹资方式。

（六）融资租赁

融资租赁是指企业与租赁公司签订租赁合同，从租赁公司取得租赁物资产，通过对租赁物的占有、使用取得资金的筹资方式。融资租赁方式不直接取得货币性资金，而是通过租赁信用关系，直接取得实物资产，快速形成生产经营能力，然后通过向出租人分期交付租金的方式偿还资产的价款。融资租赁实质上是一种债务筹资方式。

（七）商业信用

商业信用是指企业之间在商品或劳务交易中，由于延期付款或延期交货所形成的借贷信用关系。商业信用是由于业务供销活动而形成的，它是企业短期资金的一种重要的和经常性的来源。利用商业信用是一种债务筹资方式。

三、筹资的分类

企业采用以上所述不同方式筹集资金，按照不同的分类标准可分为不同的筹资类别。

（一）股权筹资、债务筹资及衍生工具筹资

按企业所取得资金的权益特性不同，企业筹资分为股权筹资、债务筹资及衍生工具筹资三类。

股权资本是股东投入的、企业依法长期拥有、能够自主调配运用的资本，包括实收资本（股本）、资本公积、盈余公积和未分配利润。其中：实收资本（股本）和其溢价部分形成的资本公积，是外部投资者原始投入的；盈余公积、未分配利润和部分资本公积，是原始投入资本在企业持续经营中形成的经营积累。通常盈余公积、未分配利润共称为留存收益。股权资本是企业从事生产经营活动和偿还债务的基本保证，是代表企业基本资信状况的一个主要指标。企业的股权资本通过吸收直接投资、发行股票、内部积累等方式取得。股权资本一般不用偿还本金，形成了企业的永久性资本，因而财务风险小，但付出的资本成本相对较高。

债务资本是企业按合同向债权人取得的，在规定期限内需要清偿的债务。债务资本通常通过向金融机构借款、发行公司债券、融资租赁等方式取得。由于债务资本到期要归还本金和支付利息，债权人对企业的经营状况不承担责任，因而债务资本具有较大的财务风险，但付出的资本成本相对较低。

衍生工具筹资主要包括兼具股权与债务特征的混合筹资和其他衍生工具筹资，我国上市公司目前最常见的混合筹资形式主要是可转换公司债券，最常见的其他衍生工具筹资是认股权证。可转换公司债券指的是其持有人在一定期限内，可以按照事先规定的价格或转换比例，自由地选择是否转换为公司普通股的一种混合性证券，是公司普通债券和证券期权的组合体。认股权证则指的是其持有人有权在一定时间内以约定价格认购该公司发行的一定数量的股票的一种投资工具，但是兼具证券期权性，即认股权证具有实现融资和股票期权激励的双重功能，没有普通股的红利收入，也没有普通股相应的投票权，但投资者可以通过购买认股权证获得市场价与认购价之间的股票差价收益。

（二）直接筹资与间接筹资

按是否借助于金融机构等媒介来获取社会资金，企业筹资分为直接筹资和间接筹资两种类型。

直接筹资是企业直接与资金供应者协商融通资金的筹资活动。直接筹资不需要通过金融机构来筹措资金，是企业直接从社会取得资金的方式。直接筹资方式主要有发行股票、发行债券、吸收直接投资等。直接筹资方式既可以筹集股权资金，也可以筹集债务资金。相对来说，直接筹资的筹资手续比较复杂，筹资费用较高；但筹资领域广阔，能够直接利用社会资金，有利于提高企业的知名度和资信度。

间接筹资是企业借助银行和非银行金融机构来筹集资金。间接筹资的基本方式是银行借款，此外还有融资租赁等方式。间接筹资形成的主要是债务资金，主要用于满足企业资金周转的需要。间接筹资手续相对比较简便，筹资效率高，筹资费用较低，但容易受金融政策的制约和影响。

（三）内部筹资与外部筹资

按资金的来源范围不同，企业筹资分为内部筹资和外部筹资两种类型。

内部筹资是指企业通过利润留存而形成的筹资来源。内部筹资的数额大小主要取决于企业可分配利润的多少和利润分配政策，一般无须花费筹资费用，从而降低了资本成本。

外部筹资是指企业向外部筹措资金而形成的筹资来源。处于初创期的企业，内部筹资的可能性是有限的；处于成长期的企业，内部筹资往往难以满足需要，这就需要企业广泛地开展外部筹资，如发行股票、债券，取得商业信用、银行借款等。企业向外部筹资大多需要花费一定的筹资费用，从而提高了筹资成本。

（四）长期筹资与短期筹资

按所筹集资金的使用期限不同，企业筹资分为长期筹资和短期筹资两种类型。

长期筹资是指企业筹集使用期限在 1 年以上的资金。长期筹资的目的主要在于形成和更新企业的生产和经营能力，或扩大企业生产经营规模，或为对外投资筹集资金。长期筹资通常采取吸收直接投资、发行股票、发行债券、长期借款、融资租赁等方式，所形成的长期资金主要用于购建固定资产、形成无形资产、进行对外长期投资、垫支/铺底流动资金、研发产品和技术等。从资金权益性质来看，长期资金可以是股权资金，也可以是债务资金。

短期筹资是指企业筹集使用期限在 1 年以内的资金。短期筹资取得的资金主要用于企业的流动资产和资金日常周转，一般在短期内需要偿还。短期筹资经常通过商业信用、短期借款等方式来进行。

四、筹资管理的原则

企业筹资管理的基本原则，是要在严格遵守国家法律法规的基础上，分析影响筹资的各种因素，权衡资金的性质、数量、成本和风险，合理选择筹资方式，提高筹资效果。

（一）筹措合法

筹措合法原则是指企业筹资要遵循国家法律法规，合法筹措资金。不论是直接筹资还是间接筹资，企业最终都通过筹资行为从社会获取了资金。企业的筹资活动不仅为自身的生产经营提供了资金来源，也会影响投资者的经济利益，影响社会经济秩序。企业的筹资行为和筹资活动必须遵循国家的相关法律法规，依法履行法律法规和投资合同约定的责任，合法合规筹资，依法披露信息，维护各方的合法权益。

（二）规模适当

规模适当原则是指要根据生产经营及其发展的需要，合理安排资金需求。企业筹集资金，要合理预测确定资金的需要量。筹资规模与资金需要量应当匹配一致，既要避免因筹资不足，影响生产经营的正常进行；又要防止筹资过多，造成资金闲置。

（三）取得及时

取得及时原则是指要合理安排筹资时间，适时取得资金。企业筹集资金，需要合理预测确定资金需要的时间。要根据资金需求的具体情况，合理安排资金的到位时间，使筹资与用资在时间上相衔接。既避免过早筹集资金形成的资金投放前的闲置，又防止取得资金的时间滞后，错过资金投放的最佳时间。

（四）来源经济

来源经济原则是指要充分利用各种筹资渠道，选择经济、可行的资金来源。企业所筹集的资金都要付出资本成本的代价，进而给企业的资金使用提出了最低报酬要求。不同筹资渠道和方式所取得的资金，其资本成本各有差异。企业应当在考虑筹资难易程度的基础上，针对不同来源的资金成本，认真选择筹资渠道，并选择经济、可行的筹资方式，力求降低筹资成本。

（五）结构合理

结构合理原则是指筹资管理要综合考虑各种筹资方式，优化资本结构。企业筹资要综合考虑股份资金与债务资金的关系、长期资金与短期资金的关系、内部筹资与外部筹资的关系，合理安排资本结构，保持适当的偿债能力，防范企业财务危机。

第二节　股权筹资

股权筹资形成企业的股权资金，是企业最基本的筹资方式。吸收直接投资、发行股票和利用留存收益，是股权筹资的三种基本形式。

一、吸收直接投资

吸收直接投资是指企业按照"共同投资、共同经营、共担风险、共享收益"的原则，直接吸收国家、法人、个人和外商投入资金的一种筹资方式。吸收直接投资是非股份制企业筹集权益资本的基本方式。吸收直接投资的企业，资本不分为等额股份，无须公开发行股票。吸收直接投资的实际出资额中，注册资本部分，形成实收资本；超过注册资本的部分，属于资本溢价，形成资本公积。

（一）吸收直接投资的渠道

吸收直接投资主要有以下四种渠道：

1. 吸收国家投资

国家投资是指有权代表国家投资的政府部门或者机构以国有资产投入企业，由此形成国家资本金。

2. 吸收法人投资

法人投资是指其他企业、事业单位以其可支配的资产投入企业，由此形成法人资本金。

3. 吸收个人投资

个人投资是指城乡居民或本企业内部职工以其个人合法财产投入企业，形成个人资本金。

4. 吸收外商投资

外商投资是指外国投资者或我国港澳台地区投资者的资金投入企业，形成外商资本金。2021 年 10 月，我国商务部正式印发《"十四五"利用外资发展规划》，这是我国首份利用外资发展专项规划，规划强调推动高水平对外开放、更加有效吸引和利用外资，为新时期利用外资工作提供了指引。

（二）直接投资的出资方式

吸收直接投资中的投资者可采用现金、实物、无形资产等多种形式出资，主要出资方式有以下几种：

1. 以货币资产出资

以货币资产出资是吸收直接投资中最重要的出资方式。企业有了货币资产，便可以获取其他物质资源，支付各种费用，满足企业创建和随后的日常周转需要。

2. 以实物资产出资

以实物资产出资是指投资者以房屋、建筑物、设备等固定资产和材料、燃料、产品等流动资产所进行的投资。以实物资产出资应符合以下条件：①适合企业生产、经营、研发等活动的需要；②技术性能良好；③作价公平合理。

应当评估实物资产出资中实物的作价，核实财产，不得高估或低估作价。法律、行政法规对评估作价有规定的，从其规定。国有及国有控股企业接受其他企业的非货币资产出资，必须委托有资格的资产评估机构进行资产评估。

3. 以土地使用权出资

土地使用权是指土地经营者对依法取得的土地在一定期限内有进行建筑、生产经营或其他活动的权利。土地使用权具有相对的独立性，在土地使用权存续期间，包括土地所有者在内的其他任何人和单位，不能任意收回土地和非法干预使用权人的经营活动。

4. 以工业产权出资

工业产权通常是指专有技术、商标权、专利权、非专利技术等无形资产。投资者以工业产权出资应符合以下条件：①有助于企业研究、开发和生产出新的高科技产品；②有助于企业提高生产效率，改进产品质量；③有助于企业降低生产消耗、能源消耗等各种消耗；④作价公平合理。

吸收工业产权等无形资产出资的风险较大。因为以工业产权出资，实际上是把技术转化为资本，使技术的价值固定化了，而技术具有强烈的时效性，会因其不断老化落后而导致实际价值不断减少甚至完全丧失。

此外，国家相关法律法规对无形资产出资方式另有限制：股东或者发起人不得以劳务、信用、自然人姓名、商誉、特许经营权或者设定担保的财产等作价出资。

5. 以特定债权出资

特定债权是指企业依法发行的可转换债券以及按照国家有关规定可以转作股权的债权。

（三）吸收直接投资的优缺点

1. 吸收直接投资的优点

（1）能够尽快形成生产能力。吸收直接投资不仅可以取得一部分货币资金，而且能够直接获得所需的先进设备和技术，尽快形成生产能力。

（2）容易进行信息沟通。吸收直接投资的投资者比较单一，股权没有社会化、分散化，投资者甚至可以直接担任企业管理层中的职务，企业与投资者易于沟通。

（3）筹资方式简便、筹资速度快。吸收直接投资的双方直接接触磋商，没有中间环节，只要双方协商一致，筹资即可成功。

（4）有利于提高企业信誉。吸收直接投资所筹集的资金属于自有资金，与借入资金相比，能提高企业的信誉和借款能力。

（5）有利于降低财务风险。吸收直接投资可以根据企业的经营状况向投资者支付报酬，没有固定的财务负担，比较灵活，筹资财务风险小。

2. 吸收直接投资的缺点

（1）资本成本较高。相对于发行股票筹资方式来说，吸收直接投资的资本成本较高。当企业经营较好、盈利较多时，投资者往往要求将大部分盈余作为红利分配。

（2）企业控制权集中，不利于企业治理。采用吸收直接投资方式筹资，投资者一般都要求获得与投资数额相适应的经营管理权。如果某个投资者的投资比例较大，则该投资者对企业的经营管理就会有相当大的控制权，那么在进行企业相关决策时，过于集中的控制权容易损害其他投资者的利益。

（3）不易进行产权交易。吸收直接投资由于没有证券为媒介，不利于产权交易，难以进行产权转让。

二、发行股票

股票是股份有限公司为筹集主权资金而发行的有价证券，是持股人拥有的公司股份的凭证，它表示持股人在股份有限公司中拥有的权利和应承担的义务。

（一）股票的特点及分类

普通股是股份有限公司发行的具有管理权而股利不固定的股票，是股份制企业筹集权益资金的最主要方式。

1. 股票的特点

（1）永久性。公司发行股票所筹集的资金属于公司的长期自有资金，没有期限，无须归还。换言之，股东在购买股票之后，一般情况下不能要求发行企业退还股金。

股权筹资——
发行股票

（2）流通性。股票作为一种有价证券，在资本市场上可以自由流通，也可以继承、赠送或作为抵押品。股票特别是上市公司发行的股票具有很强的变现能力，流动性很强。

（3）风险性。由于股票的永久性，股东成为企业风险的主要承担者。风险的表现形式有：股票价格的波动性、红利的不确定性、破产清算时股东处于剩余财产分配的最后顺序等。

（4）参与性。股东作为股份有限公司的所有者，拥有参与企业管理的权利，包括重大决策权、经营者选择权、财务监控权、公司经营的建议和质询权等。此外，股东还有承担有限责任、遵守公司章程等义务。

2. 股票的分类

（1）普通股股票和优先股股票。按股东权利和义务的不同，股票可分为普通股股票和优先股股票。普通股股票简称普通股，是公司发行的代表股东享有平等权利、义务，不加特别限制的，股利不固定的股票。普通股是最基本的股票，股份有限公司通常情况下只发行普通股。

优先股股票简称优先股，是公司发行的相对于普通股具有一定优先权的股票。目前，我国《公司法》中暂时没有对优先股的相关规定，国务院 2013 年 11 月发布的《国务院关于开展优先股试点的指导意见》以及证监会 2014 年 3 月发布的《优先股试点管理办法》，是目前我国关于优先股筹资的主要规范。优先股的优先权利主要表现在股利分配优先权和分取剩余财产优先权上。优先股股东在股东大会上无表决权，在参与公司经营管理上受到一定限制，仅对涉及优先股权利的问题有表决权。

从投资者角度来看，优先股投资的风险要高于债券，企业面临破产时，优先股的求偿权低于债权人。如果公司遇到财务困难，债务利息会被优先支付，其次才是优先股股利的支付。因此，同一公司优先股股东的投资报酬率会比债权人的高，即优先股的筹资成本要高于债务的筹资成本；同时，优先股同普通股相比，其投资风险会低一些，当公司面临破产时，优先股股东的求偿权优先于普通股股东，因此同一公司的优先股股东所要求的必要报酬率会比普通股股东的低，即优先股的筹资成本低于普通股。

（2）记名股票和无记名股票。按票面是否记名，股票可分为记名股票和无记名股票。记名股票是在股票票面上记载有股东姓名或将名称记入公司股东名册的股票，无记名股票不登记股东名称，公司只记载股票数量、编号及发行日期。

我国《公司法》规定，公司向发起人、法人发行的股票，为记名股票；向社会公众发行的股票，可以为记名股票，也可以为无记名股票。

（3）A 股、B 股、H 股、N 股和 S 股。按发行对象和上市地点的不同，股票可分为 A 股、B 股、H 股、N 股和 S 股等。A 股即人民币普通股票，由我国境内公司发行，境内上市交易，它以人民币标明面值，以人民币认购和交易。B 股即人民币特种股票，由我国境内公司发行，境内上市交易，它以人民币标明面值，以外币认购和交易。H 股是注册地在内地、在香港上市的股票，依此类推，注册地在内地，在纽约和新加坡上市的股票，就分别称为 N 股和 S 股。

3. 股东的权利

股东最基本的权利是按投入公司的股份，依法享有公司收益获取权、公司重大决策参与权和选择公司管理者的权利，并以其所持股份为限对公司承担责任。

（1）公司管理权。股东对公司的管理权主要体现在重大决策参与权、经营者选择权、财务监控权、公司经营的建议和质询权、股东大会召集权等方面。

（2）收益分享权。股东有权通过股利方式获取公司的税后利润，利润分配方案由董事会提出并经过股东大会批准。

（3）股份转让权。股东有权将其所持有的股票出售或转让。

（4）优先认股权。原有股东拥有优先认购本公司增发股票的权利。

（5）剩余财产要求权。当公司解散、清算时，股东有对清偿债务、清偿优先股股东以后的剩余财产索取的权利。

4. 普通股筹资的特点

（1）两权分离，有利于公司自主经营管理。公司通过对外发行股票筹资，公司的所有权与经营权相分离，分散了公司控制权，有利于公司自主管理、自主经营。普通股筹资的股东众多，公司日常经营管理事务主要由公司的董事会和经理层负责。但公司的控制权分散，公司也容易被经理人控制。

（2）资本成本较高。由于股票投资的风险较大，收益具有不确定性，投资者就会要求较高的风险补偿。因此，普通股筹资的资本成本较高。

（3）能增强公司的社会声誉，促进股权流通和转让。普通股筹资，股东的大众化为公司带来了广泛的社会影响。特别是上市公司，其股票的流通性强，有利于市场确认公司的价值。普通股筹资以股票作为媒介，便于股权的流通和转让，便于吸收新的投资者。但是，流通性强的股票交易，也容易在资本市场上被恶意收购。

（4）不易及时形成生产能力。普通股筹资吸收的一般都是货币资金，还需要通过购置和建造形成生产经营能力。相对吸收直接投资方式来说，不易及时形成生产能力。

三、利用留存收益

（一）留存收益的性质

从性质上看，企业通过合法有效的经营所实现的税后利润，都属于企业的所有者。因此，属于所有者的利润包括分配给所有者的利润和尚未分配而留存于企业的利润。企业将本年度的利润部分甚至全部留存下来的原因很多，主要包括：①收益的确认和计量是建立在权责发生制基础上的，企业有利润，但企业不一定有相应的现金净流量增加，因而企业不一定有足够的现金将利润全部或部分派给所有者。②法律法规从保护债权人利益和要求企业可持续发展等角度出发，限制企业将利润全部分配出去。《公司法》规定，企业每年的税后利润，必须提取 10% 的法定公积金。③企业基于自身扩大再生产和筹资需求，也会将一部分利润留存下来。

（二）留存收益的筹资途径

1. 提取盈余公积

盈余公积是指有指定用途的留存净利润，其提取基数是抵减年初累计亏损后的本年度净利润。盈余公积主要用于企业未来的经营发展，经投资者审议后也可以用于转增股本（实收资本）和弥补以前年度经营亏损。盈余公积不得用于以后年度的对外利润分配。

2. 未分配利润

未分配利润是指未限定用途的留存净利润。未分配利润有两层含义：①这部分净利润本年没有分配给公司的股东、投资者；②这部分净利润未指定用途，可以用于企业未来经营发展、转增股本（实收资本）、弥补以前年度经营亏损、以后年度利润分配。

（三）利用留存收益的筹资特点

1. 不用发生筹资费用

与普通股筹资相比较，利用留存收益筹资不需要发生筹资费用，因为利用留存收益是利用尚未分配而留存于企业的利润，属于内部来源的资金，所以其资本成本较低。但是不发生筹资费用并不意味着其资本成本为零，原因在于企业的利润归属于股东，将这部分资金用于企业的发展后，股东会要求有相应的回报。

2. 维持公司的控制权分布

利用留存收益筹资，不用对外发行新股或吸收新投资者，由此增加的权益资本不会改变公司的股权结构，不会稀释原有股东的控制权，有利于维持公司控制权的分布。

3. 筹资数额有限

当期留存收益的最大数额是当期的净利润，不如外部筹资一次性可以筹集大量资金。如果企业发生亏损，当年没有利润留存，就无可利用的留存收益。另外，股东和投资者从自身期望出发，往往也会希望企业每年发放一定股利，保持一定的利润分配比例。所以利用留存收益这种方式筹集资金，能够筹措的数额是有限的。

四、股权筹资的优缺点

（一）股权筹资的优点

1. 股权筹资是企业稳定的资本基础

股权资本没有固定的到期日，无须偿还，是企业的永久性资本，只有企业清算时才有可能予以偿还。这对于保障企业对资本的最低需求，促进企业长期持续稳定经营具有重要意义。

2. 股权筹资是企业良好的信誉基础

股权资本作为企业最基本的资本，代表了企业的资本实力，是企业与其他单位组织开展经营业务，进行业务活动的信誉基础。同时，股权资本也是其他方式筹资的基础，尤其可为债务筹资，包括银行借款、发行公司债券等提供信用保障。

3. 企业财务风险较小

股权资本不用在企业正常运营期内偿还，不存在还本付息的财务风险。相对于债务资本而言，股权资本筹资限制少，资本使用上也无特别限制。另外，企业可以根据其经营状况和业绩的好坏，决定向投资者支付报酬的多少，资本成本负担比较灵活。

（二）股权筹资的缺点

1. 资本成本负担较重

尽管股权筹资的资本成本负担比较灵活，但一般而言，股权筹资的资本成本要高于债务筹资。这主要是由于投资者投资于股权特别是投资于股票的风险较高，投资者或股东相应要求得到较高的报酬率。企业长期不派发利润和股利，将会影响企业的市场价值。从企业成本开支的角度来看，股利、红利从税后利润中支付，而使用债务筹资的资本成本允许税前扣除。此外，普通股的发行、上市等方面的费用也十分庞大。

2. 容易分散企业的控制权

利用股权筹资，由于引进了新的投资者或发行了新的股票，必然会导致企业控制权结构的改变，分散了企业的控制权。控制权的频繁迭变，势必要影响企业管理层的人事变动和决策效率，影响企业的正常经营。

3. 信息沟通与披露成本较大

投资者或股东作为企业的所有者，有了解企业经营业务、财务状况、经营成果等的权利。企业需要通过各种渠道和方式加强与投资者的关系管理，保障投资者的权益。特别是上市公司，其股东众多而分散，只能通过公司的公开信息披露了解公司状况，这就需要公司花更多的精力，有些还需要设置专门的部门，用于公司的信息披露和投资者关系管理。

第三节　债务筹资

债务筹资形成企业的债务资金，债务资金是企业通过银行借款、向社会发行公司债券、融资租赁等方式筹集和取得的资金。银行借款、发行债券和融资租赁，是债务筹资的三种基本形式。商业信用也是一种债务资金，但它是企业间的商品或劳务交易形成的，本章只做简单介绍。

一、银行借款

银行借款是指企业向银行或其他非银行金融机构借入的、需要还本付息的款项，包括偿还期限超过 1 年的长期借款和不足 1 年的短期借款，主要用于企业购建固定资产和满足流动资金周转的需要。

债务筹资——
银行借款

（一）银行借款的种类

1. 政策性银行贷款、商业银行贷款和其他金融机构贷款

按提供贷款机构的不同，银行借款可分为政策性银行贷款、商业银行贷款和其他金融机构贷款。

政策性银行贷款是指执行国家政策性贷款业务的银行向企业发放的贷款，通常为长期贷款。例如：国家开发银行贷款，主要满足企业承建国家重点建设项目的资金需要；中国进出口银行贷款，主要为大型设备的进出口提供买方信贷或卖方信贷；中国农业发展银行贷款，主要用于确保国家对粮、棉、油等政策性收购资金的供应。

商业银行贷款是指由各商业银行，如中国工商银行、中国建设银行、中国农业银行、中国银行等，向企业提供的贷款，用以满足企业生产经营的资金需要，包括短期贷款和长期贷款。

其他金融机构贷款，如从信托投资公司取得实物或货币形式的信托投资贷款，从财务公司取得的各种中长期贷款，从保险公司取得的贷款等。其他金融机构贷款一般较商业银行贷款的期限要长，要求的利率较高，对借款企业的信用要求和担保的选择比较严格。

2. 信用贷款和担保贷款

按机构对贷款有无担保要求，银行借款可分为信用贷款和担保贷款。

信用贷款是指以借款人的信誉或保证人的信用为依据而获得的贷款。企业取得这种贷款，无须以财产做抵押。对于这种贷款，由于风险较高，银行通常要收取较高的利息，同时还附加一定的限制条件。

担保贷款是指由借款人或第三方依法提供担保而获得的贷款。担保包括保证责任、财产抵押、财产质押，由此，担保贷款包括保证贷款、抵押贷款和质押贷款三种基本类型。

担保贷款在实务中的应用十分广泛。在国家纵深推进大众创业、万众创新的过程中，越来越多的大学生投身创新创业实践，为解决其创业融资难题，国家相关部门不断加强对大学生创新创业的金融政策支持，例如落实创业担保贷款政策及贴息政策，提高高校毕业生个人最高贷款额度，对符合一定条件的高校毕业生创业者免除反担保要求，对高校毕业生设立的符合条件的小微企业提高最高贷款额度，降低贷款利率，简化贷款申报审核流程等。

3. 基本建设贷款、专项贷款和流动资金贷款

按企业取得贷款用途的不同，银行借款可分为基本建设贷款、专项贷款和流动资金贷款。

基本建设贷款是指企业因从事新建、改建、扩建等基本建设项目需要资金而向银行申请借入的款项。

专项贷款是指企业因专门用途而向银行申请借入的款项，包括更新改造贷款、大修理贷款、研发和新产品研制贷款、小型技术措施贷款、出口专项贷款、引进技术转让费周转金贷款、进口设备外汇贷款、进口设备人民币贷款及国内配套设备贷款等。

流动资金贷款是指企业为满足流动资金的需求而向银行申请借入的款项，包括流动资金借款、生产周转借款、临时借款、结算借款和卖方信贷。

（二）银行借款筹资的程序

1. 企业提出借款申请

企业要向银行借入资金，必须向银行提出申请，填写包括借款金额、借款用途、偿还能力、还款方式等内容的"借款申请书"，并提供有关资料。

2. 银行进行审查

银行对企业的借款申请要从企业的信用等级、基本财务状况、投资项目的经济效益、偿债能力等多方面做必要的审查，以决定是否向其提供贷款。

3. 签订借款合同

借款合同是规定借款单位和银行双方的权利、义务和经济责任的法律文件。借款合同包括基本条款、保证条款、违约条款及其他附属条款等内容。

4. 发放贷款

双方签订借款合同后，银行应如期向企业发放贷款。

5. 企业归还借款

企业应按借款合同的规定，按时足额归还借款本息。如因故不能按期归还，应在借款到期

之前的 3 ～ 5 天，提出延期申请，由贷款银行审定是否给予延期。

（三）银行借款的信用条件

向银行借款往往附带一些信用条件，主要有以下几方面：

1. 补偿性余额

补偿性余额是银行要求借款企业在银行中保留一定数额的存款余额，一般为借款额的 10% ～ 20%，其目的是降低银行贷款风险，但对借款企业来说，其实是加重了利息负担。实际借款利率的计算公式为

$$实际借款利率 = \frac{名义借款金额 \times 名义利率}{名义借款金额 \times （1- 补偿性余额比例）}$$

2. 信贷额度

信贷额度是借款企业与银行在协议中规定的借款最高限额。在信贷额度内，企业可以随时按需要支用借款。

3. 周转信贷协议

周转信贷协议是银行具有法律义务地承诺提供不超过某一最高限额的贷款协议。企业享用周转信贷协议，要对贷款限额中的未使用部分付给银行一笔承诺费。

银行向企业发放借款时所附带的信用条件可能还会包括借款期限与偿还方式、借款利率与利息支付方式以及要求企业提供一定的借款抵押等。

（四）银行借款筹资的特点

1. 筹资速度快

与发行公司债券、融资租赁等其他债务筹资方式相比，银行借款的程序相对简单，所花时间较短，公司可以迅速获得所需资金。

2. 资本成本较低

利用银行借款筹资，一般都比发行债券和融资租赁的利息负担要低，而且无须支付证券发行费用、租赁手续费用等筹资费用。

3. 筹资弹性较大

在借款之前，企业可根据当时的资本需求与银行等贷款机构直接商定贷款的时间、数量和条件。在借款期间，若企业的财务状况发生某些变化，也可与债权人再协商，变更借款数量、时间和条件，或提前偿还本息。因此，银行借款对企业具有较大的灵活性，特别是短期借款更是如此。

4. 限制条款多

与发行公司债券相比较，银行借款合同对借款用途有明确规定，通过借款的保护性条款，对企业资本支出额度、再筹资、股利支付等行为有严格的约束，以后企业的生产经营活动和财务政策必将受到一定程度的影响。

二、发行债券

公司债券又称企业债券，是企业依照法定程序发行的、约定在一定期限内还本付息的有价证券。债券是持券人拥有公司债权的书面证书，代表债券持券人与发债公司之间的债权债务关系。

（一）发行债券的条件

在我国，根据《公司法》的规定，股份有限公司和有限责任公司具有发行债券的资格。根据《证券法》规定，公开发行公司债券，应当符合下列条件：

（1）具备健全且运行良好的组织机构。

（2）具有持续盈利能力，财务状况良好。

（3）最近三年财务会计文件无虚假记载，无其他重大违法行为。

（4）经国务院批准的国务院证券监督管理机构规定的其他条件。

上市公司非公开发行新股，应当符合经国务院批准的国务院证券监督管理机构规定的条件，并报国务院证券监督管理机构核准。

（二）公司债券的种类

1. 记名债券和无记名债券

按是否记名，公司债券可分为记名债券和无记名债券。

记名债券，应当在公司债券存根簿上载明债券持有人的姓名及住所、债券持有人取得债券的日期及债券的编号等信息。

无记名债券，应当在公司债券存根簿上载明债券总额、利率、偿还期限和方式、发行日期及债券的编号。

2. 可转换债券与不可转换债券

按是否能够转换成公司股权，公司债券可分为可转换债券与不可转换债券。

可转换债券是指债券持有者可以在规定的时间内按规定的价格将公司债券转换为发债公司股票的一种债券。这种债券在发行时，对债券转换为股票的价格和比例等都做了详细规定。《公司法》规定，可转换债券的发行主体是股份有限公司中的上市公司。

不可转换债券是指不能转换为发债公司股票的债券，大多数公司债券属于这种类型。

3. 担保债券和信用债券

按有无特定财产担保，公司债券可分为担保债券和信用债券。

担保债券是指以抵押方式担保发行人按期还本付息的债券，主要是指抵押债券。抵押债券按其抵押品的不同，又分为不动产抵押债券、动产抵押债券和证券信托抵押债券。

信用债券是无担保债券，是仅凭公司自身的信用发行的、没有抵押品作抵押担保的债券。在公司清算时，信用债券的持有人因无特定的资产作担保品，只能作为一般债权人参与剩余财产的分配。

（三）发行公司债券的程序

1. 做出发债决议

拟发行公司债券的公司，需要由公司董事会制订公司债券发行的方案，并由公司股东大会批准，做出决议。

2. 提出发债申请

根据《证券法》规定，公司申请发行债券由国务院证券监督管理部门批准。公司应提交公司登记证明、公司章程、公司债券募集办法、资产评估报告和验资报告等正式文件。

3. 公告募集办法

公司发行债券的申请经批准后，要向社会公告公司债券的募集办法。公司债券募集分为私募发行和公募发行。私募发行是以特定的少数投资者为指定对象发行债券，公募发行是在证券市场上以非特定的广大投资者为对象公开发行债券。

4. 委托证券经营机构发售

按照我国公司债券发行的相关法律规定，公司债券的公募发行采取间接发行方式。在这种发行方式下，发行公司与承销团签订承销协议。承销团由数家证券公司或投资银行组成，承销方式有代销和包销两种。代销是指承销机构代为推销债券，在约定期限内未售出的余额可退还发行公司，承销机构不承担发行风险。包销是由承销团先购入发行公司拟发行的全部债券，然后再售给社会上的投资者，如果约定期限内未能全部售出，余额要由承销团负责认购。

5. 交付债券，收缴债券款

债券购买人向债券承销机构付款购买债券，承销机构向购买人交付债券。然后，债券发行公司向承销机构收缴债券款，登记债券存根簿，并结算发行代理费。

（四）债券的偿还

债券偿还时间按其实际发生与规定的到期日之间的关系，分为提前偿还与到期偿还两类，其中后者又包括分批偿还和一次偿还两种。

1. 提前偿还

提前偿还又称提前赎回或收回，是指在债券尚未到期之前就予以偿还。只有在公司发行债券的契约中明确规定了有关允许提前偿还的条款，公司才可以进行此项操作。

2. 到期分批偿还

如果一个公司在发行同一种债券时就为不同编号或不同发行对象的债券规定了不同的到期日，这种债券就是分批偿还债券。

3. 到期一次偿还

多数情况下，发行债券的公司在债券到期日，一次性归还债券本金，并结算债券利息。

（五）发行公司债券的要素

1. 债券的面值

债券的面值包括两个基本内容，即币种和票面金额。币种可以是本国货币，也可以是外国货币，这取决于债券发行的地区及对象。票面金额是债券到期时偿还本金的金额。票面金额印在债券上，固定不变，到期必须足额偿还。

2. 债券的期限

债券从发行之日起至到期之日止之间的时间称为债券的期限。

3. 债券的利率

债券上一般都注明年利率，利率有固定的，也有浮动的。面值与年利率相乘即为年利息。

4. 债券的偿还方式

债券的偿还方式有分期付息到期还本和到期一次还本付息两种。

5. 债券的发行价格

债券的发行价格有三种：①按债券面值等价发行，等价发行又叫面值发行；②按低于债券面值折价发行；③按高于债券面值溢价发行。

债券之所以会偏离面值发行，是因为债券票面利率与金融市场利率不一致。如果债券票面利率大于市场利率，则应溢价发行；如果债券票面利率小于市场利率，则应折价发行。这是基于债券发行价格应与它的价值贴近导致。债券溢价或折价的价格可依据货币时间价值原理计算出的内在价值来进行确定。在我国，债券可以溢价发行，但不允许折价发行。

每年年末付息、到期支付面值的债券发行价格的计算公式为

$$债券发行价格 = B_0 \times (P/F, \ i, \ n) + B_0 \times i_0 \times (P/A, \ i, \ n)$$

到期一次还本付息的债券发行价格计算公式为

$$债券发行价格 = B_0 \times (1 + i_0 \times n) \times (P/F, \ i, \ n)$$

式中　B_0——债券面值总额；

　　　i_0——债券票面利率；

　　　i——市场利率；

　　　n——债券期限。

（六）发行公司债券的筹资特点

1. 一次筹资数额大

发行公司债券筹资，能够筹集大额的资金，满足公司大规模筹资的需要。这是与银行借款、融资租赁等债务筹资方式相比，企业选择发行公司债券筹资的主要原因，大额筹资能够适应大型公司经营规模的需要。

2. 募集资金的使用限制条件少

与银行借款相比，发行公司债券募集的资金在使用上具有相对的灵活性和自主性。特别是发行公司债券所筹集的大额资金，能够用于流动性较差的公司长期资产上。从资金使用的性质来看，银行借款一般期限短、额度小，主要用途为增加适量存货或增加小型设备等。反之，期限较长、额度较大，用于公司扩展、增加大型固定资产和基本建设投资的需求多采用发行公司债券方式筹资。

3. 资本成本负担较高

相对于银行借款筹资，发行公司债券的利息负担和筹资费用都比较高，而且债券不能像银行借款一样进行债务展期，加上大额的本金和较高的利息，在固定的到期日，将会对公司现金流量产生巨大的财务压力。不过，尽管公司债券的利息比银行借款高，但公司债券的期限长、利率相对固定。在预计市场利率持续上升的金融市场环境下，发行公司债券筹资，能够锁定资本成本。

4. 提高公司的社会声誉

公司债券的发行主体，有严格的资格限制。发行公司债券，往往是股份有限公司和有实力的有限责任公司所为。通过发行公司债券，一方面筹集了大量资金，另一方面也扩大了公司的社会影响。

三、融资租赁

租赁是指通过签订资产出让合同的方式，使用资产的一方（承租方）通过支付租金，向出让资产的一方（出租方）取得资产使用权的一种交易行为。在这项交易中，承租方通过得到所需资产的使用权，完成了筹集资金的行为。

（一）租赁的种类

2018 年 12 月，财政部修订发布了《企业会计准则第 21 号——租赁》，进一步规范了租赁的确认、计量和相关信息的列报。新租赁准则取消了承租人关于融资租赁和经营租赁的分类，出租人则仍应当在租赁开始日将租赁分为经营租赁和融资租赁。

经营租赁是由租赁公司向承租单位在短期内提供设备，并提供维修、保养、人员培训等的一种服务性业务，又称服务性租赁。经营租赁的特点主要是：

（1）出租的设备一般由租赁公司根据市场需要选定，然后再寻找承租企业。

（2）租赁期较短，短于资产的有效使用期，在合理的限制条件内承租企业可以中途解约。

（3）租赁设备的维修、保养由租赁公司负责。

（4）租赁期满或合同中止以后，出租资产由租赁公司收回。经营租赁比较适用于租用技术过时较快的生产设备。

融资租赁是由租赁公司按承租单位要求出资购买设备，在较长的合同期内提供给承租单位使用的融资信用业务，它是以融通资金为主要目的的租赁。对于很多制造型企业，融资租赁是支持企业设备更新换代、推动产业转型升级的有力金融工具，它以"融资＋融物"代替单一的融资模式，通过以设备为载体的资本活动保证资金向生产性资本的转化，决定了其资金直接服务实体经济。

融资租赁业务的主要特点是：

（1）出租的设备由承租企业提出要求购买，或者由承租企业直接从制造商或销售商那里选定。

（2）租赁期较长，接近于资产的有效使用期，在租赁期间双方无权取消合同。由承租企业负责设备的维修、保养。

（3）租赁期满，按事先约定的方法处理设备，包括退还租赁公司，或继续租赁，或企业留购。通常采用企业留购办法，即以很少的"名义价格"（相当于设备残值）买下设备。

融资租赁和经营租赁的区别见表3-1。

表3-1 融资租赁和经营租赁的区别

对比项目	融资租赁	经营租赁
业务原理	融资融物于一体	无融资特征，只是一种融物方式
租赁目的	融通资金，添置设备	暂时性使用，预防无形损耗风险
租金	包括设备价款	只是设备使用费
租期	较长，相当于设备经济寿命大部分	较短
契约法律效力	不可撤销合同	可撤销合同
租赁标的	一般为专用设备，也可为通用设备	通用设备居多
维修与保养	专用设备多为承租人负责，通用设备多为出租人负责	全部为出租人负责
承租人	一般为一个	设备经济寿命期内轮流租给多个承租人
灵活性	不灵活	灵活

一项租赁属于融资租赁还是经营租赁取决于交易的实质，而不是合同的形式。如果一项租赁实质上转移了与租赁资产所有权有关的几乎全部风险和报酬，出租人应当将该项租赁分类为融资租赁。下文中提及的租赁，无特殊指明，均指融资租赁。

（二）融资租赁的形式

（1）直接租赁。直接租赁是融资租赁的主要形式，承租方提出租赁申请时，出租方按照承租方的要求选购设备，然后再出租给承租方。直接租赁只涉及两方当事人，即承租方和出租方。

（2）售后回租。售后回租是指承租方由于急需资金等各种原因，将自己的资产售给出租方，然后以租赁的形式从出租方原封不动地租回资产的使用权。售后回租也只涉及两方当事人，即承租方和出租方。

（3）杠杆租赁。杠杆租赁是指涉及承租方、出租方和资金出借方三方的融资租赁业务。一般来说，当所涉及的资产价值昂贵时，出租方自己只投入部分资金，通常为资产价值的20%～40%，其余资金则通过将该资产抵押担保的方式，向第三方（通常为银行）申请贷款解决。出租方然后将购进的设备出租给承租方，用收取的租金偿还贷款，该资产的所有权属于出租方。出租方既是债权人也是债务人，既要收取租金又要支付债务。

（三）融资租赁的程序

1. 做出租赁决策

当企业需要长期使用某项设备而又没有购买该项设备所需资金时，一般有两种选择：一种是筹措资金购买该项设备；另一种是融资租入该项设备。孰优孰劣？可以通过现金流量的分析计算做出合适的决策。

2. 选择租赁公司

当企业决定采用融资租赁方式取得某项设备时，即应开始选择租赁公司。应从融资条件、租赁费率等方面进行比较，择优选定。

3．办理租赁委托

当企业选定租赁公司后，便可向其提出申请，办理委托。这种委托包括填写"租赁申请书"及提供财务状况的文件资料。

4．签订购货协议

租赁公司受理租赁委托后，即由租赁公司与承租企业的一方或双方选择设备的制造商或销售商，与其进行技术与商务谈判，签订购货协议。

5．签订租赁合同

租赁合同由承租企业与租赁公司签订。租赁合同用以明确双方的权利与义务，是租赁业务最重要的文件，具有法律效力。融资租赁合同的内容包括一般条款和特殊条款两部分。

6．办理验货及投保

承租企业收到租赁设备，要进行验收。验收合格后签发租赁设备收据及验收合格证并提交租赁公司，租赁公司据以向制造商或销售商付款。同时，承租企业向保险公司办理投保事宜。

7．交付租金

承租企业在租赁期内按合同规定的租金数额、交付日期、交付方式，向租赁公司交付租金。

8．租赁期满的设备处理

融资租赁合同期满，承租企业可以按合同规定对租赁设备留购、续租或退还。一般来说，租赁公司会把租赁设备在期满时以低价甚至无偿方式转给承租企业。

（四）融资租赁租金的计算

融资租赁租金是承租企业支付给租赁公司让渡租赁设备的使用权或价值的代价。租金的数额大小、支付方式对承租企业的财务状况有直接的影响，也是租赁决策的重要依据。

1．租金的构成

（1）租赁资产的价款，包括设备的买价、运杂费及途中保险费等。

（2）利息，即租赁公司所垫资金的应计利息。

（3）租赁手续费，包括租赁公司承办业务的营业费用及应得到的利润。租赁手续费的高低由租赁公司与承租企业协商确定，一般以租赁资产价款的某种百分比收取。

2．租金的支付方式

（1）租金按支付时间长短不同，可分为年付、半年付、季付、月付。

（2）租金按每期支付租金的时间不同，可分为先付租金和后付租金。先付租金是指在期初支付租金；后付租金是指在期末支付租金。

（3）租金按每期支付金额是否相等，可分为等额支付和不等额支付。

3．租金的计算方法

实务中，融资租赁租金计算方法较多，常用的有平均分摊法和等额年金法。

（1）平均分摊法。平均分摊法是指不考虑货币时间价值因素，先以商定的利率和手续费率计算出租赁期间的利息和手续费，然后连同设备价款一起，按支付次数平均的计算方法，其公

式表示为

$$R = \frac{(C-S)+I+F}{N}$$

式中　　R——每期应付租金；

　　　　C——租赁资产的购置成本；

　　　　S——出租人回收的租赁资产的残值；

　　　　I——租赁期间的利息；

　　　　F——租赁的手续费；

　　　　N——租赁期间租金支付次数。

（2）等额年金法。等额年金法是指利用年金现值的计算原理计算每期应付租金的方法。在这种方法下，要将利率和手续费率综合在一起确定一个租费率，作为贴现率，具体公式为

如果租金在每一期期末支付，则后付等额租金 $R = \dfrac{C - S \times (P/F, i, n)}{(P/A, i, n)}$

如果租金在每一期期初支付，则先付等额租金 $R = \dfrac{C - S \times (P/F, i, n)}{(P/A, i, n-1)+1}$

式中　　R——每期应付租金；

　　　　C——租赁资产的购置成本；

　　　　S——出租人回收的租赁资产的残值；

　　　　i——租费率；

　　　　n——租赁期间租金支付次数。

例 3-1　某企业于 202× 年 1 月 1 日从租赁公司租入一套设备，价值 100 万元，租期 6 年，租赁期满时预计残值 5 万元，归租赁公司。年利率 8%，租赁手续费率每年 2%。租金每年年末支付一次，则每年租金为多少？

$$每年租金 R = \frac{1\,000\,000 - 50\,000 \times (P/F, 10\%, 6)}{(P/A, 10\%, 6)} = \frac{1\,000\,000 - 50\,000 \times 0.564\,5}{4.355\,3} = 223\,124（元）$$

（五）融资租赁的特点

1. 无须大量资金就能迅速获得资产

在资金缺乏的情况下，融资租赁能迅速获得所需资产。融资租赁集"融资"与"融物"于一身，使企业在资金短缺的情况下引进设备成为可能。特别是针对中小企业、新创企业而言，融资租赁是一条重要的融资途径。大型企业的大型设备、工具等固定资产，也经常通过融资租赁方式解决巨额资金的需要，如商业航空公司的飞机，大多是通过融资租赁取得的。

2. 财务风险小，财务优势明显

融资租赁与购买的一次性支付相比，能够避免一次性支付的负担，而且租金支出是未来的、分期的，企业无须一次筹集大量资金偿还。还款时，租金可以通过项目本身产生的收益来支付，是一种基于未来的"借鸡生蛋、卖蛋还钱"的筹资方式。

3. 筹资的限制条件较少

企业运用股票、债券、长期借款等筹资方式，都受到相当多的资格条件的限制，如足够的抵押品、银行贷款的信用标准、发行债券的政府管制等。相比之下，融资租赁筹资的限制条件很少。

4. 能延长资金融通的期限

通常为购置设备而贷款的借款期限比该资产的物理寿命要短得多，而融资租赁的融资期限却可接近其全部使用寿命；并且其金额随设备价款金额而定，无融资额度的限制。

5. 资本成本负担较高

融资租赁的租金通常比银行借款或发行公司债券所负担的利息高得多，租金总额通常要比设备价值高出 30%。尽管与银行借款方式相比，融资租赁能够避免到期一次性集中偿还的财务压力，但高额的固定租金也给各期的经营带来了负担。

融资租赁因物而生、因物而兴，能够有效拓宽企业融资渠道，缓解企业资金紧张状况。党的二十大报告提出，坚持把发展经济的着力点放在实体经济上。经过多年的发展，融资租赁业有力支持了企业技术改造和设备更新，能够推动实体经济质效双升，不断扩大普惠小微服务覆盖面。据中国人民银行征信中心动产融资统一登记公示系统数据，2018—2022 年，中小微企业作为承租人的融资租赁登记数量占比始终保持在 94% 以上。

租赁业务的本源是针对产业设备提供融资，背后的驱动因素离不开经济发展与产业升级。党的二十大报告提出建设现代化产业体系，租赁公司依托能够融资融物的优势，更有效地介入产业融资全流程，通过准确把握高端制造业、新基建、新能源等重点产业的结构特点以及业务契合点，为产业结构转型发展贡献力量。

四、商业信用

商业信用是指商品交易中的由于延期付款、预收货款或延期交货而形成的借贷关系，是企业之间的直接信用行为。商业信用是商品交易中钱与货在时间上的分离，它的表现形式主要有"先取货，后付款"和"先付款，后取货"两种，是自然性融资。商业信用产生于银行信用之前，在银行信用出现以后，商业信用依然存在。企业之间商业信用的形式很多，主要有应付账款、应付票据、预收账款。

（一）应付账款

应付账款即赊购商品形成的欠款，是一种典型的商业信用形式。应付账款是卖方向买方提供信用，允许买方收到商品后不立即付款，可推迟一定时间。这样做既解决了买方暂时性的资金短缺困难，又便于卖方推销商品。

卖方在销售中推出信用期限的同时，往往会推出现金折扣条款，如"2/10，$n/30$"，表示信用期为 30 天内免费占用资金；如买方在 10 天内付款，可享受 2% 的现金折扣。这时，买方就面临一项应付账款决策——要不要提前在现金折扣期内付款。放弃现金折扣的成本是一种机会成本，

它是买方该不该放弃现金折扣的决策依据。当放弃现金折扣成本率大于银行贷款率时不应放弃现金折扣。其计算公式为

$$放弃现金折扣成本率 = \frac{现金折扣率 \times 360}{(1-现金折扣率) \times (信用期 - 折扣期)} \times 100\%$$

例3-2 A企业每年从供应商处购入200万元的商品，该供应商推出的现金折扣条件为"1/10，n/30"，假设此时银行的贷款利率为10%，则企业应当选择什么时候付款？付款金额为多少？

$$放弃现金折扣成本率 = \frac{1\% \times 360}{(1-1\%) \times (30-10)} \times 100\% = 18.18\%$$

由于放弃现金折扣成本率大于银行贷款利率，所以该企业应当选择使用现金折扣，即在第10天付款，付款金额为200×（1-1%）=198（万元）。

（二）应付票据

应付票据是企业在对外经济往来中，对应付债务所开出的票据。应付票据主要是商业汇票。

商业汇票根据承兑人的不同可分为商业承兑汇票和银行承兑汇票。商业承兑汇票是由收款人开出，经付款人承兑，或由付款人开出并承兑的汇票。银行承兑汇票是由收款人或承兑申请人开出，由银行审查同意承兑的汇票。商业承兑汇票由付款人承兑，若到期时付款人银行存款账户余额不足以支付票款，银行不承担付款责任，只负责将汇票退还收款人，由收款人与付款人自行协商处理。银行承兑汇票由承兑银行承兑，若到期时承兑申请人存款余额不足以支付票款，承兑银行应向收款人或贴现银行无条件支付票款，同时对承兑申请人执行扣款，并对未扣回的承兑金额按每天万分之五计收罚息。商业汇票是一种期票，最长期限6个月。对于买方（即付款人）来说，它是一种短期融资方式。对于卖方（即收款人）来说，也可能产生一种融资行为，就是票据贴现。票据贴现是指持票人把未到期的商业汇票转让给银行，贴付一定的利息以取得银行资金的一种借贷行为。它是一种以票据为担保的贷款，是一种银行信用。票据贴现的贴现利息和银行实付贴现金额的有关计算公式为

$$贴现利息 = 票据到期金额 \times 贴现率 \times 贴现期$$

$$银行实付贴现金额 = 票据到期金额 - 贴现利息$$

其中，贴现期是指自贴现日起至票据到期前一日止的实际天数。

如果办理贴现的是商业承兑汇票，而该票据到期时债务人未能付款，那么贴现银行因未收到款项而向贴现企业行使追索权。贴现企业办理贴现后对于这种或有负债应当在资产负债表中予以披露。

（三）预收账款

预收账款是指卖方按照合同或协议的规定，在发出商品之前向买方预收的部分或全部货款的信用行为。它等于卖方向买方先借一笔款项，然后用商品偿还。这种情况中的商品往往是俏销的，买方乐意预付货款而取得期货，卖方由此筹集到资金。

商业信用融资有简单方便、无实际成本、约束和限制少等优点，但它的缺点是融资期限短。

五、债务筹资的优缺点

（一）债务筹资的优点

1. 筹资速度较快

与股权筹资相比，债务筹资不需要经过复杂的审批手续和证券发行程序，如银行借款、融资租赁等，都可以比较快速地获得资金。

2. 筹资弹性较大

与债务筹资相比，发行股票等股权筹资方式一方面需要经过严格的政府审批，另一方面从企业的角度出发，由于股权不能退还，股权资本在未来会永久性地给企业带来资本成本的负担。而利用债务筹资，可以根据企业的经营情况和财务状况，灵活地商定债务条件，控制筹资数量，合理安排取得资金的时间，故筹资弹性较大。

3. 资本成本负担较轻

一般来说，债务筹资的资本成本要低于股权筹资。其一是因为取得资金的手续费用等筹资费用较低；其二是由于利息、租金等用资费用比股权资本要低；其三是利息等资本成本可以在税前支付，相当于具有抵税功能，因此债务筹资的资本成本会低于股权筹资的资本成本。

4. 可以利用财务杠杆

对于债务筹资而言，债权人从企业那里只能获得固定的利息或租金，不能参加企业剩余收益的分配，因此债务筹资不会改变企业的控制权，因而股东不会出于控制权稀释的原因而反对企业举债。当企业的资本报酬率（息税前利润率）高于债务利率时，会增加普通股股东的每股收益，提升企业价值。因此从整体来讲，债务筹资有利于企业利用财务杠杆的作用，通过举债进行经营，获得利润，提升企业价值。

5. 稳定企业的控制权

债权人无权参加企业的经营管理，利用债务筹资不会改变和分散股东对企业的控制权。在信息沟通与披露等企业治理方面，债务筹资的代理成本也较低，有利于保持企业控制权的稳定。

（二）债务筹资的缺点

1. 不能形成企业稳定的资本基础

由于债务资本有固定的到期日，到期需要偿还，因此一般只能作为企业的补充性资本来源。另外，企业取得债务往往需要进行信用评级，那些没有信用基础或者信用基础较差的企业和新创企业，往往难以取得足额的债务资本。同时现有债务资本在企业的资本结构中达到一定比例后，往往由于财务风险而不容易再取得新的债务资金。因此，对于企业来讲，债务资本往往不能够像股权资本那样形成企业稳定的资本基础。

2. 财务风险较大

债务资本有固定的到期日、固定的债息负担，此外由抵押、质押等担保方式取得的债务资本使用上可能会有特别的限制。这些条件都要求企业必须保证有一定的偿债能力，要保持资产流动性及资产报酬水平，作为债务清偿的保障，对企业的财务状况提出了更高的要求，否则会给企业带来财务危机，甚至导致企业的破产，与股权资本相比，其财务风险较大。

3. 筹资数额有限

债务筹资的数额往往受到贷款机构资本实力的制约，除发行公司债券方式外，一般难以像发行股票那样一次筹集到大笔资金，无法满足企业大规模筹资的需要。

第四节 衍生工具筹资

衍生工具筹资指的是既具有某些股权筹资特征又具有某些债务筹资特征的筹资形式，主要包括混合筹资和其他衍生工具筹资，其中我国上市公司目前最常见的混合筹资主要是可转换债券，最常见的其他衍生工具筹资是认股权证。

一、发行可转换债券

（一）可转换债券的含义

可转换债券是一种特殊的债权，指的是其持有人在一定时期内，可以按规定的价格或一定的比例，自由地选择是否转换为普通债券。发行可转换债券筹得的资金具有债权性资金和权益性资金的双重性质。可转换债券具有可转换性，可以转换成特定公司的普通股，但是这种转换在资产负债表上只是负债转换为普通股，并不会增加额外的资本。可转换债券在发行之时，明确规定了转股价格，也可根据情况不同附转换期、赎回条款、回售条款以及强制性转换条款等内容。

（二）发行可转换债券的优缺点

1. 可转换债券投资的优点

（1）可节约利息支出。由于可转换债券赋予持有者一种特殊的选择权，即按事先约定在一定时间内将其转换为公司股票的选择权，因此，与普通债券相比，可转换债券使得公司能够以较低的利率取得资金，其利率低于普通债券，降低了公司前期的筹资成本。

（2）有利于稳定股票市价。与公司发行普通股相比，可转换债券使得公司取得了以高于当前股价出售普通股的可能性。如果公司发行新股不理想，可以先发行可转换债券，然后通过将可转换债券转换为股票来实现较高价格的股权筹资，这样可以避免公司直接发行新股进一步降低公司股票市价，加之可转换债券的转换期限较长，即使将来转换股票，对公司股价的影响也相对比较小，从而有利于稳定股票市价。

（3）增强筹资灵活性。可转换债券转换为公司股票前是发行公司的一种债务资本，可以通过提高转换价格、降低转换比例等方法促使持有者将持有的债券转换为公司股票，即换为权益资本。

2. 可转换债券投资的缺点

（1）存在股价上涨风险。虽然发行可转换债券时，发行价格高于发行时股票的价格，但是如果转换时股票价格大幅度上涨，那么公司只能以较低的固定价格换出股票，这样会造成公司股权筹资额降低，甚至达不到预期的筹资规模。

（2）存在股价低迷风险。发行可转换债券后，如果股价没有达到转股所需要达到的水平，那么可转换债券的持有者可能就不会如期转换为普通股，如此一来，公司只能继续持有该可转换债券，即继续承担债务。此时，如果公司还签订有回售条款，那么公司短期内集中偿还债务的压力会更大，使得公司财务风险增加。尤其是有些公司发行可转换债券本身的目的在于筹集权益资金，股价低迷将可能使得公司该目的无法实现。

（3）筹资成本较高。尽管可转换债券的利率一般是低于普通债券的，但是可转换债券如果进行转换，那么还存在转股成本，这样可转换债券的总的筹资成本会高于普通债券。

二、发行认股权证

认股权证是公司向股东发放的一种凭证，授权其持有者在一个特定期间以特定价格购买特定数量的公司股票。一般来说，公司发行认股权证的目的有三：①在公司发行新股时，避免原有股东每股收益和股价被稀释；②作为奖励发放给本公司的管理人员，即"奖励期权"；③作为筹资工具，将认股权证和公司债券同时发行，用来吸引投资者购买票面利率低于市场要求的长期债券，从而达到筹资目的。

（一）认股权证的特征

（1）认股权证一般以股票为标的资产，价值会随着股价变动而变动。

（2）认股权证在到期日之前，持有人可以选择执行或不执行，具有选择权。

（3）认股权证到期时执行价格是固定的。

（4）认股权证如果被执行，会引起公司股份数的增加，从而稀释每股收益和股价。

（5）认股权证的期限一般比较长，可达 10 年之久，甚至更长期限。

（二）认股权证的种类

1. 按允许购买的期限长短分类

按允许购买的期限长短分类，认股权证可分为短期认股权证与长期认股权证。

短期认股权证的认股期限一般在 90 天以内；长期认股权证的认股期限通常在 90 天以上，或长达数年甚至永久。

2. 按发行方式分类

按发行方式分类，认股权证可分为单独发行认股权证与附带发行认股权证。

单独发行认股权证是指不依附于债券、优先股、普通股或短期票据而单独发行的认股权证。附带发行认股权证是指认股权证依附于债券、优先股、普通股或短期票据发行。其持有人享有在一定期间内按约定价格（执行价格）认购公司股票的权利，实质上是证券加上认股权证的产品组合。认股权证的发行，最常用的方式是认股权证在发行债券或优先股之后发行。这是将认股权证随同债券或优先股一同寄给认购者。在无纸化交易制度下认股权证将随同债券或优先股一并由中央登记结算公司划入投资者账户。

3．按认购数量的约定方式分类

按认购数量的约定方式分类，认股权证可分为备兑认股权证与配股权证。

备兑认股权证是每份备兑证按一定比例含有几家公司的若干股股票。配股权证是确认老股东配股权的证书，它按照股东持股比例定向派发，赋予其以优惠价格认购公司一定份额的新股。

（三）发行认股权证筹资的优缺点

1．发行认股权证筹资的优点

（1）可以为公司筹集额外的资金。认股权证不论是单独发行还是附带发行，均可为发行公司筹得资金；而附认股权证的债券，还可以起到一次发行、二次融资的作用。

（2）可有效降低融资成本。单独发行的认股权证有利于将来发售股票，附带发行的认股权证可以以潜在的股权稀释为代价换取较低的利息，能够有效地降低融资成本。尤其是对于一些高速增长的小公司而言，本身公司风险就较高，直接发行债券进行筹资的话，需要支付较高的票面利息，使得财务风险也较高，如果发行附认股权证的债券则能够有效降低融资成本。

2．发行认股权证筹资的缺点

（1）稀释普通股收益。当认股权证执行时，提供给投资者的股票是新发行的股票，而并非二级市场的股票。这样，当认股权证被执行时，普通股股数增加，使得公司每股收益会下降；对于常见的附认股权证的债券来讲，当认股权证被执行时，企业的股权结构将会发生改变，原有股东的控制权可能会被稀释。

（2）灵活性较差。附认股权证的债券的发行者，主要的目的其实是发行债券而不是发行股票，是为了发行债券而附带期权。认股权证的执行价格一般比直接发行股票的价格高出 20% ～ 30%，如果公司发展状况良好，那么股价上涨后会远远超过执行价格，这样公司原有股东就会蒙受较大损失；此外，附带认股权证的债券的承销费用通常比债务筹资要高，对比具有选择性的可转换债券，其灵活性较差。

本章小结

企业筹资是指企业为了满足其经营活动、投资活动、资本结构调整等需要，运用一定的筹资方式，筹措和获取所需资金的一种财务行为。筹资动机包括创立性筹资动机、支付性筹资动机、扩张性筹资动机和调整性筹资动机。企业最基本的筹资方式有股权筹资、债务筹资。企业进行筹资管理时，要遵循筹措合法、规模适当、取得及时、来源经济及结构合理等原则。

股权筹资形成企业的股权资金，是企业最基本的筹资方式。吸收直接投资、发行股票和利用留存收益，是股权筹资的三种基本形式；债务筹资形成企业的债务资金，债务资金是企业通过银行借款、向社会发行公司债券、融资租赁等方式筹集和取得的资金。混合筹资是指兼有股权筹资和债务筹资性质的筹资方式。企业常见的衍生工具筹资方式包括发行可转换债券和认股权证。

同步测试

一、单项选择题

1. 下列权利中，属于优先股股东权利的是（　　）。
   A. 公司管理权
   B. 分享盈余权
   C. 优先认股权
   D. 优先分配股利权

2. 相对于股票筹资而言，银行借款的缺点是（　　）。
   A. 筹资速度慢　　　B. 筹资成本高　　　C. 借款弹性差　　　D. 财务风险大

3. 相对于优先股股东而言，普通股股东不拥有的权利是（　　）。
   A. 优先表决权
   B. 优先购股权
   C. 优先查账权
   D. 优先分配剩余财产权

4. 相对于借款购置设备而言，融资租赁设备的主要缺点是（　　）。
   A. 筹资速度较慢
   B. 筹资成本较高
   C. 到期还本负担重
   D. 设备淘汰风险大

5. 相对于债务筹资方式而言，采用吸收直接投资方式筹措资金的优点是（　　）。
   A. 有利于降低资金成本
   B. 有利于降低财务风险
   C. 有利于集中企业控制权
   D. 有利于发挥财务杠杆作用

6. 下列筹资方式中，常用来筹措短期资金的是（　　）。
   A. 商业信用　　　B. 发行股票　　　C. 发行债券　　　D. 融资租赁

7. 按照权益特性的不同，可将筹资分为（　　）。
   A. 直接筹资和间接筹资
   B. 内部筹资和外部筹资
   C. 权益筹资和债务筹资
   D. 短期筹资和长期筹资

8. 下列各项中，能够增加企业自有资金的筹资方式为（　　）。
   A. 吸收直接投资
   B. 发行公司债券
   C. 利用商业信用
   D. 留存收益转增资本

9. 下列不属于商业信用融资方式的是（　　）。
   A. 办理应收票据贴现
   B. 预收货款
   C. 用商业汇票购货
   D. 赊购商品

二、多项选择题

1. 银行借款筹资相对权益资金的筹资方式而言，其缺点主要有（　　）。
   A. 筹资成本较高
   B. 财务风险较大
   C. 筹资数额有限
   D. 筹资速度较慢

2. 下列各项中，属于吸收直接投资与发行普通股筹资方式共有缺点的有（　　）。
   A. 控制权分散　　　B. 资金成本高　　　C. 有限制条件　　　D. 财务风险高

3. 吸收直接投资的优点主要有（　　）。
   A. 有利于降低企业资金成本
   B. 有利于加强对企业的控制
   C. 有利于壮大企业经营实力
   D. 有利于降低企业财务风险

4. 采用优先股筹资的优点主要有（　　　　）。

　　A. 筹资限制少　　　　　　　　　　　B. 筹资成本低

　　C. 有利于增强公司的信誉　　　　　　D. 股利支付固定，但又有一定的弹性

5. 影响债券发行价格的主要因素有（　　　　）。

　　A. 债券面额　　　　　　　　　　　　B. 票面利率

　　C. 市场利率　　　　　　　　　　　　D. 债券期限

6. 银行发放贷款时一般涉及的信用条件包括（　　　　）。

　　A. 信贷额度　　　　　　　　　　　　B. 周转信贷协议

　　C. 补偿性余额　　　　　　　　　　　D. 借款抵押

7. 企业筹资决策必须考虑的因素有（　　　　）。

　　A. 取得资金的渠道　　　　　　　　　B. 取得资金的方式

　　C. 取得资金的总规模　　　　　　　　D. 取得资金的成本与风险

8. 优先股的优先权主要表现在（　　　　）。

　　A. 优先认股　　　　　　　　　　　　B. 优先取得股息

　　C. 优先行使投票权　　　　　　　　　D. 优先分配剩余财产

9. 商业信用筹资的优点主要包括（　　　　）。

　　A. 筹资风险小　　　　　　　　　　　B. 筹资较方便

　　C. 限制条件少　　　　　　　　　　　D. 筹资成本低

10. 融资租赁筹资的具体形式有（　　　　）。

　　A. 直接租赁　　　　　　　　　　　　B. 服务租赁

　　C. 售后租回　　　　　　　　　　　　D. 杠杆租赁

三、判断题

1. 发行优先股的上市公司如不能按规定支付优先股股利，优先股股东无权要求公司破产。（　　）

2. 当企业赊购材料时，如果放弃现金折扣的成本率大于银行贷款率，则不应放弃现金折扣。（　　）

3. 企业购入原材料，供应商给出的付款条件为"1/20，n/50"，若银行利率为10%，则企业应放弃现金折扣。（　　）

4. 从出租人的角度来看，杠杆租赁与售后租回或直接租赁并无区别。（　　）

5. 企业筹资是为了扩大企业规模。（　　）

6. 股份有限公司发行股票的唯一目的是扩大经营规模。（　　）

7. 优先股是一种具有双重性质的证券，它虽属于自有资金，但兼有债券性质。（　　）

8. 在债券面值与票面利率一定的情况下，市场利率越高，则债券的发行价格越高。（　　）

四、简答题

1. 企业筹集资金所遵循的原则是什么？

2. 企业筹集资金所采取的具体形式包括哪些？各自的优缺点是什么？

第四章

筹资决策

知识目标

1. 掌握资金需要量的预测方法。
2. 理解资本成本的含义及计算方法。
3. 理解杠杆原理，并掌握各种杠杆系数的计算。
4. 理解资本结构的含义与决策方法。

能力目标

1. 能够正确进行资金需要量的预测。
2. 能够正确进行资本成本的计算。
3. 能够运用杠杆原理进行各种杠杆系数的计算。
4. 能够对企业的资本结构进行决策优化。

知识结构

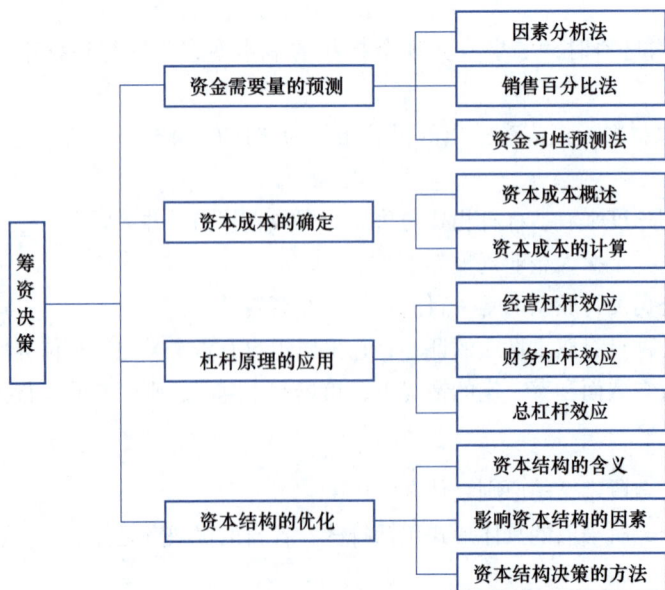

案例引入

　　资金不似阳光、空气，可以自由享受，资金是一种稀缺资源，使用资金要付出一定的代价。那么，对一个企业来说，所筹集的资金是不是越多越好呢？在回答这个问题之前，请你设想一下：当你经营的一家网店需要筹集资金20万元时，由于决策失误，你却借了30万元，由于市场竞争激烈，投入20万元与30万元所带来的经济效益一样，而你却要为多借的10万元多付利息，这显然是不明智的。这就涉及筹资规模问题。它告诉我们，企业在进行筹资活动前，必须制定出相应的筹资计划与筹资策略。筹资规模是指一定时期内企业的筹资总额。确定筹资规模是制定筹资策略的主要内容，同时也是确定筹资方式的基本依据。在确定筹资规模时，必须首先了解资金需要量的预测方法。

　　讨论与思考

　　如何进行资金需要量的预测？

第一节　资金需要量的预测

　　筹资和投资是企业财务管理中两项主要的财务决策活动。对于筹资活动来讲，确定筹资规模并不单单是筹资本身的工作，它要受到企业投资规模与结构、偿债能力等主导因素的制约，其中投资规模是决定筹资规模的主要依据。企业筹资不能盲目进行，所筹集资金也并不是越多越好，而是应当科学合理地进行预测，使得筹集的资金既能满足生产经营的需要，又不会产生多余资金而闲置。企业预测资金需要量的方法通常包括定性预测法和定量预测法。

　　定性预测法是指主要依靠个人的经验、主观分析和判断，对未来资金的需要量进行预测和推算的方法。这种方法往往采用召开专业技术人员座谈会或者专家论证会等形式进行，由于完整资料的缺乏，预测结果的准确性和可行性往往难以保证，因此一般只作为资金需要量预测的辅助方法。

　　定量预测法则是以历史资料为依据，采用数学模型对未来资金的需要量进行预测，预测的结果相对较为准确，可行性也更高。常用的定量预测法主要有因素分析法、销售百分比法和资金习性预测法。

一、因素分析法

　　因素分析法又称分析调整法，是以有关项目基期年度的平均资金需要量为基础，根据预测年度的生产经营任务和资金周转速度的要求，进行分析调整，来预测资金需要量的一种方法。这种方法计算简便，容易掌握，但预测结果不太精确，通常用于品种繁多、规格复杂、资金用量较小的项目。

　　因素分析法的计算公式如下：

资金需要量＝（基期资金平均占用额－不合理资金占用额）×（1+预测期销售增长率）×

（1－预测期资金周转速度增长率）

例 4-1　甲企业上年度资金平均占用额为 3 200 万元，经分析，其中不合理部分为 200 万元，预计本年度销售增长 5%，资金周转加速 2%。则

预测本年度资金需要量＝（3 200–200）×（1+5%）×（1–2%）=3 087（万元）

二、销售百分比法

（一）基本原理

销售百分比法是根据销售增长与资产增长之间的关系，预测未来资金需要量的方法。企业的销售规模扩大时，要相应增加流动资产；如果销售规模增加很多，还必须增加长期资产。为取得扩大销售所需增加的资产，企业需要筹措资金。这些资金，一部分来自留存收益这一内部来源的资金，另一部分通过外部筹资取得。通常，销售增长率较高时，仅靠留存收益不能满足资金需要，即使获利良好的企业也需通过外部筹资。因此，企业需要预先知道自己的筹资需求，提前安排筹资计划，否则就可能发生资金短缺问题。

销售百分比法将反映生产经营规模的销售因素与反映资金占用的资产因素连接起来，根据销售与资产之间的数量比例关系，预计企业的外部筹资需要量。销售百分比法首先假设某些资产与销售额存在稳定的百分比关系，根据销售与资产的比例关系预计资产额，根据资产额预计相应的负债和所有者权益，进而确定筹资需要量。

（二）基本步骤

1．编制预计利润表，预测留存收益

如前文所述，企业需要的资金一部分来自留存收益，另一部分通过外部筹资取得。留存收益作为一种内部来源的筹资，指的是留存收益的增加，一般企业在进行筹资时，优先考虑内部筹资，其次考虑外部筹资。当企业没有可动用的金融资产且企业留存收益的增加不能满足其资金需要时，再考虑从企业外部追加筹资。为方便理解，此处简化处理，假设企业无可动用金融资产。因此预测企业留存收益的增加是预测追加外部筹资额不可缺少的一步。编制预计利润表的步骤如下：

（1）获得基期利润表资料，并计算利润表中各个项目与销售额的百分比。

（2）利用报告期预测的销售收入，计算报告期利润表中各项目的预测数。

例 4-2　某企业 2022 年利润表见表 4-1，其税后利润的留存比例为 20%，试确定 2023 年的留存收益。（假定所得税税率为 25%，下表已简化。）

表 4-1　2022 年利润表 （单位：万元）

项　　目	金　　额
一、营业收入	20 000
减：营业成本	12 000
销售费用	180
管理费用	1 140
财务费用	600
二、利润总额	6 080
减：所得税	1 520
三、净利润	4 560

如果该企业 2023 年的预计营业收入为 30 000 万元，根据题中资料可以编制出 2023 年预计利润表，见表 4-2。

表 4-2　2023 年预计利润表

项　目	2022 年实际数据（万元）	占营业收入的百分比（%）	2023 年预测数（万元）
一、营业收入	20 000	100	30 000
减：营业成本	12 000	60	18 000
销售费用	180	0.9	270
管理费用	1 140	5.7	1 710
财务费用	600	3	900
二、利润总额	6 080	30.4	9 120
减：所得税	1 520	7.6	2 280
三、净利润	4 560	22.8	6 840

因此，2023 年的预测留存收益额为 1 368 万元（6 840×20%）。

2. 编制预计资产负债表，预测外部筹资额

通过编制预计资产负债表，能够计算出预测资产和预测负债及所有者权益的差额，这个差额就是企业的外部筹资额。

编制预计资产负债表的具体步骤如下：

（1）获取基期资产负债表资料，并将表中各个项目按照它们同销售额的变动关系划分为敏感性项目和非敏感性项目。所谓敏感性项目，指的是会随着销售额的变动而变动的项目，具体可以划分为敏感性资产和敏感性负债。敏感性资产又称经营性资产，一般货币资金、应收账款、存货等资产和企业经营活动息息相关，会随着销售额的变化而变化，属于敏感性资产，而例如固定资产这类资产，虽然与企业经营相关，但其达到最大产能之前，不会随着销售额的变化而变化，故常将其视为非敏感性项目；敏感性负债又称经营性负债，一般应付账款、应付利息等负债属于敏感性负债。而非敏感性项目，即非经营性项目，则指的是不会随着销售额的变化而变化的项目，如对外投资、短期借款、长期借款、实收资本等都是非敏感性项目。

（2）根据基期资产负债表资料，计算各敏感性项目与销售额的百分比。

（3）计算报告期内各敏感性项目的预测数。

（4）计算预测期的外部筹资额。

例 4-3　承例 4-2，某企业 2022 年资产负债表见表 4-3，试编制该企业 2023 年的预计资产负债表，并预测 2023 年的外部筹资额。

表 4-3　2022 年资产负债表　　　　　　　　　　　　　　　（单位：万元）

资　产	金　额	负债及所有者权益	金　额
货币资金	400	应付票据	1 000
应收账款	2 500	应付利息	300
存货	4 000	应付账款	2 200
固定资产净值	3 000	短期借款	400
无形资产	200	长期借款	1 800
		实收资本	3 600
		留存收益	800
资产总额	10 100	负债及所有者权益总额	10 100

根据表 4-3 中的资料，可编制该企业 2023 年的预计资产负债表，见表 4-4。

表 4-4　2023 年预计资产负债表　（单位：万元）

项目	2022 年销售百分比（%）	2023 年预测数	项目	2022 年销售百分比（%）	2023 年预测数
货币资金	2	600	应付票据	5	1 500
应收账款	12.5	3 750	应付利息	1.5	450
存货	20	6 000	应付账款	11	3 300
固定资产净值	—	3 000	短期借款	—	400
无形资产	1	300	长期借款	—	1 800
			实收资本	—	3 600
			留存收益	—	800
合计	35.5		合计	17.5	11 850
			追加资金		1 800
资产总额		13 650	负债及所有者权益总额		13 650

在表 4-4 中，预测资产总额为 13 650 万元，而预测负债及所有者权益总额为 11 850 万元，资产大于负债与所有者权益之和，因此，需要追加的资金总额为 1 800 万元（13 650–11 850）。而 2023 年的预测利润留存数额为 1 368 万元，因此，需要从外部筹集的资金数额为 432 万元（1 800–1 368）。

（三）直接利用公式预测外部筹资额

预计由于销售增长而需要的资金需求增长额，扣除利润中的利润留存后，即为所需要的外部筹资额，即有

$$外部筹资额 = \Delta S \times (\Sigma a - \Sigma i) - \Delta E$$

式中　ΔS——销售变动额；

　　　Σa——基期敏感性资产占基期销售额的百分比；

　　　Σi——基期敏感性负债占基期销售额的百分比；

　　　ΔE——预测年度利润留存。

因此，在例 4-3 中，运用上述公式及有关数据可直接求得

2023 年需要追加的外部筹资额 =（30 000–20 000）×（35.5%–17.5%）–1 368=432（万元）

三、资金习性预测法

资金习性预测法指的是根据资金习性预测未来资金需要量的一种方法，又称回归分析法。所谓资金习性，是指资金的变动同产销量变动之间的依存关系。按照资金同产销量之间的依存关系，可以把资金区分为不变资金、变动资金。

不变资金是指在一定的产销量范围内，不受产销量变动的影响而保持固定不变的那部分资金。例如，企业为维持营业而占用的最低数额的现金，原材料的保险储备，必要的成品储备，厂房机器设备等固定资产占用的资金等。

变动资金是指随产销量的变动而同比例变动的那部分资金。它一般包括直接构成产品实体的原材料、外购件等占用的资金。另外，在最低储备以外的现金、存货、应收账款等也具有变动资金的性质。

资金习性预测法根据历史上企业资金占用总额与产销量之间的关系,把资金分为不变和变动两部分后,结合预计的销售量来预测资金需要量。

设产销量为自变量 X,资金占用为因变量 Y,它们之间的关系可表示为

$$Y=a+bX$$

式中　a—— 不变资金;

　　　b—— 单位产销量所需变动资金。

可见,只要求出 a 和 b,并知道预测期的产销量,就可以用上述公式测算资金需求情况。a 和 b 可用回归直线方程组求出。其计算公式如下:

$$a = \frac{\sum Y - b\sum X}{n}$$

$$b = \frac{n\sum XY - \sum X\sum Y}{n\sum X^2 - \left(\sum X\right)^2}$$

式中　n—— 给定资料中的年份数。

例 4-4　某企业 2018—2022 年历年产销量和资金变化情况见表 4-5,资金需要量见表 4-6。2023 年预计销售量为 50 万件,请预计 2023 年的资金需要量。

表 4-5　产销量与资金变化情况表

年　　度	产销量（ X : 万件 ）	资金占用（ Y : 万元 ）
2018	25	220
2019	40	250
2020	35	240
2021	55	280
2022	15	200

表 4-6　资金需要量表

年　　度	产销量（ X : 万件 ）	资金占用（ Y : 万元 ）	XY	X^2
2018	25	220	5 500	625
2019	40	250	10 000	1 600
2020	35	240	8 400	1 225
2021	55	280	15 400	3 025
2022	15	200	3 000	225
合计 n=5	$\sum X$=170	$\sum Y$=1 190	$\sum XY$=42 300	$\sum X^2$=6 700

根据上表可计算出 $Y=a+bX$ 中 a 和 b 的值:

$$b = \frac{n\sum XY - \sum X\sum Y}{n\sum X^2 - \left(\sum X\right)^2} = \frac{5 \times 42\,300 - 170 \times 1\,190}{5 \times 6\,700 - 170^2} = 2$$

$$a = \frac{\sum Y - b\sum X}{n} = \frac{1\,190 - 2 \times 170}{5} = 170$$

即 Y=170+2X

把 2023 年预计销售量 50 万件代入上式,得出 2023 年资金需要量为

170+2×50=270（万元）

进行资金习性分析，把资金划分为变动资金和不变资金两部分，从数量上掌握了资金同销售量之间的规律，对准确预测资金需要量有很大帮助。在实务中，运用资金习性预测法预测资金需要量时，可以使用 Excel 表格中的"TREND"函数进行直接计算以便决策。

运用"TREND"函数
预测资金需要量

运用资金习性预测法必须注意以下几个问题：

（1）资金需要量与企业业务量之间线性关系的假定应符合实际情况。

（2）确定 a、b 数值时，应利用连续若干年的历史资料，一般要有 3 年以上的资料。

（3）应考虑价格等因素的变动情况。

值得注意的是，对于一些大型企业，无论是销售百分比法还是资金习性预测法，都是用简化的方式来预测资金需要量。实际上，存在如信用政策、价格政策、产品组合等很多影响资金需求的变量，这时就需要借助信息技术方能完成相关财务预测，如使用 Excel 等。而且企业所处的环境也在不断变化，企业的产品服务、业务流程、商业模式等不断创新改革，也在不断提升对信息深度和广度的要求，联机分析、数据挖掘、人工智能等信息技术的出现及广泛应用，将帮助企业智能化地分析业财一体化数据，做出归纳性推理，挖掘企业管理潜力，预测客户行为和市场反应，帮助决策者把握机遇，调整策略，减少风险。

第二节 资本成本的确定

一、资本成本概述

（一）资本成本的含义

企业要以发展求生存，销售增长是所有企业都追求的目标，而公司销售的增长往往需要资本的增加。在销售增长时，销售增长越多，需要的资本也就越多。资本成本是衡量资本结构优化程度的标准，也是对投资获得经济效益的最低要求，通常用资本成本率表示。企业筹得的资本付诸使用以后，只有投资报酬率高于资本成本率，才能表明所筹集的资本取得了较好的经济效益。

资本成本是指企业为筹集和使用资本而付出的代价，包括筹资费用和占用费用。资本成本是资本所有权与资本使用权分离的结果。对出资者而言，由于让渡了资本使用权，必须要求取得一定的补偿，资本成本表现为让渡资本使用权所带来的投资报酬。对筹资者而言，由于取得了资本使用权，必须支付一定代价，资本成本表现为取得资本使用权所付出的代价。因此，资本成本其实是一种机会成本，是将资本用于某项目投资时所放弃的其他投资的收益，并不限于实际支付的成本。

1. 筹资费用

筹资费用是指企业在资本筹措过程中为获得资本而付出的代价，如向银行支付的借款手续费，因发行股票、公司债券而支付的发行费等。筹资费用通常在资本筹集时一次性发生，在资本使用过程中不再发生，因此，可将其视为筹资数额的一项扣除。

2. 占用费用

占用费用是指企业在资本使用过程中因占用资本而付出的代价，如向银行等债权人支付的利息，向股东支付的股利等。占用费用是因为占用了他人资金而必须支付的，是资本成本的主要内容。

（二）资本成本的作用

1. 资本成本是比较筹资方式、选择筹资方案的依据

各种资本的资本成本率，是比较、评价各种筹资方式的依据。在评价各种筹资方式时，一般会考虑的因素包括对企业控制权的影响、对投资者吸引力的大小、融资的难易和风险、资本成本的高低等，而资本成本是其中的重要因素。在其他条件相同时，企业筹资应选择资本成本最低的方式。

2. 平均资本成本是衡量资本结构是否合理的依据

企业财务管理目标是企业价值最大化，企业价值是企业资产带来的未来经济利益的现值。计算现值时采用的贴现率通常会选择企业的平均资本成本，当平均资本成本最小时，企业价值最大，此时的资本结构是企业理想的最佳资本结构。

3. 资本成本是评价投资项目可行性的主要标准

资本成本通常用相对数表示，它是企业对投入资本所要求的报酬率（或收益率），即最低必要报酬率。任何投资项目，如果它预期的投资报酬率超过该项目使用资金的资本成本率，则该项目在经济上就是可行的。因此，资本成本率是企业用以确定项目要求达到的投资报酬率的最低标准。

4. 资本成本是评价企业整体业绩的重要依据

一定时期企业资本成本的高低，不仅反映企业筹资管理的水平，还可作为评价企业整体经营业绩的标准。企业的生产经营活动，实际上就是所筹集资本经过投放后形成的资产营运，企业的总资产报酬率应高于其平均资本成本率，这样才能带来剩余收益。

总之，资本成本是连接企业筹资活动和投资活动的纽带，具有广泛的用途。为了实现企业财务管理目标，公司在筹资活动中寻求资本成本最小化，与此同时，在投资活动中又投资于报酬高于资本成本的项目并力求实现净现值最大化。

二、资本成本的计算

（一）个别资本成本的计算

个别资本成本是指单一融资方式的资本成本，包括银行借款资本成本、公司债券资本成本、融资租赁资本成本、优先股资本成本、普通股资本成本和留存收益资本成本等，其中前三类是债务资本成本，后三类是权益资本成本。个别资本成本一般用相对数即资本成本率来表示。其计算有两种模式。

（1）一般模式。在该模式下，为了便于分析比较，资本成本通常用不考虑货币时间价值的一般通用模型计算。计算时，将初期的筹资费用作为筹资额的一项扣除，扣除筹资费用后的筹资额称为筹资净额，一般模式通用的计算公式为

$$资本成本率 = \frac{年资金使用费}{筹资总额 - 筹资费用} = \frac{年资金使用费}{筹资总额 \times (1 - 筹资费用率)}$$

表示为

$$K = \frac{D}{P - F} = \frac{D}{P \times (1 - f)}$$

式中　K——资本成本率；

　　　D——年资金使用费；

　　　P——筹资总额；

　　　F——筹资费用；

　　　f——筹资费用率。

由于权益资金的使用成本在缴纳所得税后列支，没有抵税作用，而债务资金的使用成本一般体现为利息费用，在缴纳所得税前列支，具有抵税作用，因此，对于债务资本成本率在上述公式的基础上还要乘以（1- 所得税税率）。

（2）贴现模式。对于金额大、时间超过 1 年的长期资本，更为准确一些的资本成本计算方式是采用贴现模式，即将债务未来还本付息或股权未来股利分红的贴现值与目前筹资净额相等时的贴现率作为资本成本率。即

由：筹资净额现值 - 未来资本清偿额现金流量现值 =0

得：资本成本率 = 所采用的贴现率

在本书中，为了方便各种筹资方式进行分析比较，做出筹资决策，在计算个别资本成本时统一采用一般模式。

1. 银行借款的资本成本

银行借款资本成本体现为企业向银行支付的利息，具有抵税作用。其计算公式为

$$K_L = \frac{L \times i_L \times (1 - T)}{L \times (1 - f)} = \frac{i_L \times (1 - T)}{1 - f}$$

式中　K_L——银行借款资本成本率；

　　　L——银行借款额；

　　　i_L——银行借款利率；

　　　T——所得税税率；

　　　f——筹资费用率。

由于银行借款筹资费用率一般都比较低，因此在不考虑银行借款筹资费用率时，银行借款的个别资本成本可以表示为

$$K_L = i_L \times (1 - T)$$

例 4-5　A 公司向银行借款 150 万元，借款利率为 8%，筹资费用率为 0.3%，所得税税率为 25%。则该笔银行借款的资本成本为

$$K_L = \frac{8\% \times (1-25\%)}{1-0.3\%} = 6.02\%$$

由于银行借款的手续费数额较小，也可忽略不计。例4-5中如果不考虑筹资费用率，则该笔银行借款的资本成本为

$K_L = 8\% \times (1-25\%) = 6\%$

2. 公司债券的资本成本

发行公司债券的资本成本体现为企业按照面值和票面利率计算的应当支付的利息，且这部分利息支出具有抵税作用。其计算公式为

$$K_b = \frac{B_0 \times i_0 \times (1-T)}{B \times (1-f)}$$

式中　K_b——公司债券资本成本率；

　　　　B_0——债券票面价值；

　　　　i_0——债券票面利率；

　　　　T——所得税税率；

　　　　B——债券筹资额；

　　　　f——债券筹资费用率。

例4-6　A公司计划按面值发行公司债券，面值为1 000元，10年期，票面利率为8%，每年付息一次，发行费用为发行额的0.6%，适用的所得税税率为25%。则该公司债券的资本成本为

$$K_b = \frac{1\,000 \times 8\% \times (1-25\%)}{1\,000 \times (1-0.6\%)} = 6.04\%$$

如果债券溢价或折价发行，则应以实际发行价格作为债券筹资额。

例4-7　某公司计划溢价发行公司债券，债券面值为1 000元，10年期，票面利率为8%，每年付息一次。发行价格为1 100元，发行费用为发行额的0.6%，适用的所得税税率为25%。则该公司债券的资本成本为

$$K_b = \frac{1\,000 \times 8\% \times (1-25\%)}{1\,100 \times (1-0.6\%)} = 5.49\%$$

3. 优先股的资本成本

企业发行优先股，一般既要支付筹资费用，又要定期支付股利。它与债务资金不同的是，其股利在税后支付，且没有固定到期日。其计算公式为

$$K_P = \frac{D_P}{P_P \times (1-f)}$$

式中　K_P——优先股资本成本率；

　　　　D_P——优先股年股利；

　　　　P_P——优先股筹资额；

　　　　f——优先股筹资费用率。

例 4-8　A 公司发行优先股总面额为 200 万元，总价为 220 万元，筹资费用率为 6%，每年股利支付率为 12%。则优先股的资本成本为

$$K_P = \frac{200 \times 12\%}{220 \times (1-6\%)} = 11.61\%$$

由于每一股股票具有相同的权利，且股利相等的，所以优先股的资本成本可以根据单股股票来计算。

4. 普通股的资本成本

普通股的资本成本就是普通股投资的必要报酬率，其计量方法一般有两种：固定股利增长模型法和资本资产定价模型法。

（1）固定股利增长模型法。如果企业采用的是固定股利支付政策，或者股利按固定比例增长，则其计算公式为

$$K_S = \frac{D_1}{P_0 \times (1-f)} + g = \frac{D_0 \times (1+g)}{P_0 \times (1-f)} + g$$

式中　K_S——普通股资本成本率；

D_0——上一年股利；

D_1——第一年股利；

g——股利年增长率；

P_0——普通股发行价格；

f——筹资费用率。

例 4-9　A 公司拟发行普通股，发行价格为 15 元，筹资费用率为 5%。第一年分派现金股利每股 1.8 元，以后股利每年增长 5%。则普通股的资本成本为

$$K_S = \frac{1.8}{15 \times (1-5\%)} + 5\% = 17.63\%$$

如果企业采用固定股利政策，即每年分派的股利均为 D 元，则普通股资本成本计算公式为

$$K_S = \frac{D}{P_0 \times (1-f)}$$

例 4-10　A 公司拟发行一批普通股，发行价格为 15 元，筹资费用率为 5%。预计第一年分派现金股利每股 1.8 元，以后保持固定的股利政策。则该普通股的资本成本为

$$K_S = \frac{1.8}{15 \times (1-5\%)} = 12.63\%$$

（2）资本资产定价模型法。按照"资本资产定价模型"，普通股本成本计算公式为

$$K_S = R_f + \beta_j \times (R_m - R_f)$$

式中　R_f——无风险报酬率；

β_j——股票的贝塔系数；

R_m——市场上投资组合的平均报酬率。

例 4-11 某期间市场无风险报酬率为 10%，市场上投资组合的平均报酬率为 14%，某公司普通股 β 值为 1.2。则该普通股的资本成本为

$$K_S = 10\% + 1.2 \times (14\% - 10\%) = 14.8\%$$

5. 留存收益的资本成本

留存收益是由企业利润形成的，是一种所有者权益，一般企业不会把全部收益以股利的形式分给股东，所以，留存收益是企业资金的重要来源之一，其实质相当于所有者向企业追加的投资。企业利用留存收益筹资属于内部筹资，无须发生筹资费用。如果企业将留存收益用于再投资，所获得的收益率低于股东自己进行一项风险相似的投资项目的收益率，企业就应该将其分配给股东。留存收益的资本成本率表现为股东追加投资要求的报酬率，其计算与普通股资本成本相同，也分为固定股利增长模型法和资本资产定价模型法，不同点在于不考虑筹资费用。

对于不同筹资方式的个别资本成本，我们需要注意以下几个方面的问题：

（1）债务资本的利息具有抵税作用，而权益资本的股利（股息、分红）不具有抵税作用，所以一般权益资本的资本成本要比债务资本的资本成本高。

（2）从投资者的角度看，投资者将资金投资于债券要比投资于股票的风险小，所以要求的报酬率也比较低，这也意味着筹资者弥补债券投资者风险的成本也相应地小于股票。

（3）对于银行借款和发行公司债券这两种债务筹资方式，因为银行借款的利率通常低于公司债券的利率，而且筹资费用（手续费）也比公司债券的筹资费用（发行费）低，所以银行借款的资本成本要小于公司债券的资本成本。

（4）对于权益资本，优先股股利一般固定不变，投资风险小，所以优先股股东要求的回报比较低，筹资者的筹资成本低；留存收益没有筹资费用，所以留存收益的筹资成本要比普通股的资本成本低。

综上，可以将各种筹资方式的个别资本成本从低到高排序如下：银行借款 < 公司债券 < 优先股 < 留存收益 < 普通股。

（二）加权平均资本成本的计算

在企业实际的筹资活动中，由于各种制约条件的存在，企业很难只通过某一种筹资方式筹集所需的所有资金，往往将多种筹资方式相结合共同使用。这种情况下，就需要计算企业的加权平均资本成本。加权平均资本成本以各种资本占全部资本的比重为权数，对个别资本成本进行加权平均而得到，也称综合资本成本，是评价企业资本结构优劣的重要参考指标。其计算公式为

$$K_W = \sum_{j=1}^{n} K_j W_j$$

式中　　K_W——加权平均资本成本；

　　　　K_j——第 j 种资本的个别资本成本；

　　　　W_j——第 j 种资本占全部资本的比重。

例 4-12 A 公司拟通过多种筹资方式共筹得 2 000 万元，其资本构成及个别资本成本见表 4-7。

表 4-7　A 公司资本构成及个别资本成本

筹资方式	资本成本（%）	金额（万元）	资本比重（%）
银行借款	8	200	10
发行债券	12	600	30
发行股票	18	1 200	60
合　计		2 000	100

计算该企业加权平均资本成本。

$$K_W = 8\% \times 10\% + 12\% \times 30\% + 18\% \times 60\% = 15.2\%$$

（三）边际资本成本的计算

前述的个别资本成本与加权平均资本成本是企业过去筹集的或者目前使用的资本成本，但是，企业各种资本成本，是随着时间的推移或者筹资条件的变化而不断变化的。企业每增加一单位资本而增加的成本，被称为边际资本成本。当企业筹集的资金超过一定限度时，其边际资本成本也会随之增加。

边际资本成本率在计算时，需要已知两个条件。一是稳定的资本结构，二是分段筹资的边际资本成本。在计算时，先计算筹资总额的分界点，得出筹资总额范围；再利用加权平均法，计算各筹资总额范围内的边际资本成本率。

筹资总额分界点的计算公式为

$$筹资总额分界点 = \frac{某种筹资方式的资本成本分界点}{该种资本在稳定的资本结构中所占的比重}$$

例4-13　A 公司拥有长期资金 100 000 万元，其中长期借款资金 20 000 万元，优先股 5 000 万元，普通股 75 000 万元。公司为满足投资需求，需筹集更多的资金。试计算 A 公司的边际资本成本。

1．确定公司的资本结构

该公司的财务人员经过认真分析，认为目前的资本结构是公司的最优资本结构，今后将继续保持长期借款占 20%，优先股占 5%，普通股占 75% 的资本结构。

2．确定各种筹资方式的资本成本

该公司的财务人员认真分析了目前的金融市场状况和企业筹资能力，认为随着企业筹资规模的不断增加，各种筹资成本也会增加，详细情况见表 4-8。

表 4-8　A 公司筹资资料

筹资方式	目标资本结构（%）	新筹资的数量范围（万元）	资本成本（%）
长期借款	20	0 ~ 1 000	6
		1 000 ~ 4 000	7
		>4 000	8
优先股	5	0 ~ 250	10
		>250	12
普通股	75	0 ~ 2 250	14
		2 250 ~ 7 500	15
		>7 500	16

3．计算筹资总额分界点

根据资本结构和各种筹资方式资本成本变化的分界点，结合其计算公式，计算筹资总额的分界点见表4-9。

表4-9 筹资总额分界点计算表

筹资方式	资本成本（%）	特定筹资方式的筹资范围（万元）	筹资总额分界点（万元）	筹资总额的范围（万元）
长期借款	6	0～1 000	1 000/0.2	0～5 000
	7	1 000～4 000	4 000/0.2	5 000～20 000
	8	>4 000	—	>20 000
优先股	10	0～250	250/0.05	0～5 000
	12	>250	—	>5 000
普通股	14	0～2 250	2 250/0.75	0～3 000
	15	2 250～7 500	7 500/0.75	3 000～10 000
	16	>7 500	—	>10 000

4．计算边际资本成本

对以上五组筹资范围，分别计算加权平均资本成本，即可得到各种筹资范围的边际资本成本。这一计算过程可通过表4-10来进行。

表4-10 边际资本成本计算表

序 号	筹资总额的范围（万元）	筹资方式	目标资本结构（%）	个别资本成本（%）	边际资本成本（%）
1	0～3 000	长期借款	20	6	1.2
		优先股	5	10	0.5
		普通股	75	14	10.5
	第1个范围的边际资本成本 =1.2+0.5+10.5=12.2				
2	3 000～5 000	长期借款	20	6	1.2
		优先股	5	10	0.5
		普通股	75	15	11.25
	第2个范围的边际资本成本 =1.2+0.5+11.25=12.95				
3	5 000～10 000	长期借款	20	7	1.4
		优先股	5	12	0.6
		普通股	75	15	11.25
	第3个范围的边际资本成本 =1.4+0.6+11.25=13.25				
4	10 000～20 000	长期借款	20	7	1.4
		优先股	5	12	0.6
		普通股	75	16	12
	第4个范围的边际资本成本 =1.4+0.6+12=14				
5	20 000 以上	长期借款	20	8	1.6
		优先股	5	12	0.6
		普通股	75	16	12
	第5个范围的边际资本成本 =1.6+0.6+12=14.2				

第三节 杠杆原理的应用

物理学中的杠杆效应，指的是人们通过杠杆，可以用较小的力量移动较重物体的现象。财务管理中存在着类似于物理学中的杠杆效应，表现为：由于存在特定的固定支出或费用，导致当某一财务变量以较小幅度变动时，另一相关变量会以较大幅度变动。财务管理中的杠杆，包括经营杠杆、财务杠杆和总杠杆三种形式。杠杆效应既可以产生杠杆利益，也可能带来杠杆风险。

一、经营杠杆效应

（一）经营风险

经营风险指的是由于企业经营上的原因给企业的收益（即息税前利润）带来的不确定性。经营风险的大小因具体行业、具体企业以及企业所属的具体生命周期不同而不同。影响企业经营风险的因素主要有以下几个方面：

1. 产品需求

一般来讲，市场对企业所生产的产品的需求越稳定，经营风险就越小；反之，经营风险就越大。

2. 销售价格

产品的销售价格是企业确认收益的一个主要内容，产品售价越稳定，企业的息税前利润就越稳定，经营风险就越小；反之，经营风险就越大。

3. 成本水平

产品成本是收入的递减项，成本比较高或者不稳定，会导致企业利润较低或者不稳定，经营风险就大；反之，经营风险就小。

4. 价格调整能力

当企业成本发生变动时，如果企业具有比较强的价格调整能力，经营风险就小；反之，经营风险就大。

5. 新产品的开发能力

企业所属的不同行业中，一些高科技企业，如技术产品生产企业或者制药企业，需要不断进行新产品的研发或者技术的革新，如果其开发新产品的能力较差，则其产品被淘汰的概率就会比较大，企业所面临的经营风险就会比较大。

6. 固定成本

固定成本指的是其总额在一定时期内不会随着产品销量变化而变化的那一部分成本。由于固定成本的这种性质，使得产品销量发生变动时，企业的息税前利润会发生更大幅度的变化，从而增加了企业的经营风险。企业的固定成本占总成本的比重越高，可能出现的经营风险就越大。

在以上相关叙述中，我们用息税前利润表示企业的收益，息税前利润指的是企业的净利润

在扣除利息费用和所得税之前的利润水平。其计算公式为

$$EBIT=S-V-F=(p-v)Q-F=M-F$$

式中　EBIT——息税前利润；

　　　　S——销售额；

　　　　V——变动成本总额；

　　　　F——固定性经营成本；

　　　　Q——产销量；

　　　　p——销售单价；

　　　　v——单位变动成本；

　　　　M——边际贡献。

（二）经营杠杆与经营杠杆系数

经营杠杆是指由于固定性经营成本的存在，而使得企业息税前利润的变动率大于业务量变动率的现象。企业在一定的经营规模范围内，变动成本随着业务量的变化而变化，固定成本却并不因其增加而增加，而是保持不变。随着产销量增加，单位产品负担的固定成本会减少，从而给企业带来额外利润，可以称之为杠杆收益。当然，杠杆效应是一把"双刃剑"，当产销量减少时，息税前利润降低得会更快，从而给企业带来杠杆损失。只要企业存在固定性经营成本，就存在经营杠杆效应。

如上所述，经营杠杆反映了企业收益的波动性，可以用来评价企业的经营风险。因此，经营风险可以用经营杠杆系数来进行衡量。经营杠杆系数指的是息税前利润变动率相对于产销量变动率的倍数。一般而言，经营杠杆系数越大，经营风险越大。经营杠杆系数的计算公式为

$$DOL=\frac{\Delta EBIT/EBIT_0}{\Delta Q/Q_0}=\frac{\Delta EBIT/EBIT_0}{\Delta S/S_0}$$

式中　DOL——经营杠杆系数；

　　ΔEBIT——息税前利润变动额；

　　$EBIT_0$——基期息税前利润；

　　　ΔQ——销量变动数；

　　　Q_0——基期销量；

　　　ΔS——销售额变动数；

　　　S_0——基期销售额。

通过对以上经营杠杆系数定义公式的推导（推导过程略），经营杠杆系数还可表示为

$$DOL=\frac{(p-v)\times Q}{(p-v)\times Q-F}=\frac{S-V}{S-V-F}=\frac{M}{M-F}$$

式中　p——销售单价；

　　　v——单位变动成本；

　　　V——变动成本总额；

　　　F——固定性经营成本。

即经营杠杆系数可以表示为某一销量水平下的边际贡献与息税前利润的比率。

从上式可知，影响经营杠杆的因素包括企业成本结构中的固定成本比重和息税前利润水平。其中，息税前利润水平又受产品销售数量、销售价格、成本水平（单位变动成本）和固定成本总额高低的影响。固定成本比重越高、成本水平越高、产品销售数量和销售价格水平越低，经营杠杆效应越大，反之亦然。

例4-14 A公司产销某种服装，变动成本率为60%。年产销额为5 000万元时，变动成本为3 000万元，固定成本为600万元，息税前利润为1 400万元；年产销额为7 000万元时，变动成本为4 200万元，固定成本仍为600万元，息税前利润为2 200万元。试计算经营杠杆系数。

$$DOL = \frac{\Delta EBIT / EBIT_0}{\Delta Q / Q_0} = \frac{(2\,200 - 1\,400) \div 1\,400}{(7\,000 - 5\,000) \div 5\,000} = \frac{57.14\%}{40\%} = 1.43$$

或者

$$DOL = \frac{M}{M - F} = \frac{5\,000 \times (1 - 60\%)}{5\,000 \times (1 - 60\%) - 600} = 1.43$$

从上述计算可以看出，A公司产销量增长了40%，息税前利润增长了57.14%，产生了1.43倍的经营杠杆效应。

例4-15 某企业生产A产品，固定成本为200万元，变动成本率为60%，当销售额分别为2 000万元、1 000万元、500万元时，经营杠杆系数分别为多少？

$$DOL_{2\,000} = \frac{2\,000 \times (1 - 60\%)}{2\,000 \times (1 - 60\%) - 200} = 1.33$$

$$DOL_{1\,000} = \frac{1\,000 \times (1 - 60\%)}{1\,000 \times (1 - 60\%) - 200} = 2$$

$$DOL_{500} = \frac{500 \times (1 - 60\%)}{500 \times (1 - 60\%) - 200} \to \infty$$

上述计算结果表明：只要有固定性经营成本存在，经营杠杆系数总是大于1。在其他因素不变的情况下，销售额（或者销量）越小，经营杠杆系数越大，经营风险也就越大，反之亦然。如销售额为2 000万元时，DOL为1.33，销售额为1 000万元时，DOL为2，显然后者的不稳定性大于前者，经营风险也大于前者。在销售额处于盈亏临界点500万元时，经营杠杆系数趋于无穷大，此时企业销售额稍有减少便会导致更大的亏损。

二、财务杠杆效应

（一）财务风险

财务风险是指企业由于筹资原因产生的资本成本负担而导致的普通股收益波动的风险。引起企业财务风险的主要原因是息税前利润的不利变化和固定资本成本的负担。财务风险除受到企业息税前利润变动和债务资本固定利息与优先股股利的影响之外，还受到资本规模变动、资本结构变动、债务利率变动等因素的影响。

（二）财务杠杆与财务杠杆系数

财务杠杆是指由于固定性资本成本的存在，而使得企业普通股每股收益（EPS）的变动率大于息税前利润变动率的现象。企业在资本结构一定的条件下，从息税前利润中支付的债务利息、优先股股息等资本成本是相对固定的，称之为固定性资本成本。因此当企业息税前利润增长时，每1元利润所负担的固定性资本成本就会减少，从而使普通股的每股收益以更快的速度增长；当息税前利润减少时，每1元利润所负担的固定性资本成本就会增加，从而使普通股的每股收益以更快的速度下降。这种由于企业债务存在而导致普通股每股收益变动率大于息税前利润变动率的杠杆效应，称作财务杠杆效应。只要企业存在固定性资本成本，即企业筹资方式中存在债务筹资，就存在财务杠杆效应。

如上所述，财务杠杆反映了企业普通股每股收益的波动性，可以用来评价企业的财务风险。因此财务风险可以用财务杠杆系数来进行衡量。财务杠杆系数指的是普通股每股收益变动率相对于息税前利润变动率的倍数。一般而言，财务杠杆系数越大，财务风险越大。财务杠杆系数的计算公式为

$$DFL = \frac{\Delta EPS / EPS_0}{\Delta EBIT / EBIT_0}$$

式中　DFL——财务杠杆系数；

　　　ΔEPS——普通股每股收益变动数；

　　　EPS_0——基期普通股每股收益。

其中普通股每股收益指的是企业普通股股东每持有一股股票所享有的企业净利润或者承担的企业净亏损。其计算公式为

$$EPS = \frac{(EBIT - I) \times (1 - T)}{N}$$

如果存在优先股，企业支付的优先股股利需要在税后进行支付，此时，普通股每股收益的计算公式为

$$EPS = \frac{(EBIT - I) \times (1 - T) - D_P}{N}$$

式中　EBIT——息税前利润；

　　　I——债务利息；

　　　T——所得税税率；

　　　D_P——优先股股利；

　　　N——普通股股数。

通过对以上财务杠杆系数定义公式的推导（推导过程略），财务杠杆系数还可表示为

$$DFL = \frac{EBIT}{EBIT - I}$$

如果存在优先股，则财务杠杆系数表示为

$$DFL = \cfrac{EBIT}{EBIT - I - \cfrac{D_P}{1-T}}$$

即财务杠杆系数可以表示为某一举债水平下的息税前利润与税前利润的比率。

从上式可知，影响财务杠杆的因素包括企业资本结构中债务资本比重、普通股收益水平、所得税税率水平。其中，普通股收益水平又受息税前利润、固定性资本成本（利息）高低的影响。债务成本比重越高、固定性资本成本支付额越高、息税前利润水平越低，财务杠杆效应越大，反之亦然。

例4-16　现有甲、乙、丙三个公司，公司全部长期资金均为2 000万元。甲公司无负债，无优先股，全部为普通股股本；乙公司的借入资金为600万元，借款利率为8%，普通股股本为1 400万元，无优先股；丙公司借入资金为1 000万元，借款利率为10%，优先股200万元，股息率为12%，普通股股本为800万元。假定三个企业预期息税前利润都为400万元，所得税税率均为25%。试分别计算三个公司的财务杠杆系数。

$$DFL_{甲} = \frac{400}{400} = 1$$

$$DFL_{乙} = \frac{400}{400 - 600 \times 8\%} = 1.14$$

$$DFL_{丙} = \cfrac{400}{400 - 1000 \times 8\% - \cfrac{200 \times 12\%}{1-25\%}} = 1.39$$

从计算结果可以看出，甲公司的财务杠杆系数等于1，表明如果息税前利润变动1倍，每股收益将变动1倍；乙公司的财务杠杆系数等于1.14，表明息税前利润增长1倍，每股收益将增长1.14倍；丙公司的财务杠杆系数等于1.39，表明息税前利润增长1倍，每股收益将增长1.39倍。由此可见，丙公司的财务风险最高，乙公司次之，由于甲公司不存在固定性资本成本，因此财务风险最低。

综上，财务杠杆放大了息税前利润变化对普通股每股收益的影响，财务杠杆系数越高，表明普通股收益的波动程度越大，财务风险也就越大。只要有固定性资本成本存在，财务杠杆系数总是大于1。

三、总杠杆效应

（一）总杠杆

总杠杆是指由于固定性经营成本和固定性资本成本的存在，导致普通股每股收益变动率大于产销量变动率的现象。它反映了经营杠杆和财务杠杆共同作用的结果，用以评价企业的整体风险水平。

由于固定性经营成本的存在，产生经营杠杆效应，导致产销量变动对息税前利润变动有放大作用；同样，由于固定性资本成本的存在，产生财务杠杆效应，导致息税前利润变动对普通股收益有放大作用。两种杠杆共同作用，将导致产销量的变动引起普通股每股收益更大的变动，即总杠杆效应。

（二）总杠杆系数

总杠杆效应用总杠杆系数来进行衡量，等于经营杠杆系数与财务杠杆系数的乘积，是普通股每股收益变动率相对于产销量变动率的倍数。其计算公式为

$$DTL = DOL \times DFL = \frac{\Delta EPS / EPS_0}{\Delta Q / Q_0}$$

通过对以上总杠杆系数定义公式的推导（推导过程略），总杠杆系数还可表示为

$$DTL = \frac{M}{EBIT - I}$$

如果存在优先股，则总杠杆系数表示为

$$DTL = \frac{M}{EBIT - I - \dfrac{D_P}{1 - T}}$$

（三）总杠杆与企业风险

企业风险包括企业的经营风险和财务风险。总杠杆系数反映了经营杠杆系数和财务杠杆系数之间的关系。在总杠杆系数一定的情况下，经营杠杆系数与财务杠杆系数此消彼长。总杠杆效应的意义在于：①能够说明产销量变动对普通股每股收益的影响，据以预测未来的每股收益水平；②揭示了财务管理的风险管理策略，即要保持一定的风险状况水平，需要维持一定的总杠杆系数，经营杠杆和财务杠杆可以有不同的组合。

一般来说，固定资产比重较大的资本密集型企业，经营杠杆系数高，经营风险大，企业筹资主要依靠权益资本，以保持较小的财务杠杆系数和财务风险；变动成本比重较大的劳动密集型企业，经营杠杆系数低，经营风险小，企业筹资主要依靠债务资本，保持较大的财务杠杆系数和财务风险。

一般来说，在企业初创阶段，产品市场占有率低，产销量小，经营杠杆系数大，此时企业筹资主要依靠权益资本，在较低程度上使用财务杠杆；在企业扩张成熟期，产品市场占有率高，产销量大，经营杠杆系数小，此时，企业资本结构中可扩大债务资本，在较高程度上使用财务杠杆。

在实务中，企业杠杆率高，意味着企业还本付息的压力重，市场发生变化及企业经营状况发生变化时，还本付息的困难会转变成银行资产质量问题，即信贷风险问题，从而可能引发相关金融风险。因此在我国经济发展过程中，党中央国务院非常重视企业的降杠杆问题，2015年将"去杠杆"作为供给侧结构性改革的重要任务提出，2016年国务院54号文件《关于积极稳妥地降低企业杠杆率的意见》，提出了企业降杠杆的若干意见，要求企业对负债行为建立权责明确、制衡有效的机制，从而加强企业自身财务杠杆约束，合理安排债务融资规模，有效控制企业杠杆率，形成合理的资产负债结构。

例4-17 某企业2022年资产总额是1 000万元，资产负债率是40%，负债的平均利率是5%，实现的销售收入为1 000万元，固定成本为200万元，变动成本率为30%。如果预计2023年销售收入会提高50%，其他条件不变。试计算2023年的经营杠杆系数、财务杠杆系数和总杠杆系数。

$$DOL = \frac{1\,000 \times (1+50\%) \times (1-30\%)}{1\,000 \times (1+50\%) \times (1-30\%) - 200} = 1.24$$

$$DFL = \frac{1\,000 \times (1+50\%) \times (1-30\%) - 200}{1\,000 \times (1+50\%) \times (1-30\%) - 200 - 1\,000 \times 40\% \times 5\%} = 1.02$$

$$DTL = 1.24 \times 1.02 = 1.26$$

在本例中，总杠杆系数为 1.26，表明企业的产销量每增减 1%，每股收益就会相应增减 1.26%。

第四节 资本结构的优化

一、资本结构的含义

资本结构是指企业资本总额中各种长期资本的构成及其比例关系。短期资金的需要量和筹集是经常变化的，且在整个资金总量中所占比重不稳定，因此不列入资本结构管理范围，而是作为营运资金管理。资本结构是企业筹资的核心问题。

通常情况下，企业的资本结构由长期债务资金和权益资金构成，所以资本结构的实质是长期债务资金和权益资金之间的比例关系。

不同的资本结构会给企业带来不同的后果。企业利用债务资本进行举债经营具有双重作用，既可以发挥财务杠杆效应，也可能带来财务风险。因此企业必须权衡财务风险和资本成本的关系，确定最佳的资本结构。评价企业资本结构最佳状态的标准应该是能够提高股权收益或降低资本成本，最终目的是提升企业价值。股权收益表现为净资产报酬率或普通股每股收益；资本成本表现为企业的平均资本成本率。根据资本结构理论，当企业平均资本成本最低时，企业价值最大。所谓最佳资本结构，是指在一定条件下使企业平均资本成本率最低、企业价值最大的资本结构。资本结构优化的目标，是降低平均资本成本率或提高普通股每股收益。

从理论上讲，最佳资本结构是存在的，但由于企业内部条件和外部环境的经常性变化，动态地保持最佳资本结构十分困难。因此在实践中，目标资本结构通常是企业结合自身实际进行适度负债经营所确立的资本结构。

二、影响资本结构的因素

资本结构是一个产权结构问题，是社会资本在企业经济组织形式中的资源配置结果。资本结构的变化，将直接影响社会资本所有者的利益。影响企业资本结构的主要因素有以下几个方面：

（一）企业经营状况的稳定性和成长率

企业产销量的稳定程度对资本结构有重要影响：如果产销量稳定，企业可较多地负担固定的财务费用；如果产销量和盈余有周期性，则负担固定的财务费用将承担较大的财务风险。经营发展能力表现为未来产销量的增长率，如果产销量能够以较高的水平增长，企业可以采用高负债的资本结构，以提升权益资本的报酬。

（二）企业的财务状况和信用等级

企业财务状况良好，信用等级高，债权人愿意向企业提供信用，企业容易获得债务资本。相反，如果企业财务状况欠佳，信用等级不高，债权人投资风险大，这样会降低企业获得信用的能力，加大债务资本筹资的资本成本。

（三）企业资产结构

资产结构是企业筹集资本后进行资源配置和使用后的资金占用结构，包括长短期资产构成和比例，以及长短期资产内部的构成和比例。资产结构对企业资本结构的影响主要包括：拥有大量固定资产的企业主要通过长期负债和发行股票筹集资金；拥有较多流动资产的企业更多地依赖流动负债筹集资金；资产适用于抵押贷款的企业负债较多；以技术研发为主的企业则负债较少。

（四）企业投资人和管理当局的态度

从企业所有者的角度看，如果企业股权分散，企业可能更多地采用权益资本筹资以分散企业风险。如果企业为少数股东控制，股东通常重视企业控股权问题，为防止控股权稀释，企业一般尽量避免普通股筹资，而是采用优先股或债务资本筹资。从企业管理当局的角度看，高负债资本结构的财务风险高，一旦经营失败或出现财务危机，管理当局将面临市场接管的威胁或者被董事会解聘。因此，稳健的管理当局偏好于选择低负债比例的资本结构。

（五）行业特征和企业发展周期

不同行业资本结构差异很大。产品市场稳定的成熟产业经营风险低，因此可提高债务资本比重，发挥财务杠杆作用。高新技术企业的产品、技术、市场尚不成熟，经营风险高，因此可降低债务资本比重，控制财务杠杆风险。在同一企业不同发展阶段，资本结构安排不同。企业初创阶段，经营风险高，在资本结构安排上应控制负债比例；企业发展成熟阶段，产品产销量稳定和持续增长，经营风险低，可适度增加债务资本比重，发挥财务杠杆效应；企业收缩阶段，产品市场占有率下降，经营风险逐步加大，应逐步降低债务资本比重，保证经营现金流量能够偿付到期债务，保持企业持续经营能力，降低破产风险。

（六）经济环境的税务政策和货币政策

资本结构决策必然要研究理财环境因素，特别是宏观经济状况。政府调控经济的手段包括财政税收政策和货币金融政策，当所得税税率较高时，债务资本的抵税作用大，企业可以充分利用这种作用来提高企业价值。货币金融政策影响资本供给，从而影响利率水平的变动，当国家执行紧缩的货币政策时，市场利率较高，企业债务资本成本增大。

三、资本结构决策的方法

企业进行资本结构的相关决策，要求企业权衡负债的低资本成本和高财务风险的关系，确定合理的资本结构。进行资本结构决策的目标，是降低平均资本成本率或提高普通股每股收益。进行资本结构决策的方法有平均资本成本比较法、每股收益无差别点分析法与公司价值分析法。

（一）平均资本成本比较法

平均资本成本比较法是通过计算和比较各种可能的筹资组合方案的平均资本成本，选择平均资本成本率最低的方案。即能够降低平均资本成本的资本结构，就是合理的资本结构。这种方法侧重于从资本投入的角度对筹资方案和资本结构进行优化分析。

例 4-18　A 公司需筹集 200 万元长期资本，可以用银行借款、发行债券、发行普通股三种方式筹集，其个别资本成本率已分别测定，有关资料见表 4-11。

表 4-11　长达公司资本成本与资本结构数据表

筹资方式	资本结构			个别资本成本
	甲 方 案	乙 方 案	丙 方 案	
银行借款	40%	30%	20%	7%
债券	10%	15%	20%	8%
普通股	50%	55%	60%	10%
合计	100%	100%	100%	

首先，分别计算三个方案的综合资本成本：

$$K_{甲} = 40\% \times 7\% + 10\% \times 8\% + 50\% \times 10\% = 8.6\%$$

$$K_{乙} = 30\% \times 7\% + 15\% \times 8\% + 55\% \times 10\% = 8.8\%$$

$$K_{丙} = 20\% \times 7\% + 20\% \times 8\% + 60\% \times 10\% = 9\%$$

其次，根据企业筹资评价的其他标准，考虑企业的其他因素，对各个方案进行修正之后，再选择其中成本最低的方案。本例中，我们假设其他因素对方案选择的影响甚小，则甲方案的综合资本成本最低。该方案下，A 公司的资本结构为银行借款 80 万元，发行债券 20 万元，发行普通股 100 万元。

（二）每股收益无差别点分析法

企业还可以用每股收益的变化来判断资本结构是否合理，即能够提高普通股每股收益的资本结构，就是合理的资本结构。在资本结构管理中，利用债务资本的目的之一，就在于债务资本能够提供财务杠杆效应，利用负债筹资的财务杠杆作用来增加股东财富。

每股收益受到经营利润水平、债务资本成本水平等因素的影响，分析每股收益与资本结构的关系，可以找到每股收益无差别点。所谓每股收益无差别点，是指不同筹资方式下每股收益都相等时的息税前利润和产销量水平。根据每股收益无差别点，可以分析判断在什么样的息税前利润水平或产销量水平前提下，适于采用何种筹资组合方式，进而确定企业的资本结构安排。

在每股收益无差别点上，无论是采用债务还是股权筹资方案，每股收益都是相等的。每股收益无差别点时的息税前利润可用如下等式进行计算：

$$\frac{(\text{EBIT}^* - I_1) \times (1-T)}{N_1} = \frac{(\text{EBIT}^* - I_2) \times (1-T)}{N_2}$$

式中　EBIT*——每股收益无差别点时的息税前利润；

　　　I_1、I_2——两种筹资方式下的债务利息；

　　　N_1、N_2——两种筹资方式下的普通股股数；

　　　T——所得税税率。

需要注意的是，如果存在需要支付的优先股股利，那么上述公式在计算各方案的每股收益时，还需将优先股股利减去，即上述公式变为

$$\frac{(\text{EBIT}^* - I_1) \times (1-T) - D_{p_1}}{N_1} = \frac{(\text{EBIT}^* - I_2) \times (1-T) - D_{p_2}}{N_2}$$

在计算出每股收益无差别点时的息税前利润之后，如果预期息税前利润或产销量水平大于每股收益无差别点时的息税前利润或产销量水平，应当选择财务杠杆效应较大即债务比例较高的筹资方案，反之则应当选择债务比例较低的筹资方案。

例 4-19　Z 公司目前资本结构为：总资本 2 000 万元，其中债务资本 800 万元（年利息 80 万元）；普通股资本 1 200 万元（1 200 万股，面值 1 元，市价 5 元）。企业由于有一个较好的新投资项目，需要追加筹资 600 万元，有两种筹资方案：

甲方案：向银行取得长期借款 600 万元，利率 15%。

乙方案：增发普通股 200 万股，每股发行价 3 元。

根据财务人员测算，追加筹资后销售额可望达到 2 400 万元，变动成本率为 60%，固定成本为 400 万元，所得税税率为 25%，不考虑筹资费用因素。Z 公司应当选择哪种筹资方案？

计算两种方案的每股收益无差别点：

$$\frac{(\text{EBIT}^* - 80 - 600 \times 15\%) \times (1-25\%)}{1200} = \frac{(\text{EBIT}^* - 80) \times (1-25\%)}{1200 + 200}$$

经计算，EBIT*=710（万元）

追加筹资后预期 EBIT=2 400 ×（1-60%）-400=560（万元），低于每股收益无差别点时的息税前利润 710 万元，即应选择采用财务风险较小的乙方案，即增发普通股方案。

另外通过计算我们可以得知：

甲方案的每股收益 $\text{EPS}_甲 = \dfrac{(560 - 80 - 600 \times 15\%) \times (1-25\%)}{1200} = 0.24$（元/股）

乙方案的每股收益 $\text{EPS}_乙 = \dfrac{(560 - 80) \times (1-25\%)}{1200 + 200} = 0.26$（元/股）

乙方案的每股收益大于甲方案，也说明应当选择每股收益较高的乙方案，这和我们直接利用结论做出决策的结果是一致的。

当企业需要的资本额较大时，可能会采用多种筹资方式组合融资。这时候，就需要详细比较分析各种组合筹资方式下的资本成本及其对每股收益的影响，选择每股收益最高的筹资方式。

(三) 公司价值分析法

以上所述的两种方法都是从账面价值的角度进行资本结构决策分析，没有考虑市场反应，也没有考虑风险因素。公司价值分析法是在考虑市场风险的基础上，以公司市场价值为标准，进行资本结构优化。即能够提升公司价值的资本结构，就是合理的资本结构。这种方法主要用于对现有资本结构进行调整，适用于资本规模较大的上市公司资本结构优化分析。同时，在公司价值最大的资本结构下，公司的平均资本成本率也是最低的。

设：V 表示公司价值，B 表示债务资本价值，S 表示权益资本价值。公司价值应该等于资本的市场价值，即

$$V=S+B$$

为简化分析，假设公司各期的 EBIT 保持不变，债务资本的市场价值等于其面值，权益资本的市场价值可通过下式计算：

$$S = \frac{(\text{EBIT} - I) \times (1 - T)}{K_S}$$

式中，K_S 代表权益资本的资本成本率，可以利用资本资产定价模型进行确定，即 $K_S = R_S = R_f + \beta \times (R_m - R_f)$。

此时，$K_W = K_b \times \dfrac{B}{V} + K_S \times \dfrac{S}{V}$

式中　K_W——加权平均资本成本率；

　　　K_b——税后债务资本成本率。

根据以上计算分析，企业价值最高且加权平均资本成本最低的方案即为最合理的资本结构。

例 4-20　某公司息税前利润为 400 万元，资本总额账面价值为 1 000 万元。假设无风险报酬率为 6%，证券市场平均报酬率为 10%，所得税税率为 25%。经测算，不同债务水平下的权益资本成本率和税后债务资本成本率见表 4-12。

根据公司已知资料，可计算出不同资本结构下的公司总价值和加权平均资本成本，见表 4-12。

表 4-12　公司价值和加权平均资本成本 (单位：万元)

债务市场价值 （B）	股票市场价值 （S）	公司总价值 （V）	税后债务资本成本率 （K_b）	权益资本成本率 （K_S）	加权平均资本成本率 （K_W）
0	2 000	2 000	—	12.0%	12.0%
200	1 889	2 089	4.80%	12.2%	11.5%
400	1 743	2 143	5.10%	12.6%	11.2%
600	1 573	2 173	5.40%	13.2%	11.0%
800	1 371	2 171	6.00%	14.0%	11.1%
1 000	1 105	2 105	7.20%	15.2%	11.4%
1 200	786	1 986	9.00%	16.8%	12.1%

可以看出，在没有债务资本的情况下，公司的总价值等于股票的账面价值。当公司增加一

部分债务时，财务杠杆开始发挥作用，公司总价值上升，加权平均资本成本率下降。在债务达到600万元时，公司总价值最高，加权平均资本成本率最低。债务超过600万元后，随着利率不断上升，财务杠杆作用逐步减弱甚至呈现负作用，公司总价值下降，加权平均资本成本率上升。因此，债务为600万元时的资本结构是该公司的最优资本结构。

上述确定资本结构的方法各有优缺点，在实际工作中应结合起来使用，以便合理地确定企业相对最佳资本结构。

党的二十大报告提出，健全资本市场功能，提高直接融资比重。资本市场能够以决策分散、风险自担的方式推动资金向创新产业聚集，帮助创新企业和产业有效对接风险偏好更高的资金，近些年股权融资开始下沉至中小型企业和创新能力更强的企业，后续资本市场也将继续体现对实体经济的大力支持，从市场结构上继续优化，偏重科技创新企业的融资需求。

本章小结

企业应当科学合理地进行预测，使得筹集的资金既能满足生产经营的需要，又不会产生多余资金而闲置。企业预测资金需要量的方法通常包括定性预测法和定量预测法。定性预测法是指主要依靠个人的经验、主观分析和判断，对未来资金的需要量进行预测和推算的方法。由于其预测结果的准确性和可行性难以保证，因此一般只作为资金需要量预测的辅助方法。定量预测法则是以历史资料为依据，采用数学模型对未来时期资金的需要量进行预测，预测的结果相对较为准确，可行性也更高。常用的定量预测法主要有因素分析法、销售百分比法和资金习性预测法。

企业在选用不同的方式进行筹资时，需要确定各种筹资方式的资本成本。资本成本是指企业为筹集和使用资本而付出的代价，包括筹资费用和占用费用。资本成本的计算包括个别资本成本、加权平均资本成本以及边际资本成本的计算。

财务管理中的杠杆有三种，分别是经营杠杆、财务杠杆和总杠杆。经营杠杆是指由于固定性经营成本的存在，而使得企业息税前利润的变动率大于业务量变动率的现象，反映了企业的经营风险，通常用经营杠杆系数来衡量。财务杠杆是指由于固定性资本成本的存在，而使得企业普通股每股收益的变动率大于息税前利润变动率的现象，反映了企业的财务风险，通常用财务杠杆系数来衡量；总杠杆则是指由于固定性经营成本和固定性资本成本的存在，导致普通股每股收益变动率大于产销量变动率的现象，是经营杠杆和财务杠杆共同作用的结果，用以反映企业的整体风险水平，通常用总杠杆系数来衡量。

资本结构是指企业资本总额中各种长期资本的构成及其比例关系，企业必须权衡财务风险和资本成本的关系，确定最佳资本结构。进行资本结构决策的方法有平均资本成本比较法、每股收益无差别点分析法与公司价值分析法。这些方法各有优缺点，在实际工作中应结合起来使用，以便合理地确定资本结构。

同 步 测 试

一、单项选择题

1. 某公司按面值发行债券，票面利率为10%，偿还期限为5年，发行费用率为3%，所得税税率为25%，则该债券的资本成本为（　　）。

　　A. 10%　　　　　　B. 6.7%　　　　　　C. 6.91%　　　　　D. 7.73%

2. 下列各种筹资方式中，资本成本最高的是（　　）。

　　A. 发行债券　　　B. 长期借款　　　C. 发行普通股　　　D. 发行优先股

3. 在个别资本成本的计算中，不必考虑筹资费用影响因素的是（　　）。

　　A. 长期借款资本成本　　　　　　　B. 公司债券资本成本

　　C. 普通股资本成本　　　　　　　　D. 留存收益资本成本

4. 某公司债券的面值为100元，发行价格为120元，票面利率为12%，所得税税率为25%，筹资费用率为5%，则其资本成本为（　　）。

　　A. 7.89%　　　　　B. 10.32%　　　　C. 12%　　　　　D. 5%

5. 某公司股票目前的股利为每股2元，股利按6%的比例固定递增，据此计算出的资本成本为15%，则该股票目前的市价为（　　）元。

　　A. 23.56　　　　　B. 24.66　　　　　C. 28.78　　　　D. 32.68

6. 加权平均资本成本是指（　　）。

　　A. 各种资本的个别资本成本之和

　　B. 以各种资本占全部资本的比重为权数的个别资本成本的加权平均数

　　C. 权益资本成本的加权平均数

　　D. 个别资本成本的算术平均数

7. 某公司的经营杠杆系数为2.3，财务杠杆系数为1.8，则该公司销售额每增长1倍，就会造成每股利润增加（　　）。

　　A. 2.3倍　　　　　B. 4.14倍　　　　C. 1.8倍　　　　D. 1倍

8. 下列各项中，不影响经营杠杆系数的是（　　）。

　　A. 产品销售数量　　B. 产品销售价格　　C. 利息费用　　D. 固定成本

9. 最佳资本结构是企业在一定条件下的（　　）。

　　A. 加权平均资本成本最低、企业价值最大的资本结构

　　B. 企业价值最大的资本结构

　　C. 加权平均资本成本最低的目标资本结构

　　D. 企业目标资本结构

10. 财务杠杆说明（　　）。

　　A. 增加息税前利润对每股利润的影响　　B. 增加销售收入对每股利润的影响

　　C. 扩大销售对息税前利润的影响　　　　D. 企业的融资能力

11. 某企业销售收入为100万元，变动成本率为55%，固定成本为15万元，其中利息为5万

元，则经营杠杆系数为（　　　）。

    A．1.29　　　　　　B．1.34　　　　　　C．1.59　　　　　　D．1.75

12．在其他条件不变的情况下，借入资金的比例越大，财务风险（　　　）。

    A．越大　　　　　　B．越小　　　　　　C．不变　　　　　　D．逐年上升

13．采用销售百分比法预测资金需要时，下列被视为不随销售收入变动而变动的项目是（　　　）。

    A．公司债券　　　　B．存货　　　　　　C．应收账款　　　　D．现金

二、多项选择题

1．下列各项中，属于用资费用的有（　　　）。

    A．向银行支付的手续费　　　　　　　　B．向股东支付的股利

    C．向证券经纪商支付的佣金　　　　　　D．向银行支付的借款利息

2．下列各项中，属于个别资本成本的是（　　　）。

    A．公司债券资本成本　　　　　　　　　B．普通股资本成本

    C．留存收益资本成本　　　　　　　　　D．资金的边际成本

3．下列各项中，影响加权平均资本成本高低的因素有（　　　）。

    A．边际资本成本　　　　　　　　　　　B．个别资本成本

    C．各种资本在总资本中所占的比重　　　D．货币时间价值

4．下列各项中，计算个别资本成本时必须考虑所得税因素的有（　　　）。

    A．公司债券资本成本　　　　　　　　　B．银行借款资本成本

    C．优先股资本成本　　　　　　　　　　D．普通股资本成本

5．下列有关债务比例、财务杠杆系数和财务风险之间关系的叙述中，正确的有（　　　）。

    A．债务比例越高，财务杠杆系数越大，财务风险越高

    B．债务比例越低，财务杠杆系数越小，财务风险越低

    C．债务比例越高，财务杠杆系数越小，财务风险越高

    D．债务比例越低，财务杠杆系数越大，财务风险越低

6．下列关于财务杠杆的论述中，正确的有（　　　）。

    A．财务杠杆系数越高，每股利润增长越快

    B．财务杠杆效应是指利用负债筹资给企业自有资金带来的额外收益

    C．财务杠杆系数越大，财务风险越大

    D．财务杠杆与财务风险无关

7．最佳资本结构的判断标准有（　　　）。

    A．企业价值最大　　　　　　　　　　　B．资金规模最大

    C．加权平均资本成本最低　　　　　　　D．筹资风险最小

8．下列各项中，影响财务杠杆系数的因素有（　　　）。

    A．产品边际贡献总额　　　　　　　　　B．所得税税率

    C．固定成本　　　　　　　　　　　　　D．财务费用

9．已知某企业的经营杠杆系数等于3，预计息税前利润增长12%，普通股每股收益增长

36%，则下列说法正确的有（　　　　）。

- A．产销量增长 4%
- B．财务杠杆系数等于 3
- C．总杠杆系数等于 9
- D．资产负债率大于 50%

10．如果企业经营杠杆系数为 2，财务杠杆系数为 3，则下列说法正确的有（　　　）。

- A．如果销售量增加 10%，则息税前利润将增加 20%
- B．如果息税前利润增加 20%，则普通股每股收益将增加 60%
- C．如果销售量增加 10%，则普通股每股收益将增加 60%
- D．如果普通股每股收益增加 30%，则销售量将增加 5%

三、判断题

1．资本成本的高低并不是企业在筹资决策中考虑的唯一因素。　　　　（　　）

2．留存收益是由企业税后利润形成的，所以留存收益没有资本成本。　（　　）

3．在各种资本来源中，普通股的资本成本最高。　　　　　　　　　（　　）

4．在个别资本成本不变的情况下，不同时期的加权平均资本成本相等。（　　）

5．提高个别资本成本，未必导致加权平均资本成本提高。　　　　　（　　）

6．优先股股息和债券利息都要定期支付，均应作为财务费用，在所得税前列支。（　　）

7．企业采用借入资金方式筹资比采用自有资金方式筹资付出的资本成本低，但承担的风险大。　　　　　　　　　　　　　　　　　　　　　　　　　　　　　（　　）

8．固定成本越高，经营杠杆系数越大，企业的经营风险就越大。　　（　　）

9．财务杠杆系数是普通股每股收益变动率相当于息税前利润变动率的倍数，它是用来衡量财务风险大小的重要指标。　　　　　　　　　　　　　　　　　　　（　　）

10．如果财务杠杆系数等于 2，假定息税前利润增长 10%，则普通股每股收益的增长幅度为 5%。　　　　　　　　　　　　　　　　　　　　　　　　　　　　　　　（　　）

11．利用总杠杆能估计销售额的变动对普通股每股收益造成的影响。　（　　）

12．企业负债比例越高，财务风险越大，但负债对企业来说不一定是不利的。（　　）

四、计算分析题

1．某企业 2022 年的利润表见表 4-13，假定所得税税率为 25%。

表 4-13　2022 年利润表　　　　　　　　　　　　（单位：万元）

项　　目	金　　额
一、销售收入	40 000
减：营业成本	24 000
销售费用	260
管理费用	2 280
财务费用	1 200
二、利润总额	12 260
减：所得税费用	3 065
三、净利润	9 195

要求：假定该企业 2023 年的预计销售收入是 60 000 万元，税后利润的留存比例为 20%，使用销售百分比法确定该企业 2023 年的留存收益。

2. 承上题，某企业 2022 年的资产负债表见表 4-14。

表 4-14　2022 年资产负债表　　　　　　　　　　　（单位：万元）

资　产	金　额	负债及所有者权益	金　额
货币资金	800	应付票据	2 000
应收账款	5 000	应付利息	600
存货	8 000	应付账款	4 400
固定资产净值	6 000	短期借款	800
无形资产	400	长期借款	3 600
		实收资本	7 200
		留存收益	1 600
资产总额	20 200	负债及所有者权益合计	20 200

要求： 试采用销售百分比法预测该企业 2023 年的外部筹资额。

3. 某企业上年度的资金实际平均占用量为 12 000 万元，其中不合理部分为 2 000 万元。预计本年销售增长率为 8%，资金周转速度加快 2%。

要求： 采用因素分析法预测本年的资金需要量。

4. 某企业每年从供应商处购入 400 万元的商品，该供应商给出的现金折扣条款为"4/10，n/50"。

要求： 假设银行的贷款利率为 10%，则企业应当做出怎样的决策？

5. 甲公司准备新建一个投资项目，现有 A、B 两个筹资方案可供选择，有关资料见表 4-15。

表 4-15　筹资方案有关资料

项　目	A 方　案		B 方　案	
	筹资条件	筹资比例	筹资条件	筹资比例
银行借款	借款利率为 8%	30%	借款利率为 10%	40%
发行债券	债券票面利率为 12%，按票面价值的 140% 发行，发行费用率为 2%	30%	债券利率为 15%，平价发行，发行费用率为 1%	50%
发行普通股	发行价格为 12 元，发行费用率为 1.2%，每年固定股利 1 元	40%	发行价格为 16 元，发行费用率为 2%，第一年股利为 0.8 元，以后每年按 3% 的固定比例增长	10%

注：甲公司新建项目适用的所得税税率为 25%。

要求：

（1）计算确定 A 方案的加权平均资本成本。

（2）计算确定 B 方案的加权平均资本成本。

（3）运用比较个别资本成本法确定甲公司应该采用哪种筹资方案。

6. 甲公司年销售额为 2 000 万元，变动成本率为 60%，息税前利润为 500 万元，全部资本为 1 000 万元，负债比率为 40%，负债平均利率为 10%。

要求：

（1）计算甲公司的经营杠杆系数、财务杠杆系数和总杠杆系数。

（2）如果预测期甲公司的销售额增长 10%，计算息税前利润及每股收益的增长幅度。

7. 甲公司目前的资本总额为 1 000 万元，普通股为 15 万股，每股面值 40 元，资产负债率为40%，债务利率为8%。现企业准备追加投资400万元，有两个方案可供选择：

（1）全部发行普通股5万股，每股发行价80元。

（2）全部借款，新增借款利率为12%。

追加投资后甲公司的息税前利润可达到220万元，适用的所得税税率为25%。

要求：运用每股收益无差别点法确定甲公司应采用哪个方案进行筹资。

8．甲公司2023年的期望投资收益情况见表4-16。

表4-16　期望投资收益情况

经济情况	息税前利润率	概 率
较差	10%	0.20
一般	35%	0.50
较好	20%	0.30

2023年甲公司资金总额为500万元，借入资金与自有资金的比例为1∶4，甲公司适用的所得税税率为25%，借入资金利率为8%。

要求：

（1）计算甲公司2023年期望息税前利润率。

（2）计算甲公司2023年期望自有资金利润率。

（3）计算甲公司2023年财务杠杆系数。

第 五 章

投资管理

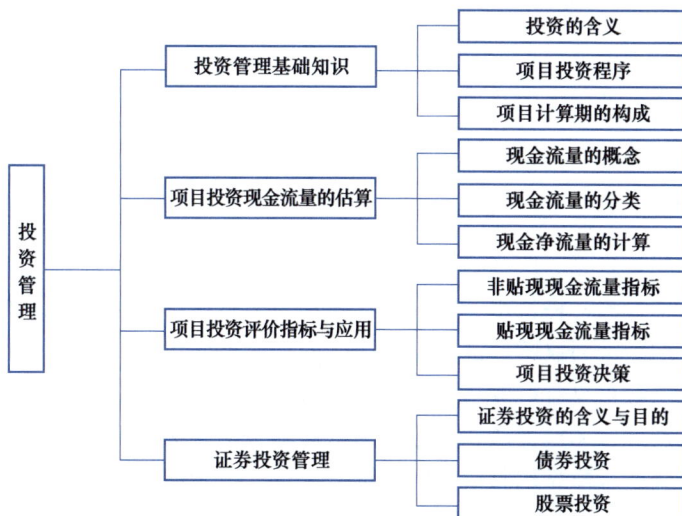

A集团的产品曾经红遍大半个中国，市场占有率曾最高达70%。然而，仅仅经历几年短暂的辉煌，这家明星企业便倏然跌入低谷，亏损高达6.7亿元，并且欠下13亿元的巨额债务。

A集团当时的当家人在经过对国内外肉制品市场分析考察后，果断决定改变原来单纯从事生猪屠宰储藏业务的经营状况，对猪肉进行深加工，发展高温肉制品生产加工业务，在国内首次引进西式火腿肠生产线，生产出中国第一根火腿肠，迅速走俏市场，销售收入、利润连年翻番，获得了巨大的经济效益，企业规模变大，并获得了持续发展。这个时期A集团的成功，无疑要归功于它正确的投资决策：一体化发展战略。

随后，A集团在较短的时间内投巨资增加了医药、茶饮料、房地产等多个经营项目，并跨地区、跨行业收购、兼并了××市旋宫大厦、××肉联厂、重庆××食品公司等17家扭亏无望的企业，使其经营范围涉及生猪屠宰加工、熟肉制品、茶饮料、医药、旅馆酒店、房地产、木材加工、商业等产业，走上了一条多元化同时并举的道路。企业经营项目繁杂、相互间关联度低，许多项目与其原主业之间无任何关联，且投资时间又很集中，一时"发展"神速。A集团的资产由3 950万元迅速膨胀到29.69亿元。这个急速扩张不但没有为集团带来收益，反而使企业背上了沉重的包袱。集团兼并和收购的17家企业中，半数以上亏损，近半数关门停产，这种盲目投资、盲目多元化经营使A集团走上了不归之路。

讨论与思考

是什么造就了A集团的奇迹？又是什么使A集团走向了衰落？

第一节 投资管理基础知识

一、投资的含义

（一）投资的概念

投资有广义和狭义之分。广义的投资是指特定经济主体（包括政府、企业和个人）以收回本金并获利为基本目的，将货币、实物资产等作为资本投放于某一个具体对象，以在未来较长期间内获取预期经济利益的经济行为。广义的投资不仅包括对外投资（如投资购买其他公司的股票、债权以获得收益，或与其他企业联营，或投资于外部项目），还包括内部使用资金（如购置固定资产、无形资产和其他流动资产等）。狭义的投资仅包括对外投资。企业投资就是指企业为获取未来长期收益而向一定对象投放资金的经济行为。本章讨论的主要是狭义的投资。

（二）企业投资的意义

1. 投资是企业运营和发展的基本前提

投资是一种资本性支出的行为。企业无论是维持简单再生产还是实现扩大再生产，都必须进行一定的投资。通过投资，企业购建流动资产和长期资产，使企业具备应有的生产条件和生产能力，并将各项资产有机地结合起来，实现企业正常生产运作。如果企业扩大再生产或者投资新的行业、项目，都需要先进行投资。因此，通过一系列的投资活动，才能保证企业的正常运营和发展，为企业和社会创造价值。

2. 投资是获取利润的基本前提

企业投资是要通过预先垫付一定数量的货币或实物形态的资本，购建和配置形成企业的各类资产，从事某类经营活动，获取未来的经济利益。通过投资形成了生产经营能力，企业才能开展具体的经营活动，获取经营利润。那些以购买股票、债券等有价证券方式向其他单位的投资，可以通过取得股利或债息来获取投资收益，也可以通过转让有价证券来获取资本利得。

3. 投资是企业风险控制的重要手段

企业运营面临着各种风险。通过投资，可以将资金投向企业生产经营的薄弱环节，减少经营风险；通过投资相关程度较低的不同项目或不同行业，实现多元化经营，可以分散企业风险，稳定收益来源，增强资产的安全性。

（三）企业投资的特点

企业投资涉及的资金多、经历的时间长，对企业未来的财务状况和经营活动都有较大的影响。与日常经营活动相比，企业投资的主要特点表现在：

1. 属于企业的战略性决策

在国家战略层面，党的二十大报告首次系统阐述了"中国式现代化"内涵，提出高质量发展是全面建设社会主义现代化国家的首要任务，着重围绕经济、安全、科教及绿色发展等方面。这意味着，国家战略的重点关注和布局及主要的投资方向在于高质量行业（高端制造等）、国家安全（自主可控等）和扩内需（消费等）。报告中提到"坚持把发展经济的着力点放在实体经济上，推进新型工业化，加快建设制造强国、质量强国、航天强国、交通强国、网络强国、数字中国。"这些行业就是"高质量"行业，进一步分解主要体现在包含电力设备、新材料、航空航天、数控机床、机器人等高端制造领域及信创、通信及大数据行业；国家安全亦被提升到非常突出的位置，则意味着国家将投入大量资源于保障粮食、能源资源、重要产业链供应链安全等领域以及芯片、软件等技术卡脖子领域。

对于企业来说，企业投资包括生产经营所需的固定资产的购建、无形资产的获取等。这些投资活动，直接影响本企业未来的经营发展规模和方向，是企业简单再生产得以顺利进行并实现扩大再生产的前提条件。这些投资活动往往需要一次性地投入大量的资金，并在一段较长的时期内发生作用，对企业经营活动的方向产生重大影响，属于企业的战略性决策。

2. 属于企业的非程序化管理

企业有些经济活动是日常重复性进行的，如原材料的购买、人工的雇用、产品的生产制造、产成品的销售等，称为日常例行性活动。对这类重复性日常经营活动进行的管理，称为程序化管理。企业有些经济活动往往不会经常性地重复出现，如新产品开发、设备更新、企业兼并等，称为非例行性活动。对这类非重复性特定经济活动进行的管理，称为非程序化管理。企业的投资项目涉及资金数额较大、影响的时间较长、不会经常发生，所以属于企业的非程序化管理。

3. 投资价值的波动性大

投资项目的价值，是由投资标的物资产内在获利能力决定的。这些标的物资产的形态是不断转换的，未来收益的获得具有较强的不确定性，其价值也具有较强的波动性。同时，各种外部因素，如市场利率、物价等的变化，也时刻影响着投资标的物资产价值。因此，企业确定投资管理决策时，要充分考虑投资项目的货币时间价值和风险价值。企业投资项目的变现能力是不强的，因为其投放的标的物大多是机器设备等变现能力较差的长期资产，持有这些资产的目的也不是为了变现。因此，投资项目的价值也不易确定。

（四）投资的分类

1. 直接投资和间接投资

按照投资活动与企业本身生产经营活动的关系，可将投资分为直接投资和间接投资。直接投资是将资金直接投放于形成企业生产经营能力的实体性资产，直接谋取经营利润的企业投资。例如，购买为企业生产运营的生产线，新建企业厂房等。间接投资是将资金投放于股票、债券等权益性资产上的企业投资。间接投资是以股票、债券等间接的形式投资于被投资企业，而非直接投资于该企业的生产经营，投资者获取股票、债券的收益，分享被投资企业的利润。

2. 对内投资和对外投资

按投资活动资金投出的方向将投资分为对内投资和对外投资。对内投资是指把资金投向企业内部的投资，如购买和配置各种生产经营所需的经营性资产。除此之外，就是对外投资。对外投资是指向超出本企业范围以外的其他单位投资。一般而言，对内投资都是直接投资，而对外投资主要是间接投资，当对外股权投资对被投资单位达到控股时就成了直接投资。

3. 项目投资和证券投资

按投资对象的存在形态和性质，企业投资可以划分为项目投资和证券投资。

企业通过投资，购买具有实质内涵的经营资产，包括有形资产和无形资产，形成具体的生产经营能力，开展实质性的生产经营活动，谋取经营利润。这类投资，称为项目投资。项目投资的目的在于改善生产条件、扩大生产能力，以获取更多的经营利润。例如新产品开发或现有产品的规模扩张、设备或厂房的更新、研究与开发项目、勘探项目、企业建设劳动保护设施、购置污染控制装备等，都属于项目投资。项目投资属于直接投资。

企业通过投资，购买证券资产，通过证券资产所赋予的权利，间接控制被投资企业的生产经营活动，获取投资收益。这类投资，称为证券投资，即购买属于综合生产要素的权益性权利资产的企业投资。证券是一种金融资产，如债券、股票等投资都属于证券投资。证券投资的目的，在于通过持有权益性资产，获取投资收益或控制其他企业的财务或经营政策，并不直接从事具体生产经营过程。因此，证券投资属于间接投资。

直接投资与间接投资、项目投资与证券投资，两种投资分类方式的内涵和范围是一致的，只是分类角度不同。直接投资与间接投资强调的是投资的方式性，项目投资与证券投资强调的是投资的对象性。

4. 发展性投资和维持性投资

按投资活动对企业未来生产经营前景的影响，企业投资可以划分为发展性投资和维持性投资。发展性投资是指对企业未来的生产经营发展全局有重大影响的企业投资。发展性投资也可以称为战略性投资，如企业间兼（合）并的投资、转换新行业和开发新产品投资、大幅度扩大生产规模的投资等。发展性投资项目实施后，往往可以改变企业的经营方向和经营领域，或者明显地扩大企业的生产经营能力，或者实现企业的战略重组。

维持性投资是为了维持企业现有的生产经营正常顺利进行，不会改变企业未来生产经营发展全局的企业投资。维持性投资也可以称为战术性投资，如更新替换旧设备的投资、配套流动资金投资、生产技术革新的投资等。维持性投资项目所需要的资金不多，对企业生产经营的前景影响不大，投资风险相对也较小。

5. 独立投资和互斥投资

按投资项目之间的相互关联关系，企业投资可以划分为独立投资和互斥投资。

独立投资是相容性投资，各个投资项目之间互不关联、互不影响，可以同时并存。例如，建造一个饮料厂和建造一个纺织厂，它们之间并不冲突，可以同时进行。对于一个独立投资项目而言，其他投资项目是否被采纳，对本项目的决策并无显著影响。因此，独立投资项目决策考虑的是方案本身是否满足某种决策标准。

互斥投资是非相容性投资，各个投资项目之间相互关联、相互替代，不能同时并存。例如，对企业现有设备进行更新，购买新设备就必须处置旧设备，它们之间是互斥的。对于一个互斥投资项目而言，其他投资项目是否被采纳或放弃，直接影响本项目的决策，其他项目被采纳，本项目就不能被采纳。因此，互斥投资项目决策考虑的是各方案之间的排斥性，也许每个方案都是可行方案，但互斥决策需要从中选择最优方案。

二、项目投资程序

（一）提出项目投资的领域和对象

这是项目投资程序的起点，是以企业的长远发展战略、中长期投资计划和投资环境的变化为基础，同时在把握良好投资机会的前提下，由企业管理当局或企业高层管理人员提出，或者由企业的各级管理部门和相关部门领导提出。

（二）评价投资方案的可行性

在评价投资项目的环境、市场、技术和生产可行性的基础上，通过计算项目的有关现金流量指标以及项目的有关评估指标（如净现值、内含报酬率等），对项目投资的财务可行性做出总体评价。

（三）投资方案的比较与选择

在财务可行性评价的基础上，对可供选择的多个投资方案进行比较和选择。

（四）投资方案的执行

企业决策层通过投资项目后，就要积极地做好实施工作，具体步骤如下：首先，做好项目资金预算以及为投资方案筹集资金；其次，按照拟定的投资方案有计划、分步骤地实施投资项目；再次，要做好项目实施过程中的监督和控制，如质量控制、成本控制、进度监督等；最后，要做好项目的后续分析，如项目实施过程中实际现金流量与收益和预期的现金流量与收益进行对比，找出差异和原因并进一步改进。

（五）投资方案的再评价

在投资项目的执行过程中，应注意评价原来做出的投资决策是否合理正确。一旦出现新的情况，就要随时根据变化的情况做出新的评价。如果情况发生重大变化，原来的投资决策变得不合理，那么就要进行是否终止投资或怎样终止投资的决策，以避免更大的损失。

三、项目计算期的构成

项目计算期又称项目的经济寿命周期，是指投资项目从投资建设开始到最终清理结束的全部时间，即该项目的有效持续期间，包括建设期和生产经营期。

建设期是指从项目资金正式投入开始到项目建成投产为止所需要的时间。建设期的第一年年初为建设起点（一般记作第 0 年），建设期的最后一年年末即生产经营期的第 1 年年初为投产日。项目计算期的最后一年年末为终结点，并假设项目最终报废或清理发生在项目终结点。从投产日到终结点为项目的生产经营期。所以，项目计算期 = 建设期 + 生产经营期。具体关系如图 5-1 所示。

图 5-1　项目计算期的构成

第二节　项目投资现金流量的估算

一、现金流量的概念

在进行项目投资决策时，决策的主要依据是投资项目的现金流量。所谓现金流量，是指项目投资在项目计算期内各项现金流入和现金流出的统称。这里的"现金"指的是广义的现金，不仅包括各种货币资金，还包括项目投资所需投入的非货币资产的变现价值。该"现金"不是指过去的现金，而是指未来项目投资估计的现金。

在投资项目的评估中，企业往往通过预测未来的现金流量而非项目利润来分析，是因为利润是以收付实现制来确定的，并没有考虑资金的收付时间，也没有考虑货币时间价值，而采用现金流量则结合了项目的寿命周期考虑了资金收付时间和货币时间价值。而且，现金流量能够客观地反映投资项目的真实情况，所以在项目投资中应以现金流量作为项目分析评价的基础。

二、现金流量的分类

（一）按照现金流动的方向分类

1. 现金流入量

现金流入量是指投资项目实施后在项目计算期内所引起的企业现金流入的增加额，主要包括营业现金流入、固定资产残值收入和流动资金回收收入以及其他现金流入。

（1）营业现金流入是指项目投产后每年实现的全部营业收入，为简化核算，该收入假设全部为现金收入或每期发生的赊销金额与收回的应收账款相等。

（2）固定资产残值收入是指投资项目的固定资产在中途或终结时报废的变现收入。

（3）流动资金回收收入是指项目终结时收回期初垫支的各种营运资金。

（4）其他现金流入是指上述三种之外的现金流入。

2. 现金流出量

现金流出量是指投资项目实施后在项目计算期内所引起的企业现金流出的增加额，主要包括建设投资、垫支流动资金、付现成本、各项税费支出等。

（1）建设投资是建设期发生的主要现金流出量，主要包括固定资产投资、无形资产投资和开办费等各项投资。

（2）垫支流动资金是指投资项目建成投产后为开展正常经营活动而投放在流动资产（存货、应收账款等）上的营运资金。

（3）付现成本是指在经营期内为满足正常生产经营而需用现金支付的成本，是生产经营期内最主要的现金流出量。对应付现成本的另一个概念是非付现成本，是指企业在经营期不以现金支付的成本费用，一般包括固定资产折旧、无形资产摊销、开办费的摊销等。

（4）各项税费支出是指生产经营期内企业实际支付的流转税和所得税等。

（二）按照现金流动的时间分类

1. 初始现金流量

初始现金流量是指开始投资时发生的现金流量，一般包括：①长期资产上的投资，主要是固定资产的购置、运输、建造和安装等费用；②垫支的流动资金；③原有固定资产变价收入，指固定资产更新时，变卖原有固定资产所带来的现金流入。一般情况下，初始阶段中固定资产的原始投资通常在第1期期初一次性投入(如购买设备)，如果原始投资不是一次性投入(如工程建造)，则应把原始投资额归于不同投入年份之中。

2. 营业现金流量

营业现金流量是指投资项目投入使用后，在其寿命周期内由于生产经营所产生的现金流入和流出的数量，一般按年度进行计算。营业现金流入是指由营业收入所带来的现金流入；营业现金流出是指由付现的营业成本以及缴纳税费引起的现金流出。

3. 终结现金流量

终结现金流量是指投资项目完结时所发生的现金流量，主要包括：①固定资产的残值收入或变价收入（扣除所需上缴的税金等支出后的收入）；②固定资产的清理费用；③原来垫支营运资金的收回。为简化决策，本书中对于固定资产的残值变现收入，不考虑所得税因素。

三、现金净流量的计算

（一）现金净流量的含义

在项目投资决策中，现金流量通常指的是现金净流量（Net Cash Flow，NCF）。现金净流量也称净现金流量，是指投资项目在项目计算期内现金流入量扣除现金流出量后的净额，是项目投资决策评价指标的重要依据。当现金流入量大于现金流出量时，现金净流量为正值；当现金流入量小于现金流出量时，现金净流量为负值。

（二）现金净流量的计算

1. 初始现金净流量的计算

初始现金净流量一般为建设期时的现金净流量，包括固定资产投资、无形资产投资以及垫支营运资金等内容。由于在建设期一般很少有现金流入，所以建设期的现金净流量一般为负值，即

$$初始现金净流量 = -该年投资额$$

其中，年投资额包括长期资产的投资额、垫支的流动资金以及固定资产更新时的变价收入。

2. 营业现金净流量的计算

营业现金净流量是指投资项目投产后，在经营期内由于生产经营活动而产生的现金净流量。营业现金净流量的计算可用下列方法进行计算：

（1）直接法：

$$营业现金净流量 = 营业收入 - 付现成本 - 所得税$$

（2）间接法：

$$营业现金净流量 = 税后营业利润 + 非付现成本$$

公式推导如下：

$$营业现金净流量 = 营业收入 - 付现成本 - 所得税$$
$$= （营业收入 - 付现成本 - 非付现成本 - 所得税） + 非付现成本$$
$$= 税后营业利润 + 非付现成本$$

（3）分算法：

$$营业现金净流量 = （营业收入 - 付现成本） \times （1 - 所得税税率） + 非付现成本 \times 所得税税率$$

公式推导如下：

$$营业现金净流量 = 营业收入 - 付现成本 - 所得税$$
$$= 营业收入 - 付现成本 - 营业利润 \times 所得税税率$$
$$= 营业收入 - 付现成本 - （营业收入 - 付现成本 - 非付现成本） \times 所得税税率$$
$$= （营业收入 - 付现成本） \times （1 - 所得税税率） + 非付现成本 \times 所得税税率$$

以上三种方法的计算结果都是一样的，可以根据已知条件选择最简便的方法。其中分算法下的计算公式较为常用，因为它不需要计算投资项目带来的利润，就可以直接根据投资项目的营业收入、付现成本和非付现成本以及企业的所得税税率来进行计算。

3. 终结现金净流量的计算

终结现金净流量是指投资项目在项目计算期结束时所发生的现金净流量。

终结现金净流量 = 营业现金净流量 + 回收现金流量

其中，回收现金流量包括项目资产的残值回收收入净额和期初垫支营运资金的收回金额。

例5-1 A公司计划增添一条生产流水线，以扩充生产能力。现有甲、乙两个方案可供选择。甲方案需要投资1 000 000元，乙方案需要投资1 500 000元。两个方案的预计使用寿命均为5年，均采用直线法计提折旧，预计甲方案净残值为40 000元、乙方案净残值为60 000元。

甲方案预计年销售收入为2 000 000元，第一年付现成本为1 320 000元，以后在此基础上每年增加维修费20 000元。

乙方案预计年销售收入为2 800 000元，年付现成本为2 100 000元。

方案投入运营时，甲方案需垫支营运资金400 000元，乙方案需垫支营运资金500 000元。两方案适用所得税税率均为25%。

根据上述资料，测算甲、乙两方案的现金净流量。

甲方案营业现金流量见表5-1。

表5-1 甲方案营业现金流量表 （单位：元）

年 份	1	2	3	4	5
销售收入（1）	2 000 000	2 000 000	2 000 000	2 000 000	2 000 000
付现成本（2）	1 320 000	1 340 000	1 360 000	1 380 000	1 400 000
折旧（3）	192 000	192 000	192 000	192 000	192 000
营业利润 （4）=（1）-（2）-（3）	488 000	468 000	448 000	428 000	408 000
所得税 （5）=（4）×25%	122 000	117 000	112 000	107 000	102 000
税后营业利润 （6）=（4）-（5）	366 000	351 000	336 000	321 000	306 000
营业现金净流量 （7）=（3）+（6）	558 000	543 000	528 000	513 000	498 000

乙方案营业现金流量 = 税后营业利润 + 非付现成本

= （2 800 000-2 100 000-288 000）×（1-25%）+288 000

= 597 000（元）

其中，非付现成本 = （1 500 000-60 000）÷5=288 000（元）

或

乙方案营业现金流量 = （收入 - 付现成本）×（1- 所得税税率）+ 非付现成本 × 所得税税率

= （2 800 000-2 100 000）×（1-25%）+288 000×25%

= 597 000（元）

甲、乙两方案现金流量见表5-2。

表 5-2　甲、乙两方案现金流量表　　　　　　（单位：元）

年　　份	0	1	2	3	4	5
甲方案：						
固定资产投资	−1 000 000					
垫支营运资金	−400 000					
营业现金流量		558 000	543 000	528 000	513 000	498 000
固定资产残值						40 000
营运资金回收						400 000
现金流量合计	−1 400 000	558 000	543 000	528 000	513 000	938 000
乙方案：						
固定资产投资	−1 500 000					
营运资金垫支	−500 000					
营业现金流量		597 000	597 000	597 000	597 000	597 000
固定资产残值						60 000
营运资金回收						500 000
现金流量合计	−2 000 000	597 000	597 000	597 000	597 000	1 157 000

第三节　项目投资评价指标与应用

项目投资评价是评价投资方案是否可行，并从诸多可行的投资方案中选择最优投资方案的过程。项目投资评价指标是用于衡量、比较和判断项目投资方案是否可行的标准。项目投资评价指标非常丰富，主要按照是否考虑货币时间价值分为非贴现现金流量指标和贴现现金流量指标两大类。

非贴现现金流量指标也称为静态评价指标，它没有考虑货币时间价值因素，主要包括投资回收期、平均投资报酬率；贴现现金流量指标也称为动态评价指标，充分考虑和利用了货币时间价值，主要包括净现值、净现值率、获利指数和内含报酬率等。

一、非贴现现金流量指标

（一）投资回收期

投资回收期（Payback Period，PP）简称回收期，是指收回全部投资所需要的时间，一般以年为单位。在运用投资回收期作为方案的评价指标时，一般回收期越短，方案越有利。它的计算可分为两种情况。

1. 经营期年现金净流量相等

这种情况下，投资回收期的计算公式为

$$投资回收期 = \frac{原始投资额}{年现金净流量}$$

2. 经营期年现金净流量不相等

在计算投资回收期时，要计算各期累计的现金净流量，同原始投资额进行比较，确定回收期的大致区间，然后根据尚未回收的投资额加以确定。

例 5-2　顺达公司准备从 A、B 两种机床中选购一种，其购价均为 18 000 元，投入使用后，每年现金净流量见表 5-3。

表 5-3　A、B 机床的现金净流量　（单位：元）

年　份	0	1	2	3	4	5
A 机床现金净流量	-18 000	9 000	9 000	9 000	9 000	9 000
B 机床现金净流量	-18 000	8 000	9 000	10 000	12 000	12 000

用投资回收期指标决策该公司应选购哪种机床。

A 机床各年现金净流量相等，则

A 机床投资回收期 $=\dfrac{18\,000}{9\,000}=2$（年）

B 机床各年现金净流量不等，则先计算各年累计现金净流量，见表 5-4。

表 5-4　B 机床各年累计现金净流量　（单位：元）

年　份	现金流量	累计现金净流量
0	-18 000	-18 000
1	8 000	-10 000
2	9 000	-1 000
3	10 000	9 000
4	12 000	21 000
5	12 000	33 000

从表 5-4 可看出，B 机床的回收期在第 2 年和第 3 年之间，在第 2 年年末，还有 1 000 元尚未收回，而第 3 年的现金净流量为 10 000 元，则

B 机床投资回收期 $=2+\dfrac{1000}{10\,000}=2.1$（年）

计算结果表明，A 机床的回收期比 B 机床短，该公司应选择 A 机床。

投资回收期这一指标的优点是其概念容易理解，计算比较简单；缺点是该指标忽视了货币时间价值，也没有考虑多期现金流量中包含的风险，并且目标回收期的选择缺乏客观依据。另外，由于投资回收期对回收期后的现金流量不予考虑，故企业如果依据这一指标选择投资项目，很容易出现短期行为，因此通过投资回收期这一指标并不一定能够做出正确的决策。

虽然投资回收期这一指标在计算时没有考虑货币时间价值因素，但由于它强调流动性，强调尽快收回原始投资，因此被一些小企业或者流动性较差的企业所看重。另外，在预测某一项目的现金流量时，越是后面的现金流量风险越大，也越难以预测，而投资回收期不考虑超过目标回收期的现金流量，可在一定程度上控制风险，因此现实中也有不少企业将投资回收期作为决策的指标。

（二）平均投资报酬率

平均投资报酬率（Average Rate of Return，ARR）是指投资项目寿命周期内平均的年投资报酬率。其计算公式为

$$平均投资报酬率 = \frac{年均现金净流量}{原始投资额}$$

例 5-3　承例 5-2，计算 A 机床和 B 机床的平均投资报酬率。

A 机床的平均投资报酬率 $= \dfrac{9\,000}{18\,000} = 50\%$

B 机床的年均现金净流量 $= \dfrac{8\,000+9\,000+10\,000+12\,000+12\,000}{5} = 10\,200$（元）

B 机床的平均投资报酬率 $= \dfrac{10\,200}{18\,000} = 56.67\%$

在采用平均投资报酬率这一指标进行决策时，如果该项目投资方案的平均投资报酬率高于企业所要求的最低报酬率，则该方案是可行的；反之，则该方案不可行。在多个可行投资方案同时存在的情况下，应当选择平均投资报酬率高的方案。

平均投资报酬率与投资回收期类似，其概念易于理解，计算也比较简便，相比投资回收期而言，平均投资报酬率考虑了投资项目整个寿命周期内的现金流量，但是也没有考虑货币时间价值，也没有考虑现金流量发生的时间。

二、贴现现金流量指标

（一）净现值

净现值（Net Present Value，NPV）是指一个投资项目各期发生的现金净流量的现值之和。其计算公式为

$$NPV = \sum_{0}^{n} \frac{NCF_t}{(1+i)^t} = \sum_{0}^{n} NCF_t \times (P/F,\ i,\ t)$$

式中　n——投资项目的经济寿命周期；

　　NCF_t——第 t 年的现金净流量；

　　　i——贴现率（资本成本率或企业要求的必要报酬率）；

$(P/F,\ i,\ t)$——复利现值系数。

由于投资项目的原始投资往往为现金流出，即为负现金流量，所以净现值计算公式还有另外一种形式：

$$净现值 = 未来现金净流量现值 - 初始投资额现值$$

当企业运用净现值指标进行决策时，如果净现值为正或零，说明方案的实际投资报酬率高于或等于所要求的必要报酬率，则方案可行；如果净现值为负，说明方案的实际投资报酬率低于所要求的必要报酬率，则方案不可行。

例 5-4　承例 5-2，假设资本成本率为 10%，计算 A 机床和 B 机床的净现值。

A 机床每年的 NCF 相等，可将其视为年金性质的款项，利用年金现值公式来计算其净现值：

$$NPV_A = -18\,000 + 9\,000 \times (P/A, 10\%, 5)$$
$$= -18\,000 + 9\,000 \times 3.790\,8$$
$$= 16\,117.2\,(\text{元})$$

B 机床每年的 NCF 不相等，其净现值的计算如下：

$$NPV_B = -18\,000 + 8\,000 \times (P/F, 10\%, 1) + 9\,000 \times (P/F, 10\%, 2) + 10\,000 \times (P/F, 10\%, 3) +$$
$$12\,000 \times (P/F, 10\%, 4) + 12\,000 \times (P/F, 10\%, 5)$$
$$= -18\,000 + 8\,000 \times 0.909\,1 + 9\,000 \times 0.826\,4 + 10\,000 \times 0.751\,3 +$$
$$12\,000 \times 0.683\,0 + 12\,000 \times 0.620\,9$$
$$= 19\,870.2\,(\text{元})$$

经上述计算，A、B 机床的净现值均为正数，说明这两个方案的投资报酬率均超过了企业所要求的必要报酬率，即这两个方案都是可行的。但是 B 机床的净现值大于 A 机床的净现值，所以应当选择购买 B 机床。

在实务中，要求得某一项目的净现值，可以使用 Excel 中的 "NPV" 函数进行直接计算以便决策。

净现值考虑了货币时间价值，并且能够真实反映各投资方案的净收益，但它作为一个绝对值指标，不便于比较不同规模的投资方案的获利程度，不能揭示各投资方案的实际报酬率。

运用 "NPV" 函数确定净现值

（二）净现值率与获利指数

净现值率（Net Present Value Rate, NPVR）是指投资项目的净现值与原始投资额现值的比率，可以理解为每一单位原始投资所创造的净现值。其计算公式为

$$NPVR = \frac{NPV}{C}$$

式中，C 为原始投资额。

例 5-5　承例 5-4，计算 A 机床和 B 机床的净现值率。

$$NPVR_A = \frac{16\,117.2}{18\,000} = 0.895\,4$$

$$NPVR_B = \frac{19\,870.2}{18\,000} = 1.103\,9$$

获利指数（Profitability Index, PI）亦称现值指数，是指项目投产后按一定贴现率计算的在经营期内各年现金净流量的现值合计与原始投资额的比率。其计算公式为

$$PI = \frac{\sum_{1}^{n} \dfrac{NCF_t}{(1+i)^t}}{C} = \frac{\sum_{1}^{n} NCF_t \times (P/F,\ i,\ t)}{C} = \frac{NPV + C}{C} = 1 + NPVR$$

如果投资期超过 1 年，则 C 应为各年投资额的现值之和，同时，t 的开始年份可能不再是 1，而是投资项目开始投入使用的年份。

例 5-6　承例 5-5，计算 A 机床和 B 机床的获利指数。

$$PI_A = \frac{16\,117.2 + 18\,000}{18\,000} = 1.895\,4$$

$$PI_B = \frac{19\,870.2 + 18\,000}{18\,000} = 2.103\,9$$

在净现值（NPV）、净现值率（NPVR）和获利指数（PI）这三个指标中，净现值（NPV）为绝对值指标，净现值率（NPVR）和获利指数（PI）为相对数指标。它们之间是相互联系的。

如果净现值（NPV）>0，则净现值率（NPVR）>0，获利指数（PI）>1，表明项目的报酬率高于贴现率，存在额外收益。

如果净现值（NPV）=0，则净现值率（NPVR）=0，获利指数（PI）=1，表明项目的报酬率等于贴现率，收益刚好能够弥补资本成本。

如果净现值（NPV）<0，则净现值率（NPVR）<0，获利指数（PI）<1，表明项目的报酬率小于贴现率，收益不能够弥补资本成本。

所以，对于单一项目来说，净现值（NPV）≥0，净现值率（NPVR）≥0，获利指数（PI）≥1，此时项目可行；当有多个投资项目可供选择时，由于投资规模不同的项目不能用净现值（NPV）直接进行比较，但净现值率（NPVR）或获利指数（PI）越大，该项目的投资报酬水平就越高，所以应采用净现值率（NPVR）≥0或获利指数（PI）≥1的方案中的最大者。

针对例5-5、例5-6，计算结果表明$NPVR_A$、$NPVR_B$均大于0，且$NPV_B > NPV_A$；同时PI_A、PI_B均大于1，且$PI_B > PI_A$，均说明应当选购机床B。

（三）内含报酬率

内含报酬率（Internal Rate of Return，IRR）又称内部收益率，是指使未来现金流入现值等于未来现金流出现值的贴现率，或者说是使投资项目净现值等于零时的贴现率。内含报酬率真实地反映了投资项目的实际收益率。内含报酬率应满足下列等式：

$$NPV = \sum_{0}^{n} \frac{NCF_t}{(1 + IRR)^t} = 0$$

或

$$NPV = \sum_{0}^{n} NCF_t \times (P/F, \ IRR, \ t) = 0$$

其中，计算得出的贴现率IRR即为内含报酬率。

内含报酬率的计算步骤：

（1）每年的NCF相等时，按下列步骤计算：

第一步，计算年金现值系数。

第二步，查年金现值系数表，在相同的期数内，找出与上述年金现值系数相邻近的较大和较小的两个折现率。

第三步，根据上述两个邻近的折现率和已求得的年金现值系数，运用插值法计算出该投资方案的内含报酬率。

（2）如果每年的NCF不相等，则需要按下列步骤计算：

第一步，先预估一个折现率，并按此折现率计算净现值。如果计算出的净现值为正数，则表示预估的折现率小于该项目的实际内含报酬率，应提高折现率，再进行测算；如果计算出的净现值为负数，则表明预估的折现率大于该方案的实际内含报酬率，应降低折现率，再进行测算。经过如此反复测算，找到净现值由正到负并且比较接近于零的两个折现率。

第二步，根据上述两个邻近的折现率，运用插值法，计算出方案的实际内含报酬率。

例5-7 承例5-2，计算A机床和B机床的内含报酬率。

A机床：

由于A机床的各年现金净流量相等，均为9 000元，所以可以利用年金现值系数的公式来计算。

令NPVA=0，即9 000×（P/A，IRR，5）−18 000=0

则（P/A，IRR，5）=2。

查找年金现值系数表可知，A机床的内含报酬率在40%和50%之间，见表5-5。

表5-5 插值法确定A机床的内含报酬率

贴 现 率	年金现值系数
40%	2.035 2
IRR_A	2
50%	1.736 6

根据表5-5，可以得出

$$\frac{IRR_A - 40\%}{50\% - 40\%} = \frac{2 - 2.035\,2}{1.736\,6 - 2.035\,2}$$

经计算，IRRA=41.18%。

B机床：

由于B机床的各年现金净流量不相等，因此要逐步测试，测算结果见表5-6。

表5-6 插值法确定B机床的内含报酬率测试表

年 份	0	1	2	3	4	5	净现值
现金净流量	−18 000	8 000	9 000	10 000	12 000	12 000	
复利现值系数（P/F，40%，t）	1	0.714 3	0.510 2	0.364 4	0.260 3	0.185 9	
现 值	−18 000	5 714	4 592	3 644	3 124	2 231	1 305
复利现值系数（P/F，50%，t）	1	0.666 7	0.444 4	0.296 3	0.197 5	0.131 7	
现 值	−18 000	5 334	4 000	2 963	2 370	1 580	−1 753

用插值法确定B机床的内含报酬率，见表5-7。

表5-7 插值法确定B机床的内含报酬率

贴 现 率	净 现 值
40%	1 305
IRR_B	0
50%	−1 753

根据表5-7，可以得出

$$\frac{IRR_B - 40\%}{50\% - 40\%} = \frac{0 - 1\,305}{-1\,753 - 1\,305}$$

经计算，IRR_B=44.27%。

在根据内含报酬率做出决策时，如果一个备选方案的内含报酬率高于企业资本成本率或必要报酬率，该方案可行；反之，不可行。在多个互斥备选方案中，应在内含报酬率超过企业资本成本率或必要报酬率的项目中选择内含报酬率最高的方案。

例5-7中，假设企业的资本成本率为10%，则A机床和B机床都可行，但由于二者是互斥方案，因此应该选择购买内含报酬率较高的B机床这一方案。

在根据内含报酬率这一指标做出经济决策时，考虑了货币时间价值，反映了投资项目的真实报酬率，但这种方法的计算过程比较复杂，一般要经过多次测算才能求得。

在实务中，要求得某一项目的内含报酬率，可以使用Excel中的"IRR"函数直接进行计算以便决策。

运用"IRR"函数确定内含报酬率

三、项目投资决策

（一）独立投资方案决策

独立投资方案是指两个或两个以上项目互不依赖，可以同时并存的方案，各方案的决策也是独立的。如果只有一个投资方案可供选择，只需评价其财务是否可行。在各种评价指标中，净现值、净现值率、获利指数和内含报酬率为主要评价指标，投资回收期、平均投资报酬率为辅助指标。根据这些指标在投资项目中的不同表现，可以对项目的可行性做出如下判断：

如果某一投资项目的评价指标同时满足：NPV ≥ 0，NPVR ≥ 0，PI ≥ 1，IRR ≥ i（i为资本成本率），投资回收期≤标准投资回收期，ARR ≥基准报酬率等条件时，项目具有财务可行性；反之，则不具有财务可行性。其中非贴现指标作为辅助指标评价投资项目，如果辅助指标与主要指标（一般是指贴现投资指标）发生冲突，应当以主要指标为决策依据。如果有多个独立方案可供选择，一般选择内含报酬率高的方案。

例5-8 承例5-1，假设该公司只有甲方案可供选择，必要报酬率为15%，评价甲方案的财务可行性。甲方案现金流量表见表5-8。

表5-8 甲方案现金流量表 （单位：元）

年份	0	1	2	3	4	5
现金流量合计	-1 400 000	558 000	543 000	528 000	513 000	938 000

净现值求解见表5-9。

表5-9 甲方案净现值测算表 （单位：元）

年份	0	1	2	3	4	5
现金流量合计	-1 400 000	558 000	543 000	528 000	513 000	938 000
现值系数（P/F,15%,t)	1	0.869 6	0.756 1	0.657 5	0.571 8	0.497 2
现值	-1 400 000	485 236.8	410 562.3	347 160	293 333.4	466 373.6
净现值	602 666.1					

$$NPVR = \frac{602\,666.1}{1\,400\,000} = 43.05\%$$

PI=1+43.05%=1.430 5

利用内插法逐步测算内含报酬率，见表 5-10 和表 5-11。

表 5-10 内插法确定甲方案的内含报酬率测试表

年 份	0	1	2	3	4	5	净现值
现金流量	−1 400 000	558 000	543 000	528 000	513 000	938 000	
现值系数 (P/F, 30%, t)	1	0.769 2	0.591 7	0.455 2	0.350 1	0.269 3	
现 值	−1 400 000	429 213.6	321 293.1	240 345.6	179 601.3	252 603.4	23 057
现值系数 (P/F, 35%, t)	1	0.740 7	0.548 7	0.406 4	0.301 1	0.223 0	
现 值	−1 400 000	413 310.6	297 944.1	214 579.2	154 464.3	209 174	−110 527.8

表 5-11 内插法确定甲方案的内含报酬率

贴 现 率	净 现 值
30%	23 057
IRR	0
35%	−110 527.8

根据表 5-11，可以得出

$$\frac{IRR - 30\%}{35\% - 30\%} = \frac{0 - 23\,057}{-110\,527.8 - 23\,057}$$

计算得出 IRR=30.86%。

因为甲方案的 NPV ≥ 0，NPVR ≥ 0，PI ≥ 1，IRR ≥ 15%，所以该方案具备财务可行性。

（二）互斥投资方案决策

互斥投资方案是多个相互排斥、不能同时实施的投资方案。互斥投资方案决策过程就是在每一个入选方案已具备财务可行性的前提下，利用具体决策方法比较各个方案的优劣，利用评价指标从各个备选方案中最终选出一个最优方案的过程。由于各个备选方案的原始投资额、项目计算期可能不一致，因而要采取不同方法做出决策。

1. 原始投资额相同且项目计算期相等

可采用净现值法或内含报酬率法来比较多个互斥投资方案，选择净现值较大或内含报酬率较高的方案作为最优方案。

2. 原始投资额不相同但项目计算期相等

可采用差额法来进行决策。差额法是指在两个原始投资额不同方案的差量现金净流量（记作 ∆NCF）的基础上，计算出差量净现值（记作 ∆NPV）或差额内含报酬率（记作 ∆IRR），并据以判断方案优劣的方法。在此方法下，一般以原始投资额大的方案减投资额小的方案，当 ∆NPV ≥ 0，∆IRR ≥ i 时，原始投资额大的方案较优；反之，则原始投资额小的方案为优。

例 5-9 承例 5-1，假设 A 公司的必要报酬率为 15%，采用差额法评价 A 公司应使用哪种方案。

根据表 5-2，可以求出差量现金净流量 ΔNCF 和差量净现值 ΔNPV，见表 5-12。

表 5-12　差量现金净流量和差量净现值计算表　　　　（单位：元）

年　份	0	1	2	3	4	5
NCF$_甲$	−1 400 000	558 000	543 000	528 000	513 000	938 000
NCF$_乙$	−2 000 000	597 000	597 000	597 000	597 000	1 157 000
ΔNCF（NCF$_乙$−NCF$_甲$）	−600 000	39 000	54 000	69 000	84 000	219 000
现值系数（P/F, 15%, t）	1	0.869 6	0.756 1	0.657 5	0.571 8	0.497 2
现　值	−600 000	33 914.4	40 829.4	45 367.5	48 031.2	108 886.8
ΔNPV	−322 970.7					

因为 ΔNPV<0，即乙方案与甲方案的差额现金净流量的现值小于 0，甲方案优于乙方案，所以应当选择甲方案。

3. 原始投资额不相同，项目计算期也不相等

当互斥投资方案的原始投资额和项目计算期均不相等时，可采用年金净流量法。年金净流量法是把投资项目在寿命期内总的净现值转换为每年的平均净现值，通过比较所有投资方案的年金净流量（ANCF）指标的大小来选择最优方案的决策方法。在此方法下，年金净流量最大的方案为优。

年金净流量的计算公式为

$$\text{ANCF} = \frac{\text{NPV}}{(P/A,\ i,\ n)}$$

例 5-10　A 公司拟投资兴建一条生产线，现有两个方案可供选择：

甲方案：原始投资额为 200 万元，预计使用寿命为 5 年，净现值为 120 万元。

乙方案：原始投资额为 150 万元，预计使用寿命为 6 年，净现值为 130 万元。

两个方案的原始投资在建设期一次投入，并于投资当年投入生产运营。企业的资本成本率为 10%。

要求做出经济决策，A 公司应当选择哪种方案？

甲方案和乙方案的净现值均大于零，故这两种方案均具备财务可行性。由于两种方案原始投资额和项目计算期均不同，故应采用年均净现值法进行决策。

$$\text{ANCF}_甲 = \frac{120}{(P/A,10\%,5)} = \frac{120}{3.790\ 8} = 31.66(万元)$$

$$\text{ANCF}_乙 = \frac{130}{(P/A,10\%,6)} = \frac{130}{4.355\ 3} = 29.85(万元)$$

由于甲方案的年金净流量高于乙方案的年金净流量，故应选择甲方案。

第四节　证券投资管理

一、证券投资的含义与目的

（一）证券投资的含义

证券资产是企业进行金融投资所形成的资产。证券投资不同于项目投资，项目投资的对象是实体性经营资产，经营资产是直接为企业生产经营服务的资产，如固定资产、无形资产等，它们往往是一种服务能力递减的消耗性资产。证券投资的对象是金融资产。金融资产是一种以凭证、票据或者合同、合约形式存在的权利性资产，如股票、债券及其衍生证券等，本书主要介绍债券投资和股票投资。通过证券投资，不仅可以获得投资收益，还能够在一定程度上分散风险。随着我国资本市场的不断壮大，企业证券投资的选择余地也越来越大。但尽管企业可投资的证券品种比较多元化，但比较成熟的证券投资依然是债券和股票。我国资本市场有庞大的中小投资者群体，中小投资者的理性参与，是维护市场稳定、激发市场活力的重要基础。

（二）证券投资的目的

1. 分散资金投向，降低投资风险

投资分散化，即将资金投资于多个相关程度较低的项目，实行多元化经营，能够有效地分散投资风险。当某个项目经营不景气而利润下降甚至导致亏损时，其他项目可能会获取较高的收益。将企业的资金分成内部经营投资和对外证券投资两个部分，实现了企业投资的多元化。而且，与内部经营投资相比，对外证券投资不受地域和经营范围的限制，投资选择面非常广，投资资金的退出和收回也比较容易，是多元化投资的主要方式。

2. 利用闲置资金，增加企业收益

企业在生产经营过程中，由于各种原因有时会出现资金闲置、现金结余较多的情况。这些闲置的资金可以投资于股票、债券等有价证券，谋取投资收益，这些投资收益主要表现在股利收入、债息收入、证券买卖差价等方面。同时，有时企业资金的闲置是暂时性的，可以投资于在资本市场上流通性和变现能力较强的有价证券，这类证券能够随时变卖，收回资金。

3. 稳定客户关系，保障生产经营

企业生产经营环节中，供应和销售是企业与市场相联系的重要通道。没有稳定的原材料供应来源，没有稳定的销售客户，都会使企业的生产经营中断。为了保持与供销客户良好而稳定的业务关系，可以对业务关系链中的供销企业进行投资，购买其债券或股票。这样，能够通过债权或股权对关联企业的生产经营施加影响或控制，保障本企业的生产经营顺利进行。

4. 提高资产的流动性，增强偿债能力

资产流动性强弱是影响企业财务安全性的主要因素。除现金等货币资产外，有价证券投资是企业流动性最强的资产，也是企业速动资产的主要构成部分。在企业需要支付大量现金，而现有现金储备又不够充足时，可以通过变卖有价证券迅速取得大量现金，以保证企业的及时支付。

二、债券投资

债券投资是企业对外进行间接投资的主要方式之一，是指企业通过证券市场购买各种债券（如国库券、金融债券、公司债券等）以取得收益的投资行为。

（一）债券的要素

债券是依照法定程序发行的约定在一定期限内还本付息的有价证券，它反映证券发行者与持有者之间的债权债务关系。债券一般包含以下几个基本要素：

1. 债券面值

债券面值是指债券设定的票面金额，它代表发行人借入并且承诺于未来某一特定日偿付债券持有人的金额，债券面值包括两方面的内容：①票面币种，即以何种货币作为债券的计量单位。一般而言，在国内发行的债券，发行的对象是国内有关经济主体，则选择本国货币，若在国外发行，则选择发行地国家或地区的货币或国际通用货币（如美元、欧元）作为债券的币种。②票面金额。票面金额对债券的发行成本、发行数量和持有者的分布具有影响，票面金额小，有利于小额投资者购买，从而有利于债券发行，但发行费用可能增加；票面金额大，会降低发行成本，但可能减少发行量。

2. 债券票面利率

债券票面利率是指债券发行者预计一年内向持有者支付的利息占票面金额的比率。票面利率不同于实际利率，实际利率是指按复利计算的一年期的利率，债券的计息和付息方式有多种，可能使用单利或复利计算，利息支付可能半年一次、一年一次或到期一次还本付息，这使得票面利率可能与实际利率存在差异。

3. 债券到期日

债券到期日是指偿还债券本金的日期，债券一般都有规定到期日，以便到期时归还本金。

（二）债券的价值

债券的价值是指将未来在债券投资上收取的利息和收回的本金折为现值的金额。债券的价值也称为债券的理论价格，只有债券价值大于其购买价格时，该债券才值得投资。影响债券价值的因素主要有债券的面值、期限、票面利率和所采用的贴现率等因素。

1. 债券估价基本模型

典型的债券类型，是有固定的票面利率、每期支付利息、到期归还本金的债券，这种债券模式下债券价值计量的基本模型为

$$V_b = B_0 \times i_0 \times (P/A,\ i,\ n) + B_0 \times (P/F,\ i,\ n)$$

式中　V_b——债券价值；

　　　B_0——债券的面值（债券到期的本金）；

　　　i_0——债券的票面利率；

　　　i——债券的市场利率或实际利率。

例5-11　某面值为1 000元的债券，债券票面利率为10%，期限为5年，每年年末付息一次。A公司准备对该债券进行投资，当前市场利率为12%，试问该债券价格不高于多少时A公司才愿意进行投资？

$$V_b = 1\,000 \times 10\% \times (P/A, 12\%, 5) + 1\,000 \times (P/F, 12\%, 5)$$
$$= 100 \times 3.604\,8 + 1\,000 \times 0.567\,4$$
$$= 927.88（元）$$

即当该债券价格不高于927.88元时，A公司才愿意进行投资。

2．一次还本付息的债券估价模型

在我国的融资实践中，许多债券都属于债券到期后一次还本付息的债券，这种债券不计复利，其估价计算公式为

$$V_b = (B_0 + B_0 \times i_0 \times n) \times (P/F, \ i, \ n)$$

例5-12　某面值为1 000元的债券，债券票面利率为10%，期限为5年，不计复利，到期一次还本付息。A公司准备对该债券进行投资，当前市场利率为12%，试问该债券价格不高于多少时A公司才愿意进行投资？

$$V_b = (1\,000 + 1\,000 \times 10\% \times 5) \times (P/F, 12\%, 5)$$
$$= 1\,500 \times 0.567\,4$$
$$= 851.10（元）$$

即当该债券价格不高于851.10元时，A公司才愿意进行投资。

（三）债券投资的优缺点

1．债券投资的优点

（1）本金安全性高。与股票投资相比，债券投资风险比较小。政府发行的债券有国家财力作后盾，其本金的安全性非常高，通常被视为无风险证券。公司债券的持有者拥有优先求偿权，即当企业破产时，优先于股东分得企业资产，因此，其本金损失的可能性小。

（2）收入稳定性强。债券票面一般都标有固定利率，债券的发行人有按时支付利息的法定义务。因此，在正常情况下，投资于债券都能获得比较稳定的收入。

（3）市场流动性好。许多债券都具有较好的流动性。政府及大企业发行的债券一般都可在金融市场上迅速出售，流动性很好，债券的变现能力优于股票。

2．债券投资的缺点

（1）购买力风险较大。债券的面值和利率在发行时就已确定，如果投资期间的通货膨胀率比较高，则本金和利息的购买力将不同程度地受到侵蚀。在通货膨胀率比较高时，债券本金和利息收入的购买力就会下降，此时投资者虽然名义上有收益，但实际上却可能有损失。

（2）无经营管理权。债券投资者是债权人，其资金投资于债券只是获得收益的一种手段，只能定期从债券发行方取得利息，无权对债券发行方施以影响和控制，没有管理权和控制权。

当前，我国交易所债券市场创新产品不断涌现，市场交投活跃，对外开放程度也在稳步提升。但债券市场主要是机构投资者参与的市场，个人投资者参与债券市场，在信息处理、交易成本、风险承受力等方面处于劣势，因此要审慎投资，采取合适的方式或策略进行投资。

三、股票投资

股票投资是指企业作为所有者通过购买其他公司发行的股票，以获得投资收益或者控制其他公司的投资行为。股票投资属于权益性投资，企业进行股票投资一般有控制发行公司、降低企业自身经营风险以及获得投资收益等目的。

（一）股票价值估价

1. 短期持有、未来准备出售的股票估价模型

如果投资者投资股票只是为了短期持有，打算在未来将股票出售，那么该股票价值的计算与分期付息、到期还本的债券价值估价类似，其计算公式为

$$V_S = \sum_{t=1}^{n} D_t \times (P/F,\ i,\ t) + P_n \times (P/F,\ i,\ n)$$

式中　V_S——股票价值；

　　　D_t——第 t 期的预期股利；

　　　i——市场利率（或投资者要求的投资收益率）；

　　　P_n——未来出售时预计的股票价格；

　　　n——预计持有股票的期数。

例 5-13　A 公司打算购买甲公司发行的股票，预计 4 年后出售可获得收入 2 500 元，该批股票在 4 年中每年可获得股利收入 150 元，该股票的预计收益率为 16%。那么该股票的价格为多少时才值得购买？

根据股票估价一般模型，

$$V_S = \sum_{t=1}^{4} 150 \times (P/F,16\%,t) + 2\,500 \times (P/F,16\%,4)$$
$$= 150 \times (P/A,16\%,4) + 2\,500 \times (P/F,16\%,4)$$
$$= 150 \times 2.798\,2 + 2\,500 \times 0.552\,3$$
$$= 1\,800.48\,(\text{元})$$

即该股票的价格不高于 1 800.48 元时才值得购买。

2. 长期持有、股利固定不变的股票估价模型

如果投资者打算长期持有某种股票，则该股票每年股利稳定不变，此时这种股票投资行为引起的未来现金流量可视为永续年金，用永续年金现值的计算公式可计算出股票的价值，即

$$V_S = \frac{D}{i}$$

式中　D——每年的固定股利

例 5-14　A 公司打算购买甲公司发行的优先股，该股票面值为 100 元，票面股息率为 8%，投资者要求的收益率为 10%。那么该优先股的价格为多少时才值得购买？

$$V_S = \frac{100 \times 8\%}{10\%} = 80\,(\text{元})$$

即该优先股的价格不高于 80 元时才值得购买。

3．长期持有、股利固定增长的股票估价模型

如果投资者打算长期持有某种股票，并且股票发行公司采取的是固定股利增长政策，则该类股票的价值计算公式为

$$V_S = \frac{D_0 \times (1 + g)}{i - g} = \frac{D_1}{i - g}$$

式中　D_0——上一年股利；

　　　g——股利增长率；

　　　D_1——预计本年的股利。

例 5-15　A 公司打算投资乙公司的股票，乙公司上一年每股股利为 2 元，预计股利每年以 2% 的速度增长，投资者要求的收益率为 8%。那么该股票的价格为多少时才值得购买？

$$V_S = \frac{2 \times (1 + 2\%)}{8\% - 2\%} = 34 \, (元)$$

即该股票的价格不高于 34 元时才值得购买。

（二）股票投资的优缺点

1．股票投资的优点

（1）投资收益高。普通股的价格虽然变动频繁，投资的风险比较高，但从长期看，优质股票的价格总是上涨的居多，只要选择得当，就能获得较高的投资收益。

（2）购买力风险低。普通股的股利不固定，在通货膨胀率比较高时，由于物价普遍上涨，股份公司盈利增加，股利的支付也随之增加，因此，与利率固定的证券相比，普通股能有效地降低购买力风险。

（3）拥有公司的控制权。普通股股票的投资者属于被投资企业的股东，当持有被投资企业一定数量以上的股票时，可以拥有该企业的控制权，参与其经营决策。

2．股票投资的缺点

（1）收益不稳定。普通股股利的分配与否、分配的多少与被投资企业的经营状况密切相关，且取决于被投资企业制定的股利分配政策，收益不能够得到法律上的保证。

（2）价格不稳定。股票的价格受众多因素的影响，如政治因素、经济因素、投资人心理因素、企业的盈利情况、风险情况，都会影响股票价格，使得股票价格波动性极大。

（3）求偿权居后。股票投资者的求偿权位于债券投资者之后，一旦企业破产，股票投资者就难以收回投资。

只要踏入证券市场，购买了上市公司股票，就成了证券市场中的一名投资者，也是这家上市公司的股东。作为投资者享有一定的权利，这些权利一定程度上保障了投资者的权益，但是"投资有风险，入市需谨慎"，投资者要运用好法律赋予股东的知情权，明规则、识风险，正确看待风险与收益之间的关系，增强守法意识和风险防范意识，避免追求单纯的低风险或"一夜暴富"的高收益。投资者在进行股票投资时，应当仔细查阅公司披露公告，密切关注诸如"暂停上市风险提示公告"之类的高风险公告，基于自身风险承受能力及对公司股价的合理判断做出投资决策。

本章小结

企业投资就是指企业为获取未来长期收益而向一定对象投放资金的经济行为。企业投资的意义在于投资是企业运营和发展的基本前提，也是企业获取利润的基本前提，亦是企业风险控制的重要手段。企业投资具战略性、非程序化管理、价值的波动性大等特点。企业投资按照不同的标准可以分为直接投资和间接投资、对内投资与对外投资、项目投资与证券投资、维持性投资与发展性投资以及独立投资与互斥投资等。企业进行项目投资决策时，一般经过"提出项目投资的领域和对象——评价投资方案的可行性——投资方案的比较与选择——投资方案的执行——投资方案的再评价"这一流程。

在进行项目投资决策时，决策的主要依据是投资项目的现金流量。按照现金流动的方向可以将现金流量划分为现金流入量和现金流出量。现金流入量包括营业现金流入、固定资产残值收入和流动资金回收收入，现金流出量则包括建设投资、垫支流动资金、付现成本以及各项税费支出。在项目投资决策中，现金流量通常指现金净流量。现金净流量也称净现金流量，是指投资项目在项目计算期内现金流入量扣除现金流出量后的净额，是项目投资决策评价指标的重要依据。当现金流入量大于现金流出量时，现金净流量为正值；当现金流入量小于现金流出量时，现金净流量为负值。

项目投资评价是评价投资方案是否可行，并从诸多可行的投资方案中选择最优投资方案的过程。进行项目投资决策需要应用项目投资决策评价指标。项目投资决策评价指标包括非贴现现金流量指标和贴现现金流量指标。前者亦称静态评价指标，它没有考虑货币时间价值因素，主要包括投资回收期、平均投资报酬率；后者亦称动态评价指标，充分考虑和利用了货币时间价值，主要包括净现值、净现值率、获利指数和内含报酬率等。如果对单一独立投资方案是否可行做出决策，则净现值、净现值率、获利指数和内含报酬率均可作为主要评价指标，投资回收期、平均投资报酬率可作为辅助指标。如果辅助指标与主要指标（一般是指贴现投资指标）发生冲突，应当以主要指标为决策依据。如果有多个独立方案可供选择，一般选择内含报酬率高的方案。但如果针对互斥投资方案进行决策，则需考虑各方案的原始投资额及项目计算期是否相同，应用以上指标采用一定的计算方法进行决策。

与项目投资对应的是证券投资。证券投资不同于项目投资，项目投资的对象是实体性经营资产，证券投资的对象是金融资产。金融资产是一种以凭证、票据或者合同、合约形式存在的权利性资产。证券投资的目的有：①分散资金投向，降低投资风险；②利用闲置资金，增加企业收益；③稳定客户关系，保障生产经营；④提高资产的流动性，增强偿债能力。最典型的证券投资是债券投资和股票投资。企业财务管理人员可以通过计算债券和股票的价值做出相应的证券投资决策。

同步测试

一、单项选择题

1. 企业购置生产设备、新建工厂等所进行的投资是指（　　）。
   - A. 项目投资
   - B. 金融投资
   - C. 资本投资
   - D. 证券投资

2. 通过净现值判别项目是否可行的标准是（　　）。
   - A. NPV>0
   - B. NPV=0
   - C. NPV<0
   - D. NPV $\leqslant$ 0

3. 下列不属于动态评价指标的是（　　）。
   - A. 净现值
   - B. 净现值率
   - C. 投资回收期
   - D. 获利指数

4. 企业对外投资的目的除了获得收益，还可能是（　　）。
   - A. 获得货币资金
   - B. 达到以小控大、分散风险的作用
   - C. 获得投资资金
   - D. 保证资金正常周转

5. 金融投资是在资本市场上进行的，所以金融投资也称为（　　）。
   - A. 资本投资
   - B. 长期投资
   - C. 资本市场投资
   - D. 有价证券投资

6. 付现成本可以用全部成本费用减去（　　）来估计。
   - A. 现金
   - B. 折旧
   - C. 利润
   - D. 利息

7. 投资回收期是指回收（　　）所需的全部时间。
   - A. 建设投资
   - B. 初始投资额
   - C. 固定资产原值
   - D. 投资总额

8. 项目投资决策中采用净现值法的优点是考虑了（　　）。
   - A. 货币时间价值
   - B. 初始投资额
   - C. 现金的净流入量
   - D. 现值

9. 投资者所承担的风险越小，方案越有利，投资回收年限越（　　）。
   - A. 接近回收期
   - B. 长
   - C. 容易计算
   - D. 短

10. 在长期投资决策中，一般属于经营期现金流出项目的有（　　）。
    - A. 经营成本
    - B. 开办费投资
    - C. 固定资产投资
    - D. 无形资产投资

二、多项选择题

1. 企业投资的特点包括（　　）。
   - A. 投入的资金量大
   - B. 投资决策风险大
   - C. 对企业的影响时间长
   - D. 投资收益具有不确定性

2. 企业的投资项目主要包括（　　　　）。

    A．新建项目　　　　　　　　　　　　B．有价证券投资

    C．更新改造项目　　　　　　　　　　D．收购和重组项目

3. 完整的工业投资项目的现金流入主要包括（　　　　）。

    A．息税前利润　　　　　　　　　　　B．固定资产折旧

    C．回收流动资金　　　　　　　　　　D．回收固定资产变现净值

4. 净现值法的优点有（　　　　）。

    A．考虑了投资风险

    B．考虑了货币时间价值

    C．可动态反映项目的实际收益率

    D．考虑了项目计算期内的全部净现金流量

5. 一个方案的现金流入量是指该方案所引起的企业现金收入的增加额，主要包括（　　　　）。

    A．营业收入　　　　　　　　　　　　B．固定资产变价收入

    C．回收的流动资金　　　　　　　　　D．借入资金

6. 项目投资评价的方法有很多，按是否考虑货币时间价值分类，可分为（　　　　）。

    A．静态投资回收期　　　　　　　　　B．静态指标

    C．动态投资回收期　　　　　　　　　D．动态指标

7. 投资回收期法的优点有（　　　　）。

    A．计算简便　　　　　　　　　　　　B．没有考虑货币时间价值

    C．易于理解　　　　　　　　　　　　D．考虑了货币时间价值

8. 计算项目投资的动态指标时，要充分考虑和利用货币时间价值，项目投资的动态指标包括（　　　　）。

    A．净现值　　　　　　　　　　　　　B．投资回收期

    C．寿命期限　　　　　　　　　　　　D．净现值率

9. 采用净现值法评价投资项目可行性时，所采用的折现率通常有（　　　　）。

    A．投资的机会成本率　　　　　　　　B．行业平均资金收益率

    C．投资项目的资本成本率　　　　　　D．投资项目的内部报酬率

10. 股票投资的缺点有（　　　　）。

    A．投资收益高　　　　　　　　　　　B．收入不稳定

    C．价格不稳定　　　　　　　　　　　D．求偿权居后

三、判断题

1. 资本投资按其投资对象不同可划分为项目投资和金融投资两大部分。　　　　（　　　）

2. 财务管理上讲的项目投资，就是固定资产投资。　　　　（　　　）

3. 项目计算期等于建设期与经营期之和。　　　　（　　　）

4. 如果没有特殊说明，均假定回收的流动资金等于原垫支的流动资金。　　　　（　　　）

5. 现金净流量只发生在经营期，建设期没有现金净流量。　　　　（　　　）

6. 现金流量中的"现金"指的是广义的现金。　　　　（　　　）

7．付现成本可以用全部成本费用减去利息来估计。 （　　）

8．不需要每年支付现金的成本费用称为付现成本。 （　　）

9．建设期的现金净流量均小于零。 （　　）

10．现金净流量是指一定期间现金流入量和现金流出量的差额。 （　　）

四、计算分析题

1．某企业拟在计划年度内投资 A 项目，该项目的有关资料如下：

（1）A 项目共需要固定资产投资 1 800 000 元，在第一年年末全部竣工，并交付使用。

（2）A 项目投产时需要垫付相应的流动资金 1 280 000 元，用于购买原材料等。

（3）A 项目的经营期为 4 年，固定资产按直线法计提折旧，残值为 492 000 元。

（4）根据市场预测，A 项目投产后第一年的销售收入为 1 280 000 元，以后三年每年的销售收入均为 1 800 000 元。第一年的付现成本为 600 000 元，以后三年每年的付现成本均为 840 000 元。

（5）假设该企业适用的所得税税率为 25%。

要求：试计算 A 项目的现金流量。

2．某企业拟于下一年年初用自有资金购置设备一台，需要一次性投资 100 万元。经测算，该设备使用寿命为 5 年，税法亦准许按 5 年计提折旧，设备投入运营后，每年可新增息税前利润 20 万元。假定该设备按直线法计提折旧，预计的净残值率为 5%，不考虑设备的建设期和公司所得税。

要求：

（1）计算使用期内各年的现金净流量。

（2）计算该设备的静态投资回收期。

（3）如果以 10% 作为折现率，计算该项目的净现值。

3．某企业的资本成本率为 10%，有三个投资项目，A 项目寿命期为 2 年，B 项目和 C 项目的寿命期为 3 年。三个项目各年的现金流量见表 5-13。

表 5-13　各项目的现金流量　　　　（单位：万元）

年　份	0	1	2	3
A　项　目	-4 000	2 360	2 648	
B　项　目	-1 800	240	1 200	1 200
C　项　目	-2 400	920	920	920

要求：采用净现值法进行投资决策。

4．某债券面值为 2 000 元，票面利率为 10%，期限为 5 年，每年年末付息一次。某公司准备对该债券进行投资，当前市场利率为 12%。

要求：计算债券价格为多少时该公司才能进行投资。

5．某债券面值为 1 000 元，票面利率为 10%，期限为 5 年，不计复利，到期一次还本付息。某公司准备对该债券进行投资，当前市场利率为 12%。

要求：计算债券价格为多少时该公司才能进行投资。

6．某企业准备进行股票投资，有以下两个投资方案：

（1）投资甲公司发行的优先股，该股票面值为 200 元，票面利率为 10%，投资者要求的收益率为 12%。

（2）投资乙公司发行的股票，该公司的股票上年每股股利为3元，预计股利每年以3%的速度增长，投资者要求的收益率为9%。

要求：计算两个方案中股票的价格为多少时才值得购买。

7. 甲公司准备购入一台设备以扩充生产能力，现有A、B两个方案可以选择。

A方案：需要投资45 000元，使用寿命为5年，采用直线法计提折旧，5年后设备无残值，5年中每年的销售收入为20 000元，付现成本为6 000元。

B方案：需要投资55 000元，采用直线法计提折旧，使用寿命也是5年，5年后设备的残值为5 000元，每年销售收入为25 000元，付现成本第1年为6 000元，以后每年增加1 000元，另外，B方案需要垫付营运资金10 000元。

假设公司适用的所得税税率为25%，平均资本成本率为10%。

要求：

（1）计算两个方案的现金流量。

（2）计算两个方案的净现值。

（3）计算两个方案的现值指数。

（4）计算两个方案的投资回收期。

（5）根据计算结果选择投资方案。

第六章

营运资金管理

知识目标

1. 了解营运资金的含义、特点及管理原则。
2. 了解持有现金的动机与日常管理内容，掌握确定最佳现金持有量的方法。
3. 熟悉应收账款的功能、成本及日常管理内容，掌握信用政策的制定方法。
4. 掌握存货的管理目标及经济订货批量基本模型。

能力目标

1. 能够计算最佳现金持有量。
2. 能够运用信用政策进行决策。
3. 能够计算存货经济订货批量。
4. 能够进行存货的日常管理。

知识结构

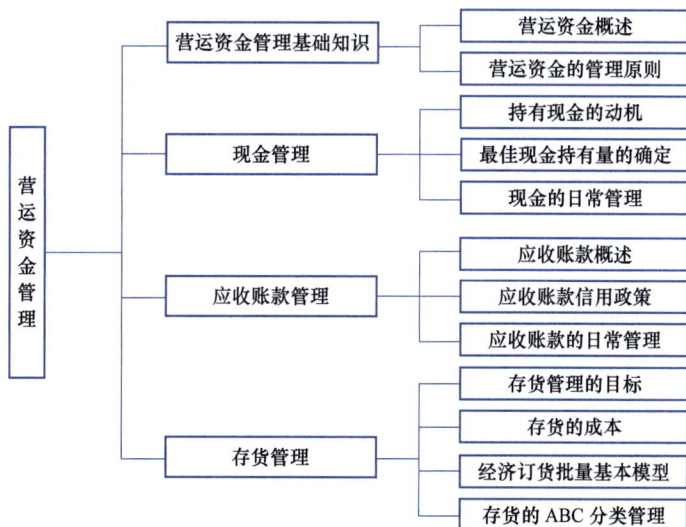

永辉超市成立于 2001 年，2010 年在 A 股上市。目前永辉超市已在全国发展超千家连锁超市，业务覆盖 29 个省份，近 600 个城市，超 1 000 家门店。位居 2020 年中国超市百强第二位、2020 年中国连锁百强第四位，2021 年、2022 年连续两年上榜德勤"中国卓越管理公司"。

2021 年，面对新冠疫情反复、行业竞争加剧、社区团购冲击、刚性成本上升等诸多不利因素，国内实体商超经营面临巨大压力。作为实体商超的头部品牌，永辉的战略转型颇具成效，至 2022 年，已重回盈利正轨。大象转身，向来不易。永辉之所以得以破局，有赖于以下几方面的强有力举措：

（1）组织结构调整。通过提升平台能力和区域自治能力，让一线人员拥有了更强的主动权，让一线门店更加灵活，与此同时，永辉持续进行年轻化、扁平化、灵活化的变革，使得管理费用大幅度降低，经营管理效率显著提升。

（2）供应链结构调整。通过数字化技术，实现供应链各个环节计划互通，从采购、交付到营销之间快速联动，提高各环节的可视和协调性。技术团队分别在源头直采、预测订货、计算商品生命周期等模块进行了数字化重组，把零售行业复杂的上游环节串联起来，推翻以往的经验式订货，用数据作为订货支撑，设定品类安全系数策略，做到订货需求有数据支撑、缺货原因清晰可见，最终得以提高店内商品的周转效率。通过推进供应链数字化进程，永辉一些地标店店仓周转时间下降了 30%，货物的库存时间也降低至 16 天左右。对比业内同类型商超 20～24 天的周转天数，永辉在这方面已经取得行业领先地位。而库存总金额的下降，确保了经营现金流的有效运转与稳健增长。

（3）数字化建设。"科技永辉"是永辉面向未来的新十年战略。作为科技永辉战略的重要落地举措之一，永辉技术团队自主研发的全链路零售数字化系统"YHDOS"融合了全渠道的采销协同、运营、财务等工作，并从员工的操作系统端打通线上、线下业务，该系统从用工、订货、会员、履约等层面深挖数字化深度，逐步实现流程信息化、分析可视化、全面智能化的目标。

除此之外，永辉把发展自有品牌视为长期战略，专注于商品力和品牌力的提升，通过领先的品质、价格优势、产品差异性，拉动销售增长，从而提升用户的认知度、满意度以及长期的忠诚度。不管是线上线下融合、立体化供应链，还是数字化赋能，成立二十多年的永辉展现出了"不传统"一面。

讨论与思考

企业营运资金管理的内容有哪些？管理的基本方法是什么呢？

第一节　营运资金管理基础知识

一、营运资金概述

（一）营运资金的概念

营运资金是指企业投入日常经营活动（营业活动）的资金。营运资金有广义和狭义之分，广义的营运资金是指一个企业流动资产的总额；狭义的营运资金是指流动资产减去流动负债后的余额，即营运资金＝流动资产－流动负债。通常说的营运资金多指后者。

因此，营运资金的管理既包括流动资产的管理，即对营运资金投资的管理；也包括流动负债的管理，即对营运资金筹资的管理。其中流动资产是指可以在1年以内或超过1年的一个营业周期内变现或运用的资产，具有占用时间短、周转快、易变现等特点，具体包括现金、应收账款、存货等。如果企业拥有较多的流动资产，可在一定程度上降低财务风险。流动负债则是指需要在1年或者超过1年的一个营业周期内偿还的债务，又称短期负债，具有成本低、偿还期短等特点，具体包括短期借款、应付账款、应付票据、预收账款等。

（二）营运资金的特点

为了有效地管理企业的营运资金，需要了解营运资金的特点，以便有针对性地进行管理。营运资金一般具有以下特点：

1. 营运资金的来源具有多样性

企业筹集长期资金的方式一般较少，只有吸收直接投资、发行股票、发行债券等方式。与筹集长期资金的方式相比，企业筹集营运资金的方式较为灵活多样，通常有短期借款、短期融资券、商业信用、票据贴现等多种内外部融资方式。

2. 营运资金的数量具有波动性

流动资产的数量会随企业内外条件的变化而变化，时高时低，波动很大。季节性企业如此，非季节性企业也如此。随着流动资产数量的变动，流动负债的数量也会相应发生变动。

3. 营运资金的周转具有短期性

企业占用在流动资产上的资金，通常会在1年或超过1年的一个营业周期内收回，对企业影响的时间比较短。根据这一特点，营运资金可以用商业信用、短期借款等短期筹资方式来加以解决。

4. 营运资金的实物形态具有变动性和易变现性

企业营运资金的占用形态是经常变化的，而且以公允价值计量且其变动计入当期损益的金融资产、应收账款、存货等流动资产一般具有较强的变现能力，如果遇到意外情况，企业出现资金周转困难或者现金短缺时，可迅速变卖这些资产，以获取现金，这对企业解决临时性资金困难比较有效。

二、营运资金的管理原则

营运资金管理是企业财务管理工作的一项重要内容。在进行营运资金管理时，应遵循以下原则：

（一）满足合理的资金需求

企业应认真分析生产经营状况，合理确定营运资金的需求数量。企业营运资金的需求数量与企业生产经营活动有直接关系。一般情况下，当企业产销两旺时，流动资产会不断增加，流动负债也会相应增加；而当企业产销量不断减少时，流动资产和流动负债也会相应减少。因此，企业应认真分析经营状况，采用一定的方法预测营运资金的需求数量。营运资金的管理必须把满足正常合理的资金需求作为首要任务。

（二）提高资金使用效率

营运资金的周转是指企业的营运资金从现金投入生产经营开始，到最终转化为现金的过程。加速资金周转是提高资金使用效率的主要手段之一。提高营运资金使用效率的关键是采取得力措施，缩短营业周期，加速变现过程，加快营运资金周转。因此，企业要加快存货、应收账款等流动资产的周转，以便用有限的资金服务于更大的产业规模，为企业取得更佳的经济效益提供条件。

（三）节约资金使用成本

在营运资金管理中，必须正确处理保证生产经营需要和节约资金使用成本两者之间的关系。要在保证生产经营需要的前提下，尽力降低资金使用成本。一方面，要挖掘资金潜力，加快资金周转速度，节约使用资金成本；另一方面，积极拓展融资渠道，合理配置资源，筹措低成本资金，服务于生产经营。

（四）保持足够的短期偿债能力

偿债能力是企业财务风险高低的标志之一。合理安排流动资产与流动负债的比例关系，保持流动资产结构与流动负债结构的适配性，保证企业有足够的短期偿债能力是营运资金管理的重要原则之一。流动资产、流动负债以及两者之间的关系能较好地反映企业的短期偿债能力。流动负债是在短期内需要偿还的债务，而流动资产则是在短期内可以转化为现金的资产。因此，如果一个企业的流动资产比较多，流动负债比较少，说明企业的短期偿债能力较强；反之，则说明企业的短期偿债能力较弱。但如果企业的流动资产太多，流动负债太少，也不是正常现象，这可能是因流动资产闲置或流动负债利用不足所致。

第二节　现金管理

保持合理的现金水平是企业现金管理的重要内容。现金是企业流动性最强的资产，代表着企业直接的支付能力和应变能力，可以用来满足生产经营开支的各种需要，也是对债务能够还本付息和履行纳税义务的保证，除了应付日常的业务活动之外，企业还需要拥有足够的现金以便随时把握商机以及防止不时之需。因此，拥有足够的现金对于降低企业的风险，增强企业资产的流动性和债务的可清偿性有着重要的意义。但现金收益性最弱，持有量并不是越多越好。现金存量过多，它所提供的流动性边际效益便会随之下降，从而使企业的收益水平下降。

现金有广义、狭义之分，广义的现金是指在生产经营过程中以货币形态存在的资金，包括库存现金、银行存款和其他货币资金等。此外，有价证券是企业现金的一种转换形式，有价证券变现能力强，可以随时兑换成现金。当企业有多余现金时，通常会将现金兑换成有价证券；而当企业现金流出对于流入需要补充现金时，则再出让有价证券换回现金。此时，有价证券就成了现金的替代品。狭义的现金仅指库存现金。这里所讲的现金是指广义的现金。

一、持有现金的动机

企业持有现金一般出于三种需求，即交易性需求、预防性需求和投机性需求。

（一）交易性需求

企业的交易性需求是指企业为了维持日常周转及正常经营活动所需持有的现金额。企业每天都在发生许多支出和收入，这些支出和收入在数额上不相等，在时间上也不匹配，因此企业需要持有一定现金来进行调节，以使生产经营活动能够顺利进行。

（二）预防性需求

预防性需求是指企业需要持有一定量的现金，以应对突发事件。这种突发事件可能是社会经济环境变化，也可能是企业的某位大客户违约导致企业突发性的偿付等。尽管企业通过利用各种手段来较准确地估算企业所需要的现金数额，但这些突发事件可能会使企业原本很好的计划失去效果。因此，为了应付突发事件，企业有必要维持比日常正常运转所需金额更多的现金。

（三）投机性需求

投机性需求是企业需要持有一定量的现金以得到突然出现的获利机会。这种机会大多是一闪即逝的，一般具有期限短、收益高的特点。例如，证券价格的突然下降，企业若没有用于投机的现金，就会错过这一投资机会。

企业的现金持有量一般小于三种需求下的现金持有量之和，因为为某一需求持有的现金可以用于满足其他需求。

二、最佳现金持有量的确定

企业现金管理的目标，就是要在资产的流动性和盈利能力之间做出抉择，以获取最大的长期利润。这就需要企业能够控制好现金持有规模，确定适当的现金持有量。最佳现金持有量的确定方法有成本模式、存货模式、现金周转模式及随机模式等。本书主要介绍前三种模式。

（一）成本模式

成本模式强调企业持有现金是有成本的，最佳现金持有量是使现金持有成本最低的持有量。成本模式下，现金的持有成本主要包括以下几个方面：

1. 机会成本

现金的机会成本是指企业因持有一定现金余额丧失的再投资收益。再投资收益是企业不能同时用该现金进行有价证券投资所产生的机会成本，这种成本在数额上等于资金成本。例如，某企业的资本成本率为 10%，年均持有现金 50 万元，则该企业每年持有现金的机会成本为 5 万元（50×10%）。现金的机会成本与现金持有量的多少密切相关，一般现金持有量越大，机会成本越大，反之就越小，即与现金持有量正相关。

2. 管理成本

现金的管理成本是指企业因持有一定数量的现金而发生的管理费用，如现金管理人员工资等。一般认为这一成本是一种固定成本，这种固定成本在一定范围内和现金持有量之间没有明显的比例关系。

3. 短缺成本

现金的短缺成本是指企业现金持有量不足，又无法及时通过有价证券变现加以补充所给企业造成的损失，包括直接损失与间接损失。现金的短缺成本随现金持有量的增加而下降，随现金持有量的减少而上升，即与现金持有量负相关。

成本模式是根据现金相关成本，分析预测其总成本最低时的现金持有量的一种方法。其计算公式为

最佳现金持有量下的现金相关成本＝ min（机会成本＋管理成本＋短缺成本）

其中，机会成本是正相关成本；管理成本属于固定成本，是决策的不相关成本；短缺成本是负相关成本。成本模式下的现金成本可用图 6-1 表示。

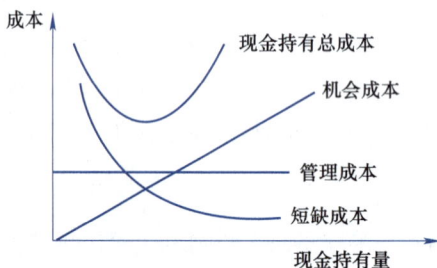

图 6-1　成本模式下的现金成本

因此，成本模式下确定最佳现金持有量，就是要找到机会成本、管理成本和短缺成本所组成的总成本曲线中最低点所对应的现金持有量。

例 6-1　某企业有四种现金持有方案，它们各自的现金持有量、机会成本、管理成本、短缺成本见表 6-1。假设现金的机会成本率为 10%。要求确定企业的现金最佳持有量。

表 6-1　现金持有方案　　　　　（单位：元）

项　目	方案			
	甲	乙	丙	丁
现金持有量	50 000	100 000	150 000	200 000
机会成本	5 000	10 000	15 000	20 000
管理成本	40 000	40 000	40 000	43 000
短缺成本	24 000	13 500	5 000	0

各种方案的总成本计算见表6-2。

表6-2　现金持有总成本　　　　　　　　　　　（单位：元）

项　　目	方　　案			
	甲	乙	丙	丁
现金持有量	50 000	100 000	150 000	200 000
机会成本	5 000	10 000	15 000	20 000
管理成本	40 000	40 000	40 000	43 000
短缺成本	24 000	13 500	5 000	0
总成本	69 000	63 500	60 000	63 000

将以上各方案的总成本加以比较可知，丙方案的总成本最低，故该企业的最佳现金持有量是150 000元。

（二）存货模式

如果企业平时持有较多的现金，会降低现金的短缺成本，但也会增加现金占用的机会成本；如果平时持有较少的现金，则会增加现金的短缺成本，却能减少现金占用的机会成本。如果企业平时只持有较少的现金，在有现金需要时，通过出售有价证券换回现金（或从银行借入现金），既能满足现金的需要，避免短缺成本，又能减少机会成本。因此，适当的现金与有价证券之间的转换，是企业提高资金使用效率的有效途径。

现金管理——存货模式

但是如果经常进行大量的有价证券与现金的转换，则会加大转换交易成本，因此，如何确定有价证券与现金的每次转换量，可以应用现金持有量的存货模式解决。

存货模式认为现金最佳持有量与存货的经济批量有很多相似之处，因此，可以用存货的经济批量模型来解决现金最佳持有量问题。存货模式下，企业现金管理的成本包括机会成本和转换成本，不存在短缺成本，因为企业一旦发生现金短缺，就会通过转换有价证券进行补足。

假设企业一定时期内的现金需求量是可以预测的已知数，且现金支出是匀速的；每次出售有价证券的转换成本也是已知的，则转换成本的计算可用公式表示为

$$转换成本 = \frac{D}{Q} \times F$$

式中　D——一定时期内的现金需求量；

　　　Q——最佳现金持有量；

　　　F——每次出售有价证券的转换成本。

假设有价证券的收益率也是可以获知的，那么持有现金的机会成本可以用以下公式进行计算：

$$机会成本 = \frac{Q}{2} \times K$$

式中　K——有价证券的收益率（机会成本率）。

那么根据相关总成本＝转换成本＋机会成本，则有

$$T_C = \frac{D}{Q} \times F + \frac{Q}{2} \times K$$

式中　T_C——持有现金的相关总成本。

此时，现金总成本 T_C 是现金最佳持有量 Q 的函数，根据高等数学的知识可知，当 T_C 对 Q 的导数 $\dfrac{d(T_C)}{dQ}=0$ 时，总成本 T_C 最小，即 $Q=\sqrt{\dfrac{2DF}{K}}$ 时，相关总成本最小，也即最佳现金持有量是 $Q=\sqrt{\dfrac{2DF}{K}}$。

在该时期内，有价证券的转换次数为 $N=\dfrac{D}{Q}=\sqrt{\dfrac{DK}{2F}}$，当且仅当转换成本 = 机会成本时，相关总成本取得最小值，此时现金的最低相关总成本是 $T_C=\sqrt{2DFK}$。

例 6-2 某企业预计全年需要现金 200 000 元，现金与有价证券的转换成本为每次 100 元，有价证券的利率为 10%。

$$最佳现金持有量 Q=\sqrt{\frac{2\times 200\,000\times 100}{10\%}}=20\,000（元）$$

$$最低相关总成本 T_C=\sqrt{2\times 200\,000\times 100\times 10\%}=2\,000（元）$$

$$转换成本 = 机会成本 =\frac{2\,000}{2}=1\,000（元）$$

$$转换次数 =\frac{200\,000}{20\,000}=10（次）$$

（三）现金周转模式

现金周转模式是从现金周转角度出发，根据现金周转速度来确定最佳现金持有量。一般来说，周转速度越快，现金需求量越小。现金的周转速度一般以现金周转期或现金周转率来衡量。

利用现金周转模式确定最佳现金持有量，包括以下三个步骤：

1. 计算现金周转期

现金周转期是指从购买原材料支付现金投入生产经营开始，到销售产品收回现金所经历的时间。它取决于以下三个方面：

（1）存货周转期，是指从采购原材料到生产产品并最终出售所需要的时间。

（2）应收账款周转期，是指从形成应收账款到收回现金所需要的时间。

（3）应付账款周转期，是指从赊购材料到支付现金所需要的时间。

现金周转期的组成如图 6-2 所示。

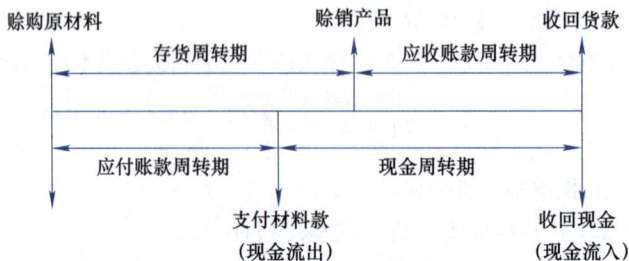

图 6-2 现金周转期的组成

根据图 6-2 可知，现金周转期 = 存货周转期 + 应收账款周转期 - 应付账款周转期。

2. 计算现金周转率

现金周转率是指一年（假设一年按 360 天计）中现金周转的次数，其计算公式为

$$现金周转率 = \frac{360}{现金周转期}$$

3. 计算最佳现金持有量

$$最佳现金持有量 = \frac{预计全年现金总需求额}{现金周转率}$$

例6-3　某公司的原材料采购和产品销售均采用商业信用方式，其应收账款周转期为 30 天，应付账款周转期为 40 天，从原材料购买到产品销售的期限为 70 天。

要求：

（1）计算该公司的现金周转期。

（2）计算该公司的现金周转率。

（3）若该公司现金年度需求总量为 600 万元，则最佳现金持有量为多少？

相关计算结果如下：

（1）现金周转期 =70+30–40=60（天）

（2）现金周转率 $= \frac{360}{60} = 6$（次）

（3）最佳现金持有量 $= \frac{600}{6} = 100$（万元）

三、现金的日常管理

企业在确定了最佳现金持有量后，还应采取各种措施加强现金的日常管理，以保证现金的安全、完整，最大限度地发挥现金的效用。加强企业现金日常管理可以提高现金使用效率，加快现金的周转速度，有效控制现金支出。

（一）收款管理

1. 收款系统

一个高效率的收款系统能够使企业收款成本和收款浮动期达到最小，同时还能够保证与客户汇款及其他现金流入来源相关的信息质量。

（1）收款成本。收款成本包括浮动期成本、管理收款系统的相关费用（如银行手续费）及第三方处理费用或相关清算费用。在获得资金之前，收款在途项目使企业无法利用这些资金，也会产生机会成本。信息的质量包括收款方得到的付款人的姓名、付款的内容和付款时间。信息要求及时、准确地到达收款人一方，以便收款人及时处理资金，做出发货的安排。

（2）收款浮动期。收款浮动期是指从支付开始到企业收到资金的时间间隔。收款浮动期主要是由纸基（或称纸质）支付工具导致的，有下列三种类型：①邮寄浮动期，是指从付款人寄出支票到收款人或收款人的处理系统收到支票的时间间隔；②处理浮动期，是指支票的接受方处理支票和将支票存入银行以收回现金所花的时间；③结算浮动期，是指通过银行系统进行支票结算所需的时间。

2. 收款方式的改善

电子支付方式相对于纸基支付方式是一种改进。电子支付方式提供了以下好处：

（1）结算时间和资金可用性可以预计。

（2）向任何一个账户或任何金融机构的支付具有灵活性，不受人工干扰。

（3）客户的汇款信息可与支付同时传送，更容易更新应收账款。

（4）客户的汇款从纸基方式转向电子方式，减少或消除了收款浮动期，降低了收款成本，收款过程更容易控制，并且提高了预测精度。

（二）付款管理

现金支出管理的主要任务是尽可能延缓现金的支出时间。当然，这种延缓必须是合理合法的。控制现金支出的目标是在不损害企业信誉的条件下，尽可能推迟现金的支出。

1. 使用现金浮游量

现金浮游量是指由于企业提高收款效率和延长付款时间所产生的企业账户上的现金余额和银行账户上的企业存款余额之间的差额。即虽然企业已经签发支票，但是仍可以动用活期存款账上的这笔款项。充分利用现金浮游量是一种提高现金利用效率、节约现金支出总量的有效手段，但企业使用现金浮游量要注意控制使用时间。

2. 推迟应付款的支付

推迟应付款的支付是指企业在不影响自己信誉的前提下，充分运用供货方所提供的信用优惠，尽可能地推迟应付款的支付期。

3. 汇票代替支票

汇票分为商业承兑汇票和银行承兑汇票，与支票不同的是，承兑汇票并不是见票即付。这一方式的优点是它推迟了企业调入资金支付汇票的实际所需时间。这样企业就只需在银行中保持较少的现金余额。它的缺点是某些供应商可能并不喜欢用汇票付款，银行也不喜欢处理汇票，它们通常需要耗费更多的人力。同支票相比，银行会收取较高的手续费。

4. 改进员工工资支付模式

企业可以为支付工资专门设立一个工资账户，通过银行向职工支付工资。为了最大限度地减少工资账户的存款余额，企业要合理预测开出支付工资的支票到职工去银行兑现的具体时间。

5. 透支

企业开出支票的金额大于活期存款余额。它实际上是银行向企业提供的信用。透支的限额，由银行和企业共同商定。

6. 争取现金流出与现金流入同步

企业应尽量使现金流出与流入同步，这样，就可以降低交易性现金余额，同时可以减少有价证券转换为现金的次数，提高现金的利用效率，节约转换成本。

7. 使用零余额账户

即企业与银行合作，保持一个主账户和一系列子账户。企业只在主账户保持一定的安全储备，而在一系列子账户不需要保持安全储备。当从某个子账户签发的支票需要现金时，所需要的资金立即从主账户划拨过来。

第三节　应收账款管理

随着市场经济的发展，企业通过商业信用，采取赊销、分期付款等方式可以扩大销售，增强企业的市场竞争力，提高利润。因此，企业的应收账款数额明显增多，并已成为营运资金管理中一个日益重要的问题。

一、应收账款概述

（一）应收账款的形成原因

应收账款是企业由于对外赊销商品或产品、提供劳务及其他原因，应向购货方或者接受劳务方及其他单位收取的款项，主要包括应收销售款、其他应收款和应收票据等。企业应收账款的形成原因主要是商业竞争。

企业可能迫于竞争的需要向顾客提供信用业务，即赊销。在信息时代下，市场竞争日益激烈，企业为了扩大销售，除了依靠产品质量、价格、售后服务、广告等手段之外，往往还会把赊销也作为一种营销手段来促销。实行赊销的产品或商品的销售额往往将大于现金销售的产品或商品的销售额，这是因为客户可以从赊销中推迟付款时间。当企业采取赊销方式时，就产生了应收账款，由赊销产生的应收账款是一种商业信用。

（二）应收账款管理目标

对企业来讲，既然发生应收账款的主要原因是扩大销售，提高竞争力，那么其管理的基本目标是：在发挥应收账款功能的同时，尽可能降低应收账款成本，求得尽可能多的利润。应收账款是企业为扩大销售和利润而进行的投资，在增加收益的同时，也会增加成本费用。但是，如果企业为了节约支出，减少应收账款投资，又会限制销售，影响企业的盈利能力。这就需要企业对应收账款的收益与成本做出权衡：以尽量少的成本费用获取尽可能多的收益。

（三）应收账款的功能

1. 增加销售

在激烈的市场竞争中，通过提供赊销可有效地增加销售。因为企业提供赊销不仅向顾客提供了商品，也在一定时间内向顾客提供了购买该商品的资金，顾客将从赊销中得到好处。所以赊销会带来企业销售收入和利润的增加，特别是在企业销售新产品、开拓新市场时，赊销更具有重要的意义。因提供赊销而增加销售的产品一般不增加固定成本，因此，赊销所增加的收益等于增加的销量与单位边际贡献的乘积，计算公式为

$$增加的收益 = 增加的销售量 \times 单位边际贡献$$

2. 减少存货

应收账款和存货同属流动资产，但是应收账款的流动性远远高于存货，赊销有助于降低库

存。存货不仅大量占用企业资金，而且还会增加企业与存货相关的仓储费、管理费及保险费等，当企业存货数量较大时，通过赊销，可以尽快将存货转化为应收账款，既减少了存货的管理费用，又增加了收入，可有效抢占竞争对手的市场，还可以避免有些产品因为长期储存而造成的变质、变形或毁损。

（四）应收账款的成本

应收账款作为企业为增加销售和盈利进行的投资，会发生一定的成本。应收账款的成本主要有：

1. 机会成本

应收账款会占用企业一定量的资金，而企业若不把这部分资金投放于应收账款，便可以用于其他投资并可能获得收益，如投资债券获得利息收入。这种因投放于应收账款而放弃其他投资所带来的收益，即为应收账款的机会成本。其计算公式为

$$应收账款的机会成本 = 应收账款占用资金 \times 资本成本率$$

其中，

$$应收账款占用资金 = 应收账款平均余额 \times 变动成本率$$

上式中

$$应收账款平均余额 = \frac{全年赊销额}{周转率（次数）}$$

$$= \frac{全年赊销额}{360} \times 平均收现期$$

$$= 日赊销额 \times 平均收现期$$

故综上所述，应收账款的机会成本 = 日赊销额 × 平均收现期 × 变动成本率 × 资本成本率

公式中，资本成本率一般可按有价证券的收益率来计算。

例 6-4 某企业预计全年赊销额为 240 万元，应收账款平均收账期为 90 天，变动成本率为 50%，资本成本率为 10%，则应收账款的机会成本是多少？

$$应收账款周转率 = \frac{360}{90} = 4（次）$$

$$应收账款平均余额 = \frac{240}{4} = 60（万元）$$

$$应收账款占用资金 = 60 \times 50\% = 30（万元）$$

$$应收账款的机会成本 = 30 \times 10\% = 3（万元）$$

或者

$$应收账款的机会成本 = \frac{240}{360} \times 90 \times 50\% \times 10\% = 3（万元）$$

根据上述计算可知，企业投放 30 万元的资金可维持 240 万元的赊销业务，相当于垫支资金的 8 倍之多。正常情况下，应收账款的周转速度越快，即应收账款的收现期越短，应收账款占用资金就越少，应收账款的机会成本就越低；反之应收账款的机会成本就越高。因此，只有加快应收账款的周转速度，减少应收账款占用资金，才有利于降低应收账款的机会成本，提高应收账款的管理效益。

2. 管理成本

应收账款的管理成本是指企业对应收账款进行管理而耗费的开支，是应收账款成本的重要组成部分。管理成本主要包括对客户的资信调查费用、收集信息的费用、收账费用、账簿记录费用和其他费用等。

3. 坏账成本

应收账款基于商业信用而产生，具有无法收回的风险，由此可能给拥有应收账款的企业带来损失，即坏账成本。坏账成本与应收账款的数量同方向变动，为了避免坏账成本给企业的生产经营带来不确定的风险，财务制度规定企业应当在年末以应收账款余额的一定比例计提坏账准备。故坏账成本一般按照以下公式进行测算：

$$应收账款坏账成本 = 年赊销额 \times 预计坏账损失率$$

二、应收账款信用政策

信用政策即应收账款管理政策，是企业对应收账款进行规划和控制的基本原则和行为规范。制定合理的信用政策，是加强应收账款管理、提高应收账款投资收益的重要前提。信用政策主要包括信用标准、信用条件和收账政策三个方面的内容。

（一）信用标准

信用标准是指信用申请者获得企业提供信用所必须达到的最低信用水平，通常以预期的坏账损失率作为判别标准。如果企业执行的信用标准过于严格，可能会降低对符合可接受信用风险标准客户的赊销额，减少坏账损失，减少应收账款的机会成本，但不利于扩大企业销售量甚至会因此限制企业的销售机会；如果企业执行的信用标准过于宽松，可能会对不符合可接受信用风险标准的客户提供赊销，因此，会增加随后还款的风险并增加应收账款的管理成本与坏账成本。

1. 信用分析的信息来源

企业进行信用分析时，必须考虑信息的类型、数量和成本。信息既可以从企业内部收集，也可以从企业外部收集。无论信用信息从哪儿收集，都必须将成本与预期的收益进行对比。企业内部产生的最重要的信用信息来源是信用申请人执行信用申请（协议）的情况和企业自己保存的有关信用申请人还款历史的记录。外部信息来源则包括申请人的财务报表、一些商业参考资料或申请人过去获得赊购的供货商等，银行或其他贷款机构也可以提供申请人财务状况和可使用信用额度方面的标准化信息。另外，一些地方性和全国性的信用评级机构所出具的信用报告中所包含的诸如还款历史财务信息、最高信用额度、可获得的最长信用期限等信息也属于外部来源的信息。

2. 信用的定性分析

信用的定性分析是指对申请人"质"的方面的分析。常用的信用定性分析法是5C信用评价系统，即评估申请人信用品质的五个方面：品质、能力、资本、抵押和条件。

（1）品质（Character）。品质是指个人申请人或企业申请人管理者的诚实和正直表现。品质反映了个人或企业在过去的还款中所体现的还款意图和愿望，这是5C中最主要的因素。通常要根据过去的记录结合现状调查来进行分析，包括企业经营者的年龄、文化、技术结构、遵纪守法情况，开拓进取及领导能力，有无获得荣誉奖励或纪律处分，团结协作精神及组织管理能力等。

（2）能力（Capacity）。能力是指经营能力，通常通过分析申请者的生产经营能力及获利情况，管理制度是否健全，管理手段是否先进，产品生产销售是否正常，在市场上有无竞争力，经营规模和经营实力是否逐年增长等来评估。

（3）资本（Capital）。资本是指如果企业或个人当前的现金流不足以还债，他们在短期和长期内可供使用的财务资源。企业资本雄厚，说明企业具有强大的物质基础和抗风险能力。因此，信用分析必须调查了解企业资本规模和负债比率，反映企业资产或资本对于负债的保障程度。

（4）抵押（Collateral）。抵押是指当企业或个人不能满足还款条款时，可以用作债务担保的资产或其他担保物。信用分析必须分析担保抵押手续是否齐备，抵押品的估值和出售有无问题，担保人的信誉是否可靠等。

（5）条件（Condition）。条件是指影响申请者还款能力和还款意愿的经济环境。经济环境对企业发展前途具有一定影响，也是影响企业信用的一项重要的外部因素。信用分析必须对企业的经济环境，包括企业发展前景、行业发展趋势、市场需求变化等进行分析，预测其对企业经营效益的影响。

（二）信用条件

信用条件是销货企业要求赊购客户支付货款的条件，由信用期限、折扣期限和现金折扣三个要素组成，其中折扣期限和现金折扣构成折扣条件。

1. 信用期限

信用期限是企业允许顾客从购货到付款之间的时间，或者说是企业给予顾客的最长付款时间，一般简称为信用期。例如，"n/20"表示企业允许顾客在购货后的20天内付款，信用期为20天。信用期的确定，主要是分析改变现行信用期对收入和成本的影响。如果延长信用期，会使销售额增加，产生有利影响；与此同时，应收账款、收账费用和坏账损失增加，会产生不利影响。当前者大于后者时，可以延长信用期，否则不宜延长。如果缩短信用期，情况则与此相反。

例6-5　甲公司现在采用30天按发票金额付款的信用政策，拟将信用期放宽至60天，该公司投资的最低报酬率为10%，其他有关数据见表6-3。

表6-3　信用期间决策表

项　目	信用期	
	30 天	60 天
销售量（件）	12 000	18 000
销售额（元）	600 000	900 000
变动成本（元）	480 000	720 000
固定成本（元）	30 000	30 000
可能发生的坏账损失（元）	3 000	5 000
可能发生的收账费用（元）	5 000	7 000

就放宽信用期间得到的收益和成本进行差额分析：

（1）收益的增加：

收益的增加 = 销售量的增加 × 单位边际贡献 =（18 000–12 000）×（50–40）=60 000（元）

（2）应收账款机会成本的增加：

1）30 天信用期应收账款的机会成本 $= \dfrac{600\,000}{360} \times 30 \times \dfrac{40}{50} \times 10\% = 4\,000$（元）

2）60 天信用期应收账款的机会成本 $= \dfrac{900\,000}{360} \times 60 \times \dfrac{40}{50} \times 10\% = 12\,000$（元）

机会成本的增加 =12 000–4 000=8 000（元）

（3）坏账损失和收账费用增加：

坏账损失增加 =7 000–5 000=2 000（元）

收账费用增加 =5 000–3 000=2 000（元）

（4）改变信用期的税前损益：

收益增加 – 成本费用增加 =60 000–（8 000+2 000+2 000）=48 000（元）

由于放宽信用期限增加的税前收益大于 0，即收益的增加大于成本费用的增加，所以应当放宽信用期限，即应采用 60 天的信用期。

2. 折扣条件

折扣条件包括折扣期限和现金折扣两个方面。折扣期限是为顾客规定的可享受现金折扣的付款时间。向顾客提供现金折扣的主要目的在于吸引顾客为享受优惠而提前付款，缩短企业的平均收款期。另外，现金折扣也能招揽一些视折扣为减价出售的顾客前来购货，借此扩大销售量。

现金折扣的表示常用如"5/10、3/20、n/30"这样的符号。其中，"30"表示信用期为 30 天，顾客至少应在 30 天内支付款项；"10"和"20"均为折扣期；"5"和"3"代表 5% 和 3%，表示现金折扣。其含义为："5/10"表示在 10 天内付款，可享受 5% 的价格优惠，即只需支付原价的 95%，如原价为 10 000 元，在 10 天内付款，只需支付 9 500 元；"3/20"表示在 20 天内付款，可享受 3% 的价格优惠，即只需支付原价的 97%，若原价为 10 000 元，在 20 天内付款，则只需支付 9 700 元；"n/30"表示付款的最后期限为 30 天，此时付款无优惠。

企业采用什么程度的现金折扣，要与信用期限结合起来考虑。现金折扣实际上是对现金收入的扣减，企业决定是否提供以及提供多大程度的现金折扣，应着重考虑的是提供折扣后所得的收益是否大于现金折扣的成本。

企业究竟应当核定多长的现金折扣期限，以及给予客户多大程度的现金折扣优惠，必须将信用期间及加速收款所得到的收益与付出的现金折扣成本结合起来考察。与延长信用期间一样，采取现金折扣方式在刺激销售的同时，也需要付出一定的成本代价，即给予现金折扣造成的损失。如果加速收款带来的机会收益能够补偿现金折扣成本并有所剩余，企业就可以采取现金折扣或进一步改变当前的折扣方针；如果加速收款的机会收益不能补偿现金折扣成本，现金优惠条件便被认为是不恰当的。

（三）收账政策

收账政策是指企业应对客户违反信用政策和信用条件所采取的收账对策和措施。企业无论采取什么方式催收应收账款，都要付出一定的代价，即收账费用，如通信费、收款人员差旅费等。

因此，当客户违约而不按时或拒绝付款时，企业就必须依据收账政策来制定具体的收账方案，以尽可能低的代价回收应收账款，最大限度地减少坏账损失。应收账款收账决策就是在收账费用的增加与坏账损失的减少之间进行利弊的权衡。

三、应收账款的日常管理

信用政策确定之后，企业需要做好应收账款的日常管理措施，以便及时发现问题、解决问题。这些措施主要包括应收账款追踪分析和应收账款账龄分析。

（一）应收账款追踪分析

前述内容已经讲到，评价一个客户能否按期还款，可以从品质、能力、资本、抵押和条件五个方面进行评估，其中客户的品质和资本是在赊销之前就必须特别注意的问题，但在赊销之后，仍然应进行追踪分析，因为这两个因素也是随时可能发生变化的。至于另外三个因素，能力、抵押和条件更是受企业内部的经营情况和外部经济环境的影响而波动比较大，因此，应及时对应收账款进行追踪分析，时刻关注客户的信用变化情况，以便及时调整收账政策。

（二）应收账款账龄分析

企业在应收账款发生后要做好基础记录，及时了解客户的付款进度。基础记录工作包括企业对客户提供的信用条件，建立信用关系的日期，客户付款的时间，目前尚欠款数额以及客户信用等级变化等，企业只有掌握了这些基础信息，才能及时采取相应的收账政策。企业还要定期检查分析应收账款的还款情况，采用的方法通常是账龄分析法。

账龄分析法是指根据应收账款的时间长短来估计坏账损失的一种方法，又称"应收账款账龄分析法"。一般通过编制账龄分析表（表 6-4）来进行应收账款的账龄分析。

表 6-4 应收账款账龄分析表

2022 年 12 月 31 日

应收账款账龄	账户数量	金额（元）	百分比（%）
信用期内	10	90 000	30
超过信用期 1 ~ 30 天	8	60 000	20
超过信用期 31 ~ 60 天	5	51 000	17
超过信用期 61 ~ 90 天	3	39 000	13
超过信用期 91 ~ 120 天	4	30 000	10
超过信用期 121 ~ 150 天	2	21 000	7
超过信用期 150 天以上	1	9 000	3
合计	33	300 000	100

根据账龄分析表，将不同账龄的应收账款进行分类，然后从以下几个方面进行分析：

（1）有多少账款在信用期内。表 6-4 中有 90 000 元账款在信用期内，占全部应收账款的 30%。这部分账款暂时没有收回属于正常现象，到期后能否收回还存在不确定性，因此也要进行监督和管理。

（2）有多少超过信用期，超过的时间和占用资金的比例是多少，有多少可能形成坏账。

表 6-4 中，共有 210 000 元超过了信用期限，占全部应收账款的 70%。其中，超期 1 ～ 30 天的有 60 000 元，占 20%，这部分收回的可能性比较大；超期 31 ～ 150 天的有 141 000 元，占 47%，这部分收回有一定的难度；超期 150 天以上的有 9 000 元，占 3%，这部分很有可能收不回来而形成坏账。

通过以上账龄分析，企业应对超过信用期的欠款制定不同的收账政策，以便于对可能发生的坏账损失提前做出准备，充分估计这一因素对损益的影响；也可以对现有的信用政策进行检查，发现不完善之处，要尽快修正，降低坏账发生的可能性，有效控制坏账风险。

第四节　存货管理

存货是指企业在生产经营过程中为销售或者耗用而储备的物资，包括材料、燃料、低值易耗品、在产品、半成品、产成品、协作件、商品等。存货管理水平的高低直接影响着企业的生产经营能否顺利进行，并最终影响企业的收益、风险等状况。因此，加强存货的管理，使存货保持在最优水平，是财务管理的一项重要内容。

一、存货管理的目标

企业持有存货的原因一方面是为了保证生产或销售的经营需要，另一方面是出自价格的因素，零星采购物资的价格往往较高，而大批采购物资的价格都有优惠。但是，过多的存货要占用较多的资金，并且会增加包括仓储费、保险费、维护费、管理人员工资在内的各项开支，因此，存货管理的目标，就是在保证生产或销售经营需要的前提下，最大限度地降低存货成本。具体包括以下几个方面：

（一）保证生产正常进行

企业生产过程中需要的原材料和在产品，是生产的物质保证。为保障生产的顺利进行，必须适当储备一定量的材料，否则可能会造成生产中断、停工待料现象。尽管当前部分企业的存货管理自动化程度很高，提出"零库存"的管理目标，但要完全实现存货为零的目标并非易事。

（二）有利于销售

企业持有一定数量的存货储备能够增加企业在生产和销售方面的机动性和适应市场变化的能力。当企业市场需求量增加时，若产品储备不足就有可能失去销售良机。同时，由于顾客为节约采购成本和其他费用，一般可能成批采购；企业为了达到运输上的最优批量，也会组织成批发运。因此保持一定量的存货有利于市场销售。

（三）便于降低产品成本

有些企业的产品属于季节性产品或者需求波动较大的产品，此时若根据需求状况组织生产，则可能有时生产能力得不到充分利用，有时又超负荷生产，造成产品成本的上升。为了降低生产成本，实现均衡生产，就要储备一定的产成品存货，并应相应地保持一定的原材料存货。

（四）降低存货取得成本

一般情况下，当企业进行采购时，进货总成本与采购物资的单价和采购次数有密切关系。而许多供应商为鼓励客户多购买其产品，往往在客户采购量达到一定数量时，给予价格折扣，所以企业通过大批量集中进货，既可以享受价格折扣，降低购置成本，也可通过减少订货次数，降低订货成本，使总的进货成本降低。

（五）防止意外事件的发生

企业在采购、运输、生产和销售过程中，都可能发生意料之外的事故，保持必要的存货保险储备，可以避免和减少意外事件的损失。

二、存货的成本

企业要持有一定数量的存货，必定会发生一定的成本支出。存货成本包括以下几个方面：

（一）取得成本

取得成本是指为取得某种存货而支出的成本，通常用 TC_1 来表示。取得成本又分为订货成本和购置成本。

1. 订货成本

订货成本是指企业为组织进货而支付的有关费用，如办公费、差旅费、通信费、运输费等都属于订货成本。订货成本中有一部分与订货次数无关，如常设采购机构的基本开支等，被称为固定订货成本，用 F_1 表示；另一部分与进货次数有关，如差旅费、通信费等，称为变动订货成本，这部分成本与进货次数一般呈正比例变动，每次订货的变动成本用 K 表示；假设存货年需要量为 D；每次订货量为 Q，则进货次数为 $\dfrac{D}{Q}$。订货成本的计算公式为

$$订货成本 = F_1 + \frac{D}{Q} \times K$$

2. 购置成本

购置成本是指存货本身的价值，在数量上等于采购量与单位存货的采购单价的乘积。单价用 U 表示，于是购置成本 $= D \times U$。

那么，取得成本 = 订货成本 + 购置成本

= 固定订货成本 + 变动订货成本 + 购置成本

即

$$TC_1 = F_1 + \frac{D}{Q} \times K + D \times U$$

（二）储存成本

储存成本是指企业为持有存货而发生的成本费用支出，主要包括仓储费用、保险费用、存货损耗等，通常用 TC_2 来表示。

储存成本分为固定储存成本和变动储存成本。固定储存成本与存货的储存数量没有必然关系，如仓库折旧费用、仓库职工的固定工资等都属于固定储存成本，常用 F_2 表示；变动储存成本则随着存货的储存数量变化而变化，如存货占用资金的机会成本、保险费用等都属于变动储存成本，单位变动储存成本用 K_c 来表示。

那么，存货的储存成本 = 固定存储成本 + 变动存储成本

即

$$TC_2 = F_2 + \frac{Q}{2} \times K_c$$

（三）缺货成本

缺货成本是指因存货不足而给企业造成的损失，主要包括由于原材料供应中断造成的停工待料损失、产品供应中断导致延误发货的信誉损失，以及丧失市场机会的有形与无形损失等。缺货成本用 TC_3 表示。

如果以 TC 来表示储备存货的总成本，则其计算公式为

$$TC = TC_1 + TC_2 + TC_3$$
$$= \left(F_1 + \frac{D}{Q} \times K + D \times U \right) + \left(F_2 + \frac{Q}{2} \times K_c \right) + TC_3$$

三、经济订货批量基本模型

按照存货管理的目标，企业需要通过确定合理的进货批量和进货时间，使得存货的总成本最低，这个批量就是经济订货批量。有了经济订货批量，企业可以很容易地找出适宜的进货时间。经济订货批量的确定需要通过经济订货模型来进行计算。

经济订货模型需要建立在一系列严格的假设基础之上。这些假设包括：

（1）存货总需求量 D 是已知常数。

（2）订货提前期是常数。

（3）货物是一次性入库，而不是陆续入库。

（4）存货的单价 U 为常数且不存在批量折扣。

（5）库存储存成本与库存水平呈线性关系。

（6）货物是一种独立需求的物品，不受其他货物影响。

（7）不允许缺货，即无缺货成本，TC_3 为零，因为良好的存货管理本来就不应该出现缺货成本。

设立了上述假设后，存货总成本的公式可以简化为

$$TC = \left(F_1 + \frac{D}{Q} \times K + D \times U \right) + \left(F_2 + \frac{Q}{2} \times K_c \right)$$

当 F_1、K、D、U、F_2 和 K_c 为常数时，TC 由变动订货成本和变动储存成本决定，取决于订货量 Q。即

$$TC_Q = \frac{D}{Q} \times K + \frac{Q}{2} \times K_c$$

它们之间的关系如图 6-3 所示。

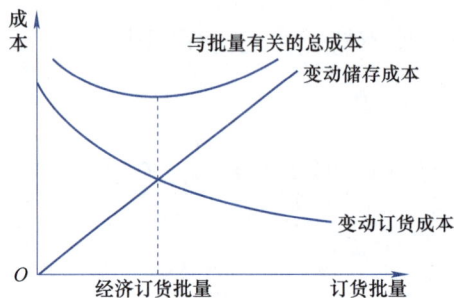

图 6-3　与存货批量有关的成本曲线

从图 6-3 中可以看到，当变动订货成本等于变动储存成本时，能使相关总成本 TC_Q 取得最小值。此时经济订货批量 $Q = \sqrt{\dfrac{2DK}{K_c}}$，相关总成本取得最小值 $TC_Q = \sqrt{2DK \times K_c}$。

由此还可推导出每年最佳订货次数：

$$N = \frac{D}{Q} = \frac{D}{\sqrt{\dfrac{2DK}{K_c}}} = \sqrt{\frac{DK_c}{2K}}$$

经济订货批量占用资金：

$$I = \frac{Q}{2} \times U = \frac{\sqrt{\dfrac{2DK}{K_c}}}{2} \times U = \sqrt{\frac{DK}{2K_c}} \times U$$

例 6-6　甲企业每年耗用某种材料 7 200 千克，该材料单位成本为 15 元，单位储存成本为 2 元，一次订货成本为 50 元。则：

存货的经济订货批量 $Q = \sqrt{\dfrac{2DK}{K_c}} = \sqrt{\dfrac{2 \times 7\,200 \times 50}{2}} = 600$（千克）

最佳订货次数 $N = \dfrac{D}{Q} = \dfrac{7\,200}{600} = 12$（次）

与批量有关的存货总成本 $TC_Q = \sqrt{2DK \times K_c} = \sqrt{2 \times 7\,200 \times 50 \times 2} = 1\,200$（元）

经济订货批量占用资金 $I = \dfrac{Q}{2} \times U = \dfrac{600}{2} \times 15 = 4\,500$（元）

四、存货的 ABC 分类管理

19 世纪意大利经济学家帕累托首创了 ABC 控制法，存货的 ABC 分类管理就是这种方法在存货管理中的具体应用。尤其在大中型企业，往往有很多种存货，加强存货的日常管理可以降低存货的各种损失，如损毁、丢失、过期、贬值等，但却要支付较高的管理费用，如人工费等。为了使企业存货的相关成本降低，就需要在存货损失和管理费用之间进行权衡。ABC 分类管理就是一个有效的存货管理方法。

存货的 ABC 分类管理就是将存货根据一定的标准，按照重要性，将存货分成 A、B、C 三类，然后按照各类存货的重要程度分别采取不同的方法进行管理。这样，企业可以分清主次，突出管理重点，提高存货管理的整体效率。存货的划分标准主要有两个：一是存货的金额，二是存货的品种数量。存货的划分标准以存货的金额为主。其中，A 类存货标准是存货金额很大，存货的品种数量很少；B 类存货标准是存货金额较大，存货的品种数量较多；C 类存货标准是存货金额较小，存货的品种数量繁多。

虽然每个企业的生产特点不同，每个企业存货的具体划分标准各不相同，但是一般来说，存货的划分标准大体如下：A 类存货金额占整个存货金额比重的 70% 左右，品种数量占整个存货品种数量的 10% 左右；B 类存货金额占整个存货金额比重的 20% 左右，品种数量占整个存货品种数量的 20% 左右；C 类存货金额占整个存货金额比重的 10% 左右，品种数量占整个存货品种数量的 70% 左右，因此三类存货金额占比大致为 70%、20%、10%；数量占比大致为 10%、20%、70%。

存货被划分为 A、B、C 三类后，企业可采取不同的管理方法对其进行控制。A 类存货应进行重点控制管理，经常检查这类存货的库存情况，严格控制该类存货的支出，企业应对其按照每一个品种分别进行管理；B 类存货的金额相对较小，数量也较多，可以通过划分类别的方式进行管理，或者按照其在生产中的重要程度和采购难易程度分别采用 A 类或 C 类存货的管理方法；C 类存货占用的金额比重很小，品种数量又很多，可以只对其进行总量控制和管理。

存货的 ABC 分类方法及步骤如下：

（1）列示企业全部存货明细表，计算每一种存货在一定时期内的资金占用额。

（2）计算每一种存货资金占用额占全部资金占用额的百分比，并按金额由大到小的顺序排列，编成表格。

（3）根据事先确定的标准，将最重要的存货划为 A 类，把一般存货划为 B 类，把不重要的存货划为 C 类，并用图表表示出来。

（4）对 A 类存货进行重点控制管理，对 B 类存货进行次重点管理，对 C 类存货只进行一般管理。

例 6-7　甲企业共有 24 种原材料，共占用资金 623 500 元，按占用资金多少的顺序排列后，根据上述原则划分成 A、B、C 三类，具体情况见表 6-5。

表 6-5　存货资金占用表

材料品种编号	占用资金数额（元）	类　别	各类存货的种数与比重		各类存货占用资金的数额及比重	
			种数（种）	比重(%)	数额（元）	比重(%)
1	150 000	A	3	12.5	420 000	67.36
2	140 000					
3	130 000					
4	32 000	B	6	25	143 000	22.94
5	30 000					
6	24 000					
7	23 000					
8	21 000					
9	13 000					

（续）

材料品种编号	占用资金数额（元）	类　　别	各类存货的种数与比重		各类存货占用资金的数额及比重	
			种数（种）	比重（%）	数额（元）	比重（%）
10	6 700	C	15	62.5	60 500	9.70
11	6 200					
12	6 100					
13	6 000					
14	5 500					
15	5 000					
16	4 600					
17	4 200					
18	3 600					
19	3 200					
20	2 800					
21	2 400					
22	2 000					
23	1 200					
24	1 000					
合计	623 500	—	24	100	623 500	100

存货的 ABC 分类管理法其实是重点管理的一种应用，可以一定程度上节约企业管理资源，使库存结构合理化。但需要注意的是，该方法没有考虑存货对企业生产的重要性，有些被划为 C 类的存货物资可能对企业的生产活动有着至关重要的影响，这种存货的重要性并不在资金占用上体现，而是体现在其性质上，例如缺货会造成企业停产或严重影响正常生产、缺货会危及企业生产安全、市场上短缺的物资在缺货后不易补充等，此时可能就需要企业将其他方法与之相结合，从而实现更准确的存货分类管理。

本章小结

营运资金是指在企业生产经营活动中占用在流动资产上的资金。营运资金的特点在于其来源具有多样性、数量具有波动性、周转具有短期性、实物形态具有变动性和易变现性。企业进行营运资金管理，应遵循满足合理的资金需求、提高资金使用效率、节约资金使用成本、保持足够的短期偿债能力等原则。本章主要介绍现金、存货以及应收账款等流动资产的管理。

保持合理的现金水平是企业现金管理的重要内容。企业持有现金一般出于三种需求，即交易性需求、预防性需求和投机性需求。最佳现金持有量的确定方法有成本模式、存货模式和现金周转模式三种。成本模式是根据现金的相关成本，分析预测其总成本最低时的现金持有量的一种方法。成本模式下，现金的持有成本主要包括机会成本、管理成本和短缺成本；最佳现金持有量下的现金相关成本即为这三种成本之和最低时的现金持有量。存货模式下，企业现金管理的成本包括机会成本和转换成本，不存在短缺成本，因为企业一旦发生现金短缺，就会通过转换有价证券进行补足。在一定的假设前提条件下，相关总成本取得最小值时现金的相关总成本最低。现金周转模式是从现金周转角度出发，根据现金周转速度来确定最佳现金持有量。一般来说，周转速度越快，现金持有量越小。

应收账款包括应收销售款、应收票据、其他应收款等，一般源于企业商业竞争下的赊销行为。应收账款管理目标是在发挥应收账款功能效应的同时，尽可能降低应收账款成本，求得尽可能多的利润。应收账款的功能一方面在于促进销售，另一方面在于减少存货。应收账款的成本主要包括机会成本、管理成本和坏账成本。制定合理的信用政策，是加强应收账款管理、提高应收账款投资收益的重要前提。信用政策主要包括信用标准、信用条件和收账政策三个方面的内容。信用标准一般以预期的坏账损失率作为判别标准，采用 5C 法这一信用定性方法进行确定；信用条件是销货企业要求赊购客户支付货款的条件，由信用期限、折扣期限和现金折扣三个要素组成，其中折扣期限和现金折扣构成折扣条件；收账政策是指企业应对客户违反信用政策和信用条件所采取的收账对策和措施。企业对应收账款必须加强日常管理。加强日常管理的措施主要包括应收账款追踪分析和应收账款账龄分析等。

存货管理是财务管理的一项重要内容。存货管理的目标在于保证生产正常进行、有利于销售、便于降低产品成本、降低存货取得成本以及防止意外事件的发生。存货成本包括取得成本、储存成本和缺货成本。其中取得成本又包括订货成本和购置成本，订货成本又分为固定订货成本和变动订货成本。储存成本又分为固定储存成本和变动储存成本。按照存货管理的目的，企业需要通过确定合理的进货批量和进货时间，使得存货的总成本最低，这个批量就是经济订货批量。经济订货批量的确定需要通过经济订货模型来进行计算。经济订货模型需要建立在一系列严格的假设基础之上。具有多种存货的公司可以采用 ABC 分类管理法进行存货管理。

同 步 测 试

一、单项选择题

1. 下列各项流动资产中，流动性最强的是（　　）。

    A. 现金　　　　　　B. 应收账款　　　　　C. 存货　　　　　　D. 预付账款

2. 下列项目中，不属于现金持有动机中交易动机的是（　　）。

    A. 支付工资　　　　B. 购买股票　　　　　C. 缴纳所得税　　　D. 派发现金股利

3. 现金是可以立即投入流通使用的货币资金，具体包括（　　）。

    A. 产成品资金　　　　　　　　　　　B. 库存现金和银行存款

    C. 应收应付款项　　　　　　　　　　D. 在产品资金

4. 企业应持有的现金总额通常小于交易动机、预防动机和投机动机所需要的现金余额之和，其原因是（　　）。

    A. 现金的存在形式在不断变化　　　　B. 现金与有价证券可以互相转换

    C. 现金在不同时点上可以灵活使用　　D. 各种动机所需要的现金可以调节使用

5. 企业为满足交易动机而持有现金，所需考虑的主要因素是（　　）。

    A. 企业销售水平的高低　　　　　　　B. 企业临时举债能力的大小

    C. 企业对待风险的态度　　　　　　　D. 金融市场投机机会的多少

6. 某公司每年（360 天）的现金需求量为 400 万元，每次转换的交易成本为 20 万元，银行的存款利率为 10%，则该公司的目标现金持有量为（　　）。

    A. 200 万元　　　　B. 300 万元　　　　　C. 400 万元　　　　D. 500 万元

7. 衡量应收账款信用标准的指标通常是（ 　　 ）。

    A. 应收账款周转率 　　　　　　　　　　B. 客户的资信状况

    C. 预期的坏账损失率 　　　　　　　　　D. 应收账款收现保证率

8. 信用条件为"2/10，n/30"时，预计有 40% 的客户会选择现金折扣优惠，则平均收账期是（ 　　 ）。

    A. 16 天 　　　　　B. 28 天 　　　　　C. 26 天 　　　　　D. 22 天

9. 下列对信用期限的叙述中，正确的是（ 　　 ）。

    A. 信用期限越长，企业坏账风险越小

    B. 延长信用期限，不利于销售收入的扩大

    C. 信用期限越长，应收账款的机会成本越低

    D. 信用期限越长，表明客户享受的信用条件越优

10. 在企业应收账款管理中，明确规定了信用期限、折扣期限和现金折扣率等内容的是（ 　　 ）。

    A. 信用条件 　　　　B. 收账政策 　　　　C. 信用等级 　　　　D. 客户资信状况

11. 在确定经济订货批量时，应考虑的成本是（ 　　 ）。

    A. 进货成本 　　　　　　　　　　　　　B. 进货费用和储存成本

    C. 储存成本 　　　　　　　　　　　　　D. 订货成本

12. 采用存货 ABC 分类管理法时，A 类存货应符合的条件是（ 　　 ）。

    A. 品种数占总品种数的 10%，价值占总价值的 70%

    B. 品种数占总品种数的 70%，价值占总价值的 10%

    C. 品种数占总品种数的 70%，价值占总价值的 30%

    D. 品种数占总品种数的 30%，价值占总价值的 70%

13. 因投放于应收账款而放弃的其他收入，是应收账款的（ 　　 ）。

    A. 管理成本 　　　　B. 转换成本 　　　　C. 机会成本 　　　　D. 实际成本

14. 企业在制定信用标准时不予考虑的因素是（ 　　 ）。

    A. 客户的资信状况 　　　　　　　　　　B. 企业自身的资信状况

    C. 同行业竞争对手的情况 　　　　　　　D. 企业承担违约风险的能力

15. 使存货的总成本最低的批量叫作（ 　　 ）。

    A. 计划批量 　　　　B. 经济订货批量 　　　　C. 科学批量 　　　　D. 订货批量

二、多项选择题

1. 流动资产与非流动资产相比，具有的特点有（ 　　 ）。

    A. 投资回收期短 　　B. 弹性大 　　　　C. 变现能力强 　　　　D. 具有波动性

2. 企业持有现金的动机有（ 　　 ）。

    A. 交易动机 　　　　B. 预防动机 　　　　C. 投机动机 　　　　D. 存储动机

3. 为了确定最佳现金持有量，企业可以采用的方法有（ 　　 ）。

    A. 存货模式 　　　　　　　　　　　　　B. 成本模式

    C. 现金周转模式 　　　　　　　　　　　D. 银行业务集中模式

4. 用存货模式分析确定最佳现金持有量时，要考虑的成本费用项目有（ 　　 ）。

    A. 现金管理费用 　　　　　　　　　　　B. 现金短缺成本

    C. 持有现金的机会成本 　　　　　　　　D. 现金与有价证券的转换成本

5. 应收账款的主要功能有（　　　）。
   A. 促进销售　　　　B. 阻碍销售　　　　C. 减少存货　　　　D. 增加存货
6. 应收账款的成本包括（　　　）。
   A. 机会成本　　　　B. 坏账成本　　　　C. 财务成本　　　　D. 管理成本
7. 影响应收账款机会成本的因素有（　　　）。
   A. 应收账款周转天数　　　　　　　　　B. 变动成本率
   C. 赊销收入净额　　　　　　　　　　　D. 资本成本率
8. 信用政策的内容主要包括（　　　）。
   A. 信用标准　　　　B. 信用条件　　　　C. 收账政策　　　　D. 商业折扣
9. 存货的功能主要包括（　　　）。
   A. 防止停工待料　　　　　　　　　　　B. 适应市场变化
   C. 降低进货成本　　　　　　　　　　　D. 维持均衡生产
10. 存货的成本包括（　　　）。
    A. 采购成本　　　　B. 订货成本　　　　C. 储存成本　　　　D. 缺货成本

三、判断题

1. 企业营运资金余额越大，说明企业风险越小，收益率越低。　　　　　　　（　　）
2. 现金的持有成本是指企业因保留一定现金余额而增加的管理费用及丧失的再投资收益。
   （　　）
3. 现金短缺成本是指在现金持有量不足而又无法及时通过有价证券变现加以补充而给企业造成的损失，包括直接损失与间接损失。现金短缺成本与现金持有量呈反方向变动关系。
   （　　）
4. 营运资金的特点体现在流动资产上。　　　　　　　　　　　　　　　　　（　　）
5. 若现金的管理成本是相对固定的，则在确定现金最佳持有量时，应考虑它的影响。
   （　　）
6. 成本模式下，现金的持有成本主要包括机会成本、管理成本和短缺成本。　（　　）
7. 通过应收账款账龄分析，编制账龄分析表，可以了解各客户的欠款金额、欠款期限和偿还欠款的可能时间。　　　　　　　　　　　　　　　　　　　　　　　　　（　　）
8. 企业在制定信用标准时不用考虑同行业竞争对手的情况。　　　　　　　　（　　）
9. 企业的信用标准严格，给予客户的信用期很短，使得应收账款周转率很高，将有利于增加企业的利润。　　　　　　　　　　　　　　　　　　　　　　　　　　　　（　　）
10. 收账费用与坏账损失呈反向变化关系。加速收回货款，可以减少坏账损失，减少应收账款机会成本，但会增加收账费用。　　　　　　　　　　　　　　　　　　　　（　　）
11. 企业的营业利润主要是通过流动资产在不断的循环周转过程中得以实现的，因此，流动资产管理的重点就是要使这种周转顺利、快速地进行。　　　　　　　　　　　（　　）
12. 现金管理的目标是在保证企业生产经营所需资金的情况下，把现金的持有成本降至最低。　　　　　　　　　　　　　　　　　　　　　　　　　　　　　　　　　（　　）

四、计算分析题

1. 某企业预计全年需用现金 2 000 万元，预计的存货周期为 90 天，应收账款和应付账款周转期均为 60 天。

要求：计算该企业的最佳现金持有量。

2．某公司预测的年度赊销收入净额为 2 400 万元，应收账款周期为 30 天，变动成本率为 75%，资本成本率为 8%。

要求：计算该企业应收账款的机会成本。

3．某公司现金收支平稳，预计全年（按 360 天计算）现金需要量为 250 000 元，现金与有价证券的转换成本为每次 500 元，有价证券年利率为 10%。

要求：

（1）计算最佳现金持有量。

（2）计算最佳现金持有量下的全年现金管理总成本、全年现金转换成本和全年现金持有机会成本。

4．某企业只生产销售一种产品，每年赊销额为 240 万元，该企业产品变动成本率为 80%，资金利润率为 25%。企业现有 A、B 两种收账政策可供选用，有关资料见表 6-6。

表 6-6　A、B 两种收账政策资料

项　　目	A　政　策	B　政　策
平均收账期（天）	60	45
坏账损失率（%）	3	2
应收账款平均余额（万元）		
收账成本：		
应收账款机会成本（万元）		
坏账损失（万元）		
年收账费用（万元）	1.8	3.2
收账成本合计（万元）		

要求：

（1）计算填列表中空白部分（一年按 360 天计算）。

（2）对上述收账政策进行决策。

5．某公司预计年耗用乙材料 6 000 千克，单位采购成本为 15 元，单位储存成本为 9 元，平均每次进货费用为 30 元，假设该材料不存在缺货情况。

要求：

（1）计算乙材料的经济订货批量。

（2）计算经济订货批量下的总成本。

（3）计算年度最佳订货次数。

（4）计算经济订货批量下的占用资金。

第 七 章

收益分配管理

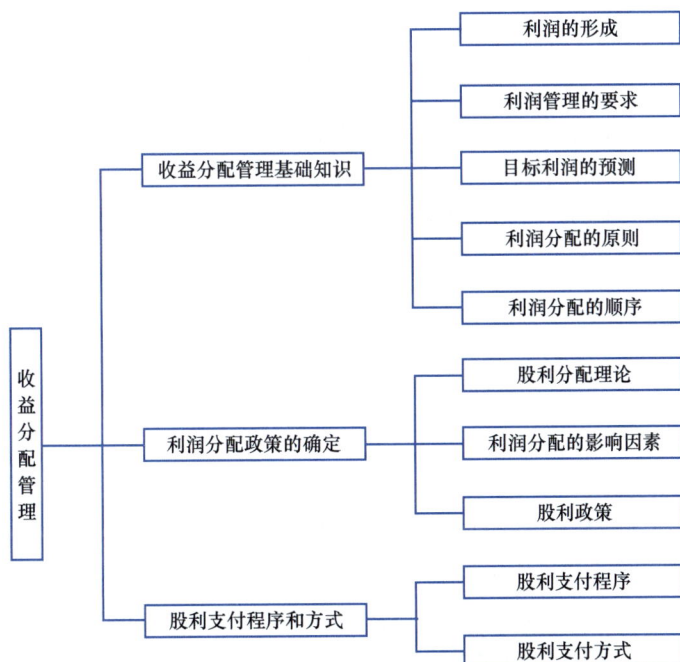

案例引入

2022 年 7 月，赵刚和 6 名刚从财经学院毕业的大学生创办了一家广告企业。大家一致推选李明为企业负责人，李明和大家签订了经营合同，约定了股份的分成。7 人辛勤工作，一年下来，企业挣了 21 万多元。次年初，大家为这笔收入如何分配争论不休，最后大家决定将收益平分。李明认为：企业大多数业务是他联系的，如果大家执意平分收入，企业只好就此解散。赵刚等 6 人细想后，也认为挣到这笔钱李明的功劳较大。于是大家做出让步，让李明拿 7 万元，其余的大家平分。分红事件发生后，李明和大家心里有了疙瘩。因工资问题，他们两次发生争论。李明最后表态：我是法定代表人，你们都是我的员工，我给你们每月 3 200 元，分红每人一年 2 万元，你们不服有本事告去。赵刚他们只好签订了分红协议。

讨论与思考

1. 这 7 位大学生创办的企业的收益应该如何分配？
2. 企业的性质对收益的分配有什么影响？
3. 李明能否一人决定企业收益的分配？

第一节 收益分配管理基础知识

增长与分配，效率和公平，一直是经济思想史的两大命题。近年我国高度重视收入分配，将精准扶贫被列为三大攻坚战之一，将共同富裕纳入"十四五"规划。在企业财务管理中，收益分配又称利润分配，收益分配管理是财务管理的重要内容，利润分配有广义和狭义之分。广义的利润分配首先是指对企业收入的分配，即对发生的成本费用进行弥补，进而形成利润的过程，然后对收入减去成本费用的余额即利润按照一定的程序进行再分配。利润分配的结果，形成了国家的所得税收入、投资者的投资报酬和企业的留用利润等不同项目。由于税法具有强制性和严肃性，缴纳税款是企业必须履行的义务，从这个意义上看，财务管理中的利润分配，是指狭义的利润分配，即对企业净利润的分配。本书所讨论的利润分配是指狭义的利润分配。

一、利润的形成

（一）利润的含义

利润包括收入减去费用后的净额、直接计入当期利润的利得和损失等。

利润是反映企业业绩的核心指标，是企业利益相关者进行收益分配的基础，也是企业得以持续发展的源泉。如果成本费用中不扣除利息和所得税，那么利润就体现为息税前利润（Earnings Before Interest and Tax，EBIT）；如果成本费用中扣除利息费用而不扣除所得税，那么利润就体现为利润总额；如果成本费用中扣除利息和所得税，则体现为净利润。

（二）利润的形成

利润在计算时包括以下几个层次：

（1）营业利润＝营业收入－营业成本－税金及附加－销售费用－管理费用－研发费用－财务费用－资产减值损失＋其他收益＋投资收益＋公允价值变动收益＋资产处置收益。

（2）利润总额＝营业利润＋营业外收入－营业外支出。

（3）净利润＝利润总额－所得税费用。

（4）息税前利润＝净利润＋利息费用＋所得税费用。

二、利润管理的要求

（一）遵规守纪，依法竞争，努力增加合理利润

市场经济是竞争经济，企业的一切经营活动都围绕着经济效益进行，以盈利为目的。同时，市场经济也是合法经济，企业之间的竞争必须是依法有序的竞争，企业的盈利必须合法取得。企业在法律允许的范围内，通过不断增加产品数量、品种，提高产品质量，降低成本费用等正确途径参与市场竞争，从而达到增加企业利润的目的。

（二）分解利润指标，强化目标利润管理

为了强化目标利润的管理，企业必须建立起完善的利润目标管理责任制，根据企业各部门、各单位和各级相关人员在利润管理中的地位和作用，将企业利润目标进行分解，下达到相关部门、单位和个人，实行利润分级、分口管理。同时，规定各部门、各单位和相关人员为实现目标利润应完成的任务和承担的责任，以及完成或超额完成利润指标应获得的经济利益。通过利润指标的分解，可以把企业的整体利益与各部门及职工的切身利益紧密联系在一起，从而调动广大职工的积极性，保证目标利润的实现。

（三）严格执行有关财经法规，正确组织利润分配

企业在采取各种措施增加利润时，必须严格执行国家的有关财经法规，如实反映企业的财务状况，不得弄虚作假，以保证企业财务成果的真实性。根据国家有关税法的规定，计算并缴纳相应的税费形成净利润后，应严格按照有关财经法规制度，正确组织利润分配。

三、目标利润的预测

正确的目标利润预测可以为企业的经营建立合理的利润总额的目标，也便于企业按利润总额的目标对企业经营管理进行考核和分析。在利润总额中，营业利润占的比重最大，因而营业利润的预测一般是利润预测的重点，而营业外收支净额和所得税费用等项目可以采用较为简便的方法进行预测。因此，预测企业未来的利润总额实际上就是基于对目标利润的预测。

目标利润预测的方法主要包括定性预测和定量预测两种方法。定性预测主要是依靠分析过去的经验和掌握的科学知识进行判断、分析事物的经济属性和发展趋势，作为预测未来的主要依据。定量预测则主要根据企业以往的历史资料，运用各类数学统计方法和各种数学计算工具

进行科学的加工处理，并建立经济预测的数学模型，以此充分揭示相关变量之间的规律性关系。这里主要介绍定量预测中的比例预测法和本量利分析法。

（一）比例预测法

比例预测法是根据各种利润率和其他相关指标来确定目标利润的一种方法，主要有两种形式：①根据企业占用资金额和资金利润率来确定；②根据销售收入和销售利润率来确定。相关计算公式分别为

$$目标利润 = 预计资金占用额 \times 目标资金利润率$$

$$目标利润 = 预计销售收入 \times 目标销售利润率$$

例 7-1　甲公司最近若干年的销售利润率保持在 15% 的水平，经预测，甲公司下一年的销售收入为 5 600 万元，则该公司下一年的预计利润是多少？

下一年的预计利润 =5 600×15%=840（万元）

（二）本量利分析法

本量利分析法是指利用本（成本）、量（业务量）、利（利润）之间关系的基本公式来预测目标利润的方法。其基本公式为

$$目标利润 = (p-v) \times Q - F = \mathrm{cm} \times Q - F = \mathrm{CM} - F$$

式中　p——销售单价；

　　　v——单位变动成本；

　　　Q——销售量；

　　　F——固定成本总额；

　　　cm——单位边际贡献；

　　　CM——边际贡献总额。

另外，当目标利润为零时的销售量被称为保本点，也称盈亏临界点，是指企业既无盈利也无亏损时的经营点。从本量利分析的角度看，是指企业的边际贡献总额等于固定成本总额时的那一销售量。即 $(p-v) \times Q - F = 0$ 时，盈亏临界点的销售量 $Q = \dfrac{F}{p-v} = \dfrac{F}{\mathrm{cm}}$。此时的边际贡献率为

$$\mathrm{cmR} = \frac{\mathrm{cm}}{p} = \frac{p-v}{p}$$

式中　cmR——边际贡献率。

一般，我们将盈亏临界点时的销售量（额）占企业实际销售量（额）的比重称为盈亏临界点作业率。这里所讲的企业实际销售量（额）是指企业在正常的市场条件下正常开工的销售量（额）。一般情况下，企业的生产经营能力是按正常的销售量来规划的，所以盈亏临界点作业率还反映了保本状态下的生产经营能力的利用程度，计算公式为

$$盈亏临界点作业率 = \frac{盈亏临界点销售量}{实际销售量} \times 100\% = \frac{盈亏临界点销售额}{实际销售额} \times 100\%$$

例 7-2　假定甲公司的一个分公司生产一种儿童服装，销售单价为 15 元，单位变动成本为

10 元，固定成本总额为 1 800 万元。该分公司的正常销量为 1 000 万件。相关指标的计算如下：

单位边际贡献 cm=15−10=5（元）

边际贡献率 cmR=$\dfrac{15-10}{15}\times100\%=33.33\%$

盈亏临界点销售量 $Q=\dfrac{1800}{15-10}=360$（万件）

盈亏临界点销售额 =360×15=5 400（万元）

盈亏临界点作业率 =$\dfrac{360}{1\,000}\times100\%=36\%$

四、利润分配的原则

（一）依法分配原则

企业的利润分配必须依法进行。为了规范企业的利润分配行为，国家制定了多项有关利润分配的法规，企业必须依据法定的程序进行分配。企业在利润分配之前，首先应该按照企业所得税法缴纳所得税，这是企业应尽的社会责任；其次，税后净利润在向投资者分配之前，还要依照国家有关法律制度的规定，依法按一定的比例提取公积金，作为用于企业扩大再生产和抵御经营风险的财力保证；最后，企业在考虑未来发展需要留足资金后再对投资者进行收益分配。

（二）分配与积累并重原则

为了未来发展的需要，企业并不把净利润全部分配出去，而是除提取法定盈余公积金外，还留存一部分利润。这样既解决了企业未来的资金需要，又可以提高企业的抗风险能力。虽然减少了目前的利润分配数额，但增加了将来的投资数额，可能会带来丰厚的回报。

（三）兼顾各方利益原则

获得收益是企业投资者的动力所在，投资者具有收益分配权。企业的收益分配必须兼顾各方面的利益。企业是经济社会的基本单元，企业的收益分配既要保证国家财力的需要，又要满足企业的发展；既要满足投资者的要求，又要保障员工的利益。

（四）投资与收益对等原则

投资者由于其投资而享有收益分配权，在收益分配上各投资者是平等一致的，利润分配应按照其投资的数额进行，与其投资数额呈相同比例，不允许任何一方以任何方式多分、多占，这样才能保护投资者的利益，鼓励其投资。

五、利润分配的顺序

根据我国《公司法》及相关法律制度的有关规定，企业当年实现的利润总额应按国家有关税法的规定做相应的调增或调减，然后依法缴纳所得税。缴纳所得税后的净利润应按下列顺序进行分配。

（一）弥补以前年度亏损

按照我国财务制度的规定，企业的年度亏损，可以由下一年度的税前利润弥补，下一年度税前利润尚不足以弥补的，可以由以后年度的利润继续弥补，但用税前利润弥补以前年度亏损的连续期限不能超过 5 年。5 年内弥补不足的，用本年税后利润弥补。本年净利润加上年初未分配利润为企业可供分配的利润，只有可供分配的利润大于零时，企业才能进行后续收益分配。

（二）提取法定盈余公积金

法定盈余公积金是按照有关法规制度要求提取的，其主要目的是保全资本，防止企业滥分税后利润。根据《公司法》的规定，法定盈余公积金的提取比例为当年税后利润（弥补亏损后）的 10%。当法定盈余公积金已达到注册资本的 50% 时可不再提取。法定盈余公积金可用于弥补亏损、扩大企业生产经营或转增资本，但企业用盈余公积金转增资本后，法定盈余公积金的余额不得低于转增前企业注册资本的 25%。提取法定盈余公积金的目的是增加企业内部积累，以利于企业扩大再生产。

（三）提取任意盈余公积金

根据《公司法》的规定，企业从税后利润中提取法定盈余公积金后，经股东会或者股东大会决议，还可以根据企业需要从税后利润中提取任意盈余公积金。提取任意盈余公积金的目的在于满足经营者管理的需要，控制向投资者分配利润的水平，以及调整各年度利润分配的波动。

（四）向股东（投资者）分配股利（利润）

根据《公司法》的规定，企业弥补亏损和提取公积金后的税后利润，可以向股东（投资者）分配股利（利润），其中有限责任企业股东按照实缴的出资比例分取红利，全体股东约定不按照出资比例分取红利的除外；股份有限企业按照股东持有的股份比例分配，但股份有限企业章程规定不按持股比例分配的除外。

党的二十大报告指出，要完善分配制度，坚持按劳分配为主体、多种分配方式并存，坚持多劳多得，鼓励勤劳致富，促进机会公平，增加低收入者收入，扩大中等收入群体，规范收入分配秩序，规范财富积累机制。这一系列重要部署，对于新时代新征程上各经济主体正确处理效率与公平的关系、扎扎实实朝共同富裕的目标迈进具有非常重要的意义。

第二节　利润分配政策的确定

利润分配政策也叫股利政策，是企业在不违反国家有关法律、法规的前提下，根据企业具体情况制定的有关企业是否发放股利、发放多少股利以及何时发放股利等方面的方针和策略，所涉及的主要是企业对其收益进行分配还是留存以用于再投资的策略问题。它有狭义和广义之分。从狭义方面来说的股利政策就是指探讨保留盈余和普通股股利支付的比例关系问题，即股利支付比率的确定。而广义的股利政策则包括股利宣布日的确定、股利支付比例的确定、股利支付时的资金筹集等问题。

一、股利分配理论

企业的股利分配方案既取决于企业的股利政策，又取决于决策者对股利分配的理解与认识，即股利分配理论。股利分配理论是指人们对股利分配的客观规律的科学认识与总结，其核心问题是股利政策与企业价值的关系。在市场经济条件下，股利分配要符合财务管理目标。人们对股利分配与财务目标之间关系的认识存在不同的流派与观念，现在主要介绍以下两种较流行的观点。

（一）股利无关论

股利无关论认为，在一定的假设条件限制下，股利政策不会对企业的价值或股票的价格产生任何影响，投资者不关心企业股利的分配。企业市场价值的高低，由企业所选择的投资决策的获利能力和风险组合所决定，而与企业的利润分配政策无关。该理论是建立在完全资本市场理论之上的，假定条件包括：①市场强式有效；②不存在任何企业所得税或个人所得税；③不存在任何筹资费用；④企业的投资决策与股利政策彼此独立。

（二）股利相关论

与股利无关论相反，股利相关论认为，企业的股利政策会影响股票价格和企业价值。主要观点有以下几种：

1."手中鸟"理论

该理论认为，用留存收益进行再投资给投资者带来的收益具有较大的不确定性，并且投资的风险会随着时间的推移进一步加大，因此，厌恶风险的投资者会倾向于确定的股利收益，而不愿将收益留存在企业内部，去承担未来的投资风险。该理论认为企业的股利政策与企业的股票价格是密切相关的，即当企业支付较高的股利时，企业的股价会随之上升，企业价值将提高。

2. 信号传递理论

该理论认为，在信息不对称的情况下，企业可以通过股利政策向市场传递有关企业未来获利能力的信息，从而影响企业的股价。一般来讲，预期未来获利能力强的企业，往往愿意通过相对较高的股利支付水平吸引更多的投资者。对于市场上的投资者来讲，股利政策的差异可能是反映企业预期获利能力的有价值的信号。如果企业连续保持较为稳定的股利支付水平，那么投资者会对企业未来的盈利能力和现金流量抱有乐观的预期。如果企业的股利支付水平突然发生变动，那么股价也会对这种变动做出反应。

3. 所得税差异理论

该理论认为，由于普遍存在的税率和纳税时间的差异，资本利得收入比股利收入更有助于实现收益最大化目标，企业应当采用低股利政策。一般来说，对资本利得收入征税的税率低于对股利收入征税的税率。再者，即使两者没有税率上的差异，由于投资者对资本利得收入的纳税时间选择更具有弹性，投资者仍可以享受延迟纳税带来的收益差异。

4. 代理理论

该理论认为，股利政策有助于减缓管理者与股东之间的代理冲突，股利政策是协调股东与管理者之间代理关系的一种约束机制。该理论认为，股利的支付能够有效地降低代理成本。首先，股利的支付减少了管理者对自由现金流量的支配权，这在一定程度上可以抑制企业管理者的过度投资或在职消费行为，从而保护外部投资者的利益；其次，较多的现金股利发放，减少了内部融资，使得企业需进入资本市场寻求外部融资，从而使企业接受资本市场上更多的、更严格的监督，这样便通过资本市场的监督减少了代理成本。因此，高水平的股利政策降低了企业的代理成本，但同时增加了外部融资成本，理想的股利政策应当使两种成本之和最小。

二、利润分配的影响因素

企业的利润分配涉及企业相关各方的切身利益，受众多因素的影响，在确定企业的股利分配政策时，应考虑各种相关因素的影响，这些相关因素可分为内部因素和外部因素。

（一）内部因素

内部因素包括盈利状况、变现能力和筹资能力三个方面。

1．盈利状况

盈利状况是企业应首先考虑的因素。只有当盈利状况良好时，企业才有可能采用高股利或稳定增长的利润分配政策；若企业盈利很少甚至亏损，企业就只能采用低股利或不发股利的分配政策。可见，企业在制定利润分配政策时，必须以盈利状况和未来发展趋势作为利润分配的依据。

2．变现能力

变现能力是指企业将资产变为现金的可能性的大小。一个企业的可快速变现资产越多，现金越充足，那么它的股利支付能力就越强，采用高股利分配政策就可行；若企业因扩充生产或偿还债务已将其可变现的资产和现金几乎耗用完毕，此时若支付高额股利就会使企业失去应付意外情况的能力，那么该企业就不应采用高股利分配政策。

3．筹资能力

筹资能力是指企业随时筹集到所需资金的能力。规模大、效益好的企业往往容易筹集到资金，它们可向银行借款或是发行股票、债券。这类企业在利润分配政策上就有较大的选择余地，既可采用高股利政策，也可采用低股利政策。而规模小、风险大的企业，一方面很难从外部筹集到资金；另一方面在这个阶段往往又需要大量资金。因此，这类企业往往会采取低股利或不发股利的政策，以尽可能多地保留盈余。

（二）外部因素

1．法律上的限制

为了保护债权人和股东的利益，法律规定就企业的利润分配做出如下规定：

（1）资本保全约束。法律上规定企业不能用资本（包括实收资本或股本和资本公积）发放股利，目的在于维持企业资本的完整性，保护企业完整的产权基础，保障债权人的利益。

（2）资本积累约束。法律上规定企业必须按照一定的比例和基础提取各种公积金，股利只能从企业的可供分配利润中支付。此处的可供分配利润包含企业当期的净利润按照规定提取各种公积金后的余额和以前积累的未分配利润。另外，在进行利润分配时，一般应当贯彻"无盈不分"

的原则，即当企业出现年度亏损时，一般不进行利润分配。

（3）超额累积利润约束。由于资本利得与股利收入的税率不一致，如果企业为了避税而使得盈余的保留大大超过了企业目前及未来的投资需要时，将被加征额外的税款。

（4）偿债能力约束。要求企业考虑现金股利分配对偿债能力的影响，确定在分配后能保持较强的偿债能力，以维持企业的信誉和借贷能力，从而保证企业的正常资金周转。

2. 合同上的限制

在企业债务与贷款合同上，往往有限制企业支付股利的条款，这种限制通常规定股利的支付不能超过可供分配利润的一定百分比，原因在于股利支付水平越高，留存收益就越少，企业的破产风险就会越大，就越有可能损害债权人的利益。而合同中限制条款的目的在于让企业到期具备偿还债务的能力。

3. 投资机会的出现

企业的利润分配政策在较大程度上要受到投资机会的制约，如企业选择了许多有利的投资机会，需要大量的资金，则宜采用较紧的利润分配政策；反之，利润分配政策就可偏松。

4. 股东的意见

在制定利润分配政策时，董事会必须对股东的意见加以重视。因为股东是从自身需求出发，对利润分配政策会有不同侧重。通常，对股利有很强依赖性的股东要求获得稳定的股利；而除股利外有着其他高收入的股东出于避税的考虑，往往又反对企业发放较多的股利。企业支付高股利后，将来发行新股的可能性加大，而发行新股必然会稀释企业的控制权。当原来持有控制权的老股东拿不出更多的资金购买新股时，他们宁可不分配股利而反对发行新股。

5. 其他

如通货膨胀，通货膨胀会带来货币购买力水平下降，导致固定资产重置资金不足，此时，企业往往不得不考虑留用一定的利润，以便弥补由于购买力下降而造成的固定资产重置资金缺口。因此，在通货膨胀时期，企业一般会采取偏紧的利润分配政策。

三、股利政策

股利政策受多种因素的影响，并且不同的股利政策也会对企业的股票价格产生不同的影响，因此对于股份公司来说，制定一个正确的、合理的股利政策非常重要。在实际工作中，通常有以下几种股利政策可供选择：

（一）剩余股利政策

1. 剩余股利政策的内容

剩余股利政策是将股利的分配与企业的资金结构有机地联系起来，即根据企业的最优资本结构测算出企业投资所需要的权益资本数额，先从盈余中留用，然后将剩余的盈余作为股利给所有者进行分配。

2. 剩余股利政策的理论依据

剩余股利政策以股利无关论为依据，该理论认为股利是否发放以及发放多少对企业价值以及股价不会产生影响，而且投资人也不关心企业股利的分配。因此企业可以始终把保持最优资本结构放在决策的首位，在这种结构下，企业的加权平均资本成本最低，同时企业价值最大。

3. 剩余股利政策的实施步骤

（1）确定企业的最优资本结构。即确定企业权益资本和债务资本的比例关系。企业可采用比较平均资本成本法、每股收益无差别点分析法来确定企业最优资本结构，在这种结构下，企业的加权平均资本成本最低，同时企业价值最大。

（2）确定最优资本结构下投资项目所需要的权益资本数额。即根据投资总额和权益资本与债务资本的最优比例关系，来确定投资项目所需要的权益资本的数额。

（3）最大限度地使用企业留存收益来满足投资项目对权益资本的需要数额。

（4）投资项目所需要的权益性资本得到满足后，如果企业的未分配利润还有剩余，就将其作为股利发放给股东。

例 7-3　乙公司 2022 年税后净利润为 2 000 万元，2023 年的投资计划需要资金 2 400 万元，乙公司的目标资本结构为权益资本占 60%、债务资本占 40%。

按照目标资本结构的要求，乙公司投资方案所需的权益资本数额为

2 400×60%=1 440（万元）

乙公司当年全部可用于分派的净利润为 2 000 万元，除了满足上述投资方案所需的权益资本数额外，还有剩余可用于发放股利。2022 年，乙公司可以发放的股利额为

2 000−1 440=560（万元）

假设该公司当年流通在外的普通股为 2 000 万股，那么，每股股利为

$$\frac{560}{2\,000}=0.28（元／股）$$

4. 剩余股利政策的优缺点

剩余股利政策的优点是留存收益优先保证再投资的需要，有助于降低再投资的资本成本，保持最佳的资本结构，实现企业价值的长期最大化。

剩余股利政策的缺点是若完全遵照执行剩余股利政策，股利发放额就会每年随着投资机会和盈利水平的波动而波动。在盈利水平不变的前提下，股利发放额与投资机会的多少呈反方向变动；而在投资机会维持不变的情况下，股利发放额将与企业盈利呈同方向波动。剩余股利政策不利于投资者安排收入与支出，也不利于企业树立良好的形象，一般适合于新成立的或处于高速成长的企业。

（二）固定或稳定增长的股利政策

1. 固定或稳定增长股利政策的内容

固定或稳定增长的股利政策是指企业将每年发放的股利固定在一个水平上，并在较长的时期内保持不变，或者在此基础上维持某一固定比率逐年稳定增长，只有当企业认为未来盈余会显著增长时，才会提高年度股利发放额。另外，当发生通货膨胀时，大部分企业的盈余会由于通货膨胀而表现为增长，而对股东来说，每年固定不变的股利额则由于购买力下降而相对降低。因此股东也要求企业增加股利的发放额，以弥补通货膨胀带来的影响。

2. 固定或稳定增长股利政策的理论依据

固定或稳定增长的股利政策以股利相关论为基础，该政策认为股利政策会影响企业的价值和股票的价格，投资人关心企业股利是否发放及其发放的水平。提出这种政策的专家认为，存在如下理由促使企业需要采取该政策：

（1）采取该政策发放的股利比较稳定，稳定的股利向市场传递着企业正常发展的信息，从而有利于树立企业的良好形象，并增强投资者对企业的信心，进而稳定股票的价格。

（2）采取该政策发放的股利比较稳定，稳定的股利有利于投资者安排股利收入和支出，特别是对股利有很强依赖性的股东更是如此。而股利忽高忽低的股票，则不会受这些股东的欢迎，股票价格会因此下降。

（3）采取该政策发放的股利比较稳定，稳定的股利可能会不符合剩余股利政策的理论，可能会导致企业不能保持最优资本结构。但考虑到股市受多种因素影响，其中包括股东的心理状态和其他要求，因此，为将股利维持在稳定水平上，即使推迟某些投资方案或企业暂时偏离最佳资本结构，也可能要比降低股利或降低股利增长率更为有利。

3. 固定或稳定增长股利政策的优缺点

采用这种股利政策的企业一般其盈利水平比较稳定或正处于成长期，许多企业都愿意采用这种股利政策。

采用这种股利政策的优点是：

（1）企业固定分配股利可使企业树立良好的市场形象，有利于企业股票价格的稳定，增加投资者的信心。

（2）稳定的股利可以使投资者预先根据企业的股利水平安排支出，从而降低了投资风险，而当企业股利较丰厚时，其股票价格也会大幅提高。

固定或稳定增长股利政策的缺点主要在于股利的支付与企业盈余相脱节。当企业盈余较低时，仍需支付固定的股利额，这会导致企业资金紧张，财务状况恶化，可谓是"雪上加霜"，同时不能像剩余股利政策那样保持较低的资本成本。

（三）固定股利支付率政策

1. 固定股利支付率政策的内容

固定股利支付率政策是指企业先确定一个股利占净利润（企业盈余）的比例，然后每年都按此比例从净利润中向股东发放股利，每年发放的股利额都等于净利润乘以固定的股利支付率。这样净利润多的年份，股东分得的股利就多；净利润少的年份，股东分得的股利就少。也就是说，采用此政策发放股利时，股东每年领取的股利额是变动的，其多少主要取决于企业每年实现的净利润的多少以及股利支付率的高低。我国有部分上市公司采用固定股利支付率政策，将员工个人的利益与企业的利益捆在一起，从而充分调动广大员工的积极性。

2. 固定股利支付率政策的优缺点

固定股利支付率政策的优点表现在：

（1）采用固定股利支付率政策，股利与企业盈余紧密配合，体现了"多盈多分、少盈少分、无盈不分"的股利分配原则。

（2）由于企业的盈利能力在年度间是经常变动的，因此，每年的股利也应当随着企业收益的变动而变动。采用固定股利支付率政策，企业每年按固定的比例从税后利润中支付现金股利，从企业的支付能力的角度看，这是一种稳定的股利政策。

固定股利支付率政策的缺点表现在：

（1）大多数企业每年的收益很难保持稳定不变，导致各年度股利额波动较大，由于股利的信号传递作用，波动的股利很容易给投资者带来经营状况不稳定、投资风险较大的不良印象，成为企业发展的不利因素。

（2）容易使企业面临较大的财务压力。这是因为企业实现的盈利多，并不能代表企业有足够的现金流用来支付较多的股利额。

（3）合适的固定股利支付率的确定难度比较大。由于企业每年面临的投资机会、筹资渠道都不同，而这些都可以影响企业的股利分配，所以，一成不变地执行固定股利支付率政策的企业在实际中并不多见，固定股利支付率政策只是比较适用于那些处于稳定发展且财务状况也比较稳定的企业。

例 7-4 丙公司长期以来用固定股利支付率政策进行股利分配，确定的股利支付率为 30%。2022 年税后净利润为 3 000 万元，如果仍然继续执行固定股利支付率政策，计算该公司本年度将要支付的股利：

3 000×30%=900（万元）

但公司下一年度有较大的投资需求，因此，准备本年度采用剩余股利政策。如果公司下一年度的投资预算为 4 000 万元，目标资本结构为权益资本占 60%。按照目标资本结构的要求，丙公司投资方案所需的权益资本额为

4 000×60%=2 400（万元）

丙公司 2022 年度可以发放的股利为

3 000–2 400=600（万元）

（四）低正常股利加额外股利政策

1. 低正常股利加额外股利政策的内容

低正常股利加额外股利政策介于稳定股利政策与变动股利政策之间，属于折中的股利政策。该政策是指企业在一般情况下，每年只向股东支付某一固定的、金额较低的股利，只有在盈余较多的年份，企业才根据实际情况决定向股东额外发放较多的股利。但额外支付的股利并不固定，并不意味着企业永久地提高了原来规定好的较低的股利。如果额外支付股利后，企业盈利发生不好的变动，企业就可以仍然只支付原来确定的较低的股利。

2. 低正常股利加额外股利政策的优缺点

低正常股利加额外股利政策的优点表现在：

（1）这种股利政策具有较大的灵活性。采取此政策向股东发放股利时，当企业盈利较少或投资需要的资金较多时，可维持原定的较低但正常的股利，由于股东仍有股利可分，就不会有股利跌落感；当企业盈余有较大幅度增加时，又可在原定的较低但正常的股利基础上，向股东增发额外的股利，以增强股东对企业未来发展的信心，进而稳定股价。

（2）这种股利政策可使依靠股利生存的股东，每年至少可以得到虽然较低但比较稳定的股利收入。

低正常股利加额外股利政策的缺点表现在：

（1）由于年度间企业盈利的波动使得额外股利不断变化，造成分派的股利不同，容易给投资者收益不稳定的感觉。

（2）当企业在较长时间持续发放额外股利后，可能会被股东误认为"正常股利"，一旦取消，传递出的信号可能会使股东认为这是企业财务状况恶化的表现，进而导致股价下跌。

正因为这种股利政策既具有稳定的特点，每年支付的股利虽然较低但固定不变，又具有变动的特点，盈利较多时，额外支付变动的股利，所以这种政策的灵活性较大，因而被许多企业采用，并尤其适合于盈利经常波动的企业。

以上几种股利政策中，固定或稳定增长股利政策和低正常股利加额外股利政策是被企业普遍采用，并为广大投资者认可的两种基本政策。企业在进行股利分配时，应结合自身的实际情况选择适当的股利政策，从而促进企业的发展。

第三节　股利支付程序和方式

一、股利支付程序

股份有限公司向股东支付股利有一定程序。其中包含几个关键日期，即股利宣告日、股权登记日、除息除权日和股利支付日。

（一）股利宣告日

股利宣告日，即公司董事会将股利支付情况予以公告的日期。公告中将宣告每股支付的股利、股权登记期限、股利支付日期等事项。

（二）股权登记日

股权登记日，即有权领取股利的股东的资格登记截止日期。一般公司宣布股利后，可规定一段时期供股东过户登记。只有在股权登记日前在公司股东名册上登记的股东，才有权分享股利。

（三）除息除权日

除息除权日，即领取股利的权利与股票分离的日期。在除息除权日前，股利权从属于股票，持有股票者即享有领取股利的权利；除息除权日始，股利权与股票分离，新购入股票的人不能分享股利。在此期间的股票交易称为无息交易，其股票称为无息股。证券业一般规定在股权登记日的前四日（正常交易日）为除息除权日，这是因为过去股票买卖的交割、过户需要一定的时间，如果在除息除权日之后股权登记日之前交易股票，公司将无法在股权登记日得知股东更换的信息，但是现在先进的计算机交易系统为股票的交割过户提供了快捷的手段，股票交易结束的当天即可办理完全部的交割过户手续。因此，我国沪、深股票交易所规定的除息除权日是在股权登记日的次日。

（四）股利发放日

即向股东发放股利的日期。在这一天，企业将股利支付给股东，计算机交易系统可以通过中央结算登记系统将股利直接汇入股东的资金账户，由股东向其证券代理商领取股利。

例7-5　丁上市公司2023年4月9日公布2022年度的最后分红方案，发布公告如下："本公司董事于2023年4月8日在广州召开的股东大会，通过了董事会关于每股分红0.4元的2022年度股息分配方案。股权登记日为4月23日，除息除权日为4月24日，股东可在5月6日至5月20日之间通过深圳交易所按交易方式领取股息，特此公告。"

则该公司的股利支付程序如图7-1所示。

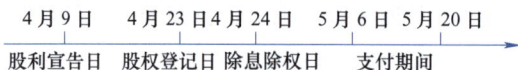

4月9日	4月23日	4月24日	5月6日	5月20日
股利宣告日	股权登记日	除息除权日	支付期间	

图7-1　股利支付程序

二、股利支付方式

常见的股利支付方式有现金股利、股票股利、财产股利、负债股利等。我国有关法律规定，股份制公司只能采用现金股利和股票股利两种方式。

（一）现金股利

现金股利是股份制企业以现金的形式发放给股东的股利，这是最常用的股利支付方式，现金股利发放的多少主要取决于企业的股利政策和经营业绩。企业选择现金股利方式的条件主要有：企业有充足的、可以支付的现金，资产流动性较强；企业有较强的外部筹资能力；现金的支付不存在债务契约的约束等。由于现金具有较强的流动性，且现金股利还可以向市场传递一种积极的信息，因此，现金股利的支付有利于支撑和刺激企业的股价，增强投资者的投资信心。

不过，现金股利也有缺点，主要有以下两点：

（1）导致现金流出量增加，增大了企业的财务风险。

（2）股东需要缴纳个人所得税，减少了股东的既得利益，对于那些拥有企业控制权的股东往往更倾向于低现金支付股利政策。

（二）股票股利

股票股利是企业将应分配给股东的股利以股票的形式支付。除了当年的可供分配利润可以用于发放股票股利外，企业的盈余公积金和资本公积金也可用于发放股票股利。

股票股利的发放并没有改变企业账面的股东权益总额，同时也没有改变股东的持股结构，但是会增加市场上流通的股票数量。因此，企业发放股票股利会使股票价格相应下跌。

（三）财产股利

财产股利是以现金以外的资产支付给股东的股利，主要是以企业所拥有的其他企业的有价证券如债券等，作为股利支付给股东。

（四）负债股利

负债股利是企业以负债支付的股利，通常以企业的应付票据支付给股东，在不得已情况下也有发行企业债券抵付股利。

本 章 小 结

收益分配又称利润分配。利润包括收入减去费用后的净额、直接计入当期利润的利得和损失等，是反映企业业绩的核心指标，是企业利益相关者进行收益分配的基础，也是企业得以持续发展的源泉。利润在计算时，包括营业利润、利润总额、净利润和息税前利润几个层次。企业应严格按照有关财经法规制度，正确组织利润分配。目标利润预测的方法主要包括定性预测和定量预测两种方法，其中定量预测包括比例预测法和本量利分析法等。利润分配需要遵循依法分配、分配与积累并重、兼顾各方利益、投资与收益对等等原则。根据我国《公司法》及相关法律制度的有关规定，企业当年实现的利润总额应按国家有关税法的规定做相应的调整，然后依法缴纳所得税。缴纳所得税后的净利润应按"弥补以前年度亏损——提取法定盈余公积金——提取任意盈余公积金——向股东（投资者）分配股利（利润）"这一顺序进行分配。

利润分配政策也叫股利政策。股利政策具体包括剩余股利政策、固定或稳定增长股利政策、固定股利支付率政策和低正常股利加额外股利政策等，分别适用不同发展阶段及不同情况的企业。

股份有限公司向股东支付股利有一定程序。其中包含几个关键日期，即股利宣告日、股权登记日、除息除权日和股利发放日。常见的股利支付方式有现金股利、股票股利、财产股利、负债股利等。我国有关法律规定，股份制公司只能采用现金股利和股票股利两种方式。

同 步 测 试

一、单项选择题

1. （　　）之后的股票交易，股票交易价格会有所下降。

    A. 股利宣告日　　　B. 除息除权日　　　C. 股权登记日　　　D. 股利支付日

2. 一般来说，如果一个企业预期未来有较好的投资机会，且预期投资收益大于投资者期望收益率时，则有可能采取（　　）的利润分配政策。

    A. 宽松　　　　　　B. 较紧　　　　　　C. 不紧　　　　　　D. 固定或变动

3. 在企业的净利润与现金流量不够稳定时，采用（　　）对企业和股东都是有利的。

    A. 剩余股利政策　　　　　　　　　　B. 固定或稳定增长股利政策

    C. 固定股利支付率政策　　　　　　　D. 低正常股利加额外股利政策

4. （   ）是领取股利的权利与股票分离的日期。

    A．股利宣告日   B．股权登记日   C．除息除权日   D．股利支付日

5. 下列各项中属于影响发放现金股利多少的因素是（   ）。

    A．投资者的偏好   B．营业业绩

    C．代理成本的多少   D．传递企业的未来信息

6. （   ）适用于经营比较稳定或正处于成长期、信誉一般的企业。

    A．剩余股利政策   B．固定或稳定增长股利政策

    C．固定股利支付率政策   D．低正常股利加额外股利政策

7. 在下列股利分配政策中，能保持股利与利润之间一定的比例关系，并体现风险投资与风险收益对等原则的是（   ）。

    A．剩余股利政策   B．固定或稳定增长股利政策

    C．固定股利支付率政策   D．低正常股利加额外股利政策

8. （   ）有利于优化资本结构，降低综合资本成本，实现企业价值的长期最大化。

    A．剩余股利政策   B．固定或稳定增长股利政策

    C．固定股利支付率政策   D．低正常股利加额外股利政策

9. 认为在完全资本市场的条件下，股利完全取决于投资项目需用盈余后的剩余，投资者对于盈利的留存或发放股利毫无偏好的股利理论是（   ）。

    A．代理理论   B．信号传递理论

    C．股利无关论   D．所得税差异理论

10. 下列各项中不属于确定利润分配政策的内部因素的是（   ）。

    A．盈利状况   B．变现能力

    C．筹资能力   D．股东的意见

11. 上市企业按照剩余股利政策发放股利的好处是（   ）。

    A．有利于企业合理安排资金结构   B．有利于投资者安排收入与支出

    C．有利于企业稳定股票的市场价格   D．有利于企业树立良好的形象

12. 在下列企业中，通常适合采用固定或稳定增长股利政策的是（   ）。

    A．收益显著增长的企业   B．收益相对稳定的企业

    C．财务风险较高的企业   D．投资机会较多的企业

13. 相对于其他股利政策而言，既可以维持股利的稳定性，又有利于优化资本结构的股利政策是（   ）。

    A．剩余股利政策   B．固定或稳定增长股利政策

    C．固定股利支付率政策   D．低正常股利加额外股利政策

二、多项选择题

1. 发放股票股利会引起（   ）。

    A．所有者权益总额发生变化   B．所有者权益结构发生变化

    C．每股市价下降   D．股东的市场价值总额发生变化

2. 确定股利支付水平应考虑的因素包括（　　　　）。
　　A. 企业所处的成长周期　　　　　　　B. 目前的投资机会
　　C. 企业支付能力的稳定情况　　　　　D. 股利信号传递功能

3. 确定股利分配政策应考虑的因素包括（　　　　）。
　　A. 盈利状况　　　　　　　　　　　　B. 筹资能力
　　C. 股东的意见　　　　　　　　　　　D. 通货膨胀

4. 企业采用固定或稳定增长股利政策的优点在于（　　　　）。
　　A. 使得投资收益与投资风险相对称　　B. 有利于稳定股价
　　C. 有利于投资者安排收入和支出　　　D. 有利于增强投资者的信心

5. 剩余股利政策的缺点在于（　　　　）。
　　A. 不利于投资者安排收入与支出　　　B. 不利于企业树立良好的形象
　　C. 企业财务压力较大　　　　　　　　D. 不利于目标资本结构的保持

6. 股利相关论包括（　　　　）。
　　A. 所得税差异理论　　　　　　　　　B. 代理理论
　　C. "手中鸟"理论　　　　　　　　　 D. 股利无关理论

7. 下列各项中属于确定利润分配政策的法律因素的内容有（　　　　）。
　　A. 控制权考虑　　　　　　　　　　　B. 资本保全约束
　　C. 资本积累约束　　　　　　　　　　D. 超额累积利润约束

8. 上市企业发放股票股利可能导致的结果有（　　　　）。
　　A. 企业股东权益内部结构发生变化　　B. 企业股东权益总额发生变化
　　C. 企业每股收益下降　　　　　　　　D. 企业股份总额发生变化

9. 按照资本保全约束的要求，企业发放股利所需资金的来源包括（　　　　）。
　　A. 当期利润　　　B. 留存收益　　　C. 原始投资　　　D. 股本

三、判断题

1. 信号传递理论认为，股利政策有助于减缓管理者与股东之间，以及股东与债权人之间的代理冲突。（　　）

2. 从除息除权日开始，新购入股票的投资者不能分享最近一期的股利。（　　）

3. 股份企业的利润总额在缴纳了所得税后，分配的程序是：弥补以前年度亏损、计提法定盈余公积金、计提任意盈余公积金、向投资者分配利润。（　　）

4. 计提法定盈余公积金的基数是企业当年实现的净利润。（　　）

5. 固定股利支付率政策使得企业股利的支付具有较大灵活性。（　　）

6. "手中鸟"理论认为企业分配的股利越多，企业的市场价值也就越大。（　　）

7. 利润分配有广义和狭义之分，广义的利润分配是指对企业净利润的分配。（　　）

8. 采用剩余股利分配政策的优点是有利于保持理想的资金结构，降低企业的综合资本成本。（　　）

9. 在除息除权日之前，股利权从属于股票；从除息除权日开始，新购入股票的人不能分享本次已宣告发放的股利。（　　）

10. 企业发放股票股利会引起每股收益的下降，从而导致每股市价有可能下跌，因而每位股东所持股票的市场价值总额也将随之下降。 （　　）

四、计算分析题

1. 某企业 2022 年税后净利润为 2 000 万元，2023 年的投资计划需要资金 900 万元，企业的目标资金结构为：自有资金占 80%，借入资金占 20%。该企业采用剩余股利政策。

要求：

（1）计算企业投资所需自有资金数额。

（2）计算企业投资需从外部筹集的资金数额。

（3）计算企业 2022 年度可向投资者分配的利润。

2. 某企业 2023 年拟投资 6 000 万元购置一台生产设备以扩大生产能力，该企业目标资本结构下权益乘数为 1.5。该企业 2022 年度的净利润为 4 000 万元，采用固定股利政策，2022 年度应分配的股利为 500 万元。

要求： 在目标资本结构下，计算 2023 年该企业为购置该设备需要从外部筹集资金的数额。

3. 某企业成立于 2021 年 1 月 1 日，2021 年度实现的净利润为 1 000 万元，分配现金股利 550 万元，提取盈余公积 450 万元（所提盈余公积均已指定用途）。2022 年实现的净利润为 900 万元（不考虑计提法定盈余公积的因素）。2023 年计划增加投资，所需资金为 700 万元。假定企业目标资本结构为自有资金占 60%，借入资金占 40%。

要求：

（1）在保持目标资本结构的前提下，计算 2023 年投资方案所需的自有资金和需要从外部借入资金的数量。

（2）在保持目标资本结构的前提下，如果企业执行剩余股利政策，计算 2022 年度应分配的现金股利。

（3）在不考虑目标资本结构的前提下，如果企业执行固定股利政策，计算 2022 年度应分配的现金股利以及可用于 2023 年投资的留存收益和需要额外筹集的资金额。

（4）在不考虑目标资本结构的前提下，如果企业执行固定股利支付率政策，计算该企业的股利支付率和 2022 年度应分配的现金股利。

第八章

财务分析

知识目标

1. 了解财务分析的含义和内容。
2. 熟悉财务分析的基本方法。
3. 掌握财务分析的基本指标。

能力目标

1. 能够运用财务分析指标进行财务分析。
2. 能够对企业的财务状况和经营业绩进行评价。

知识结构

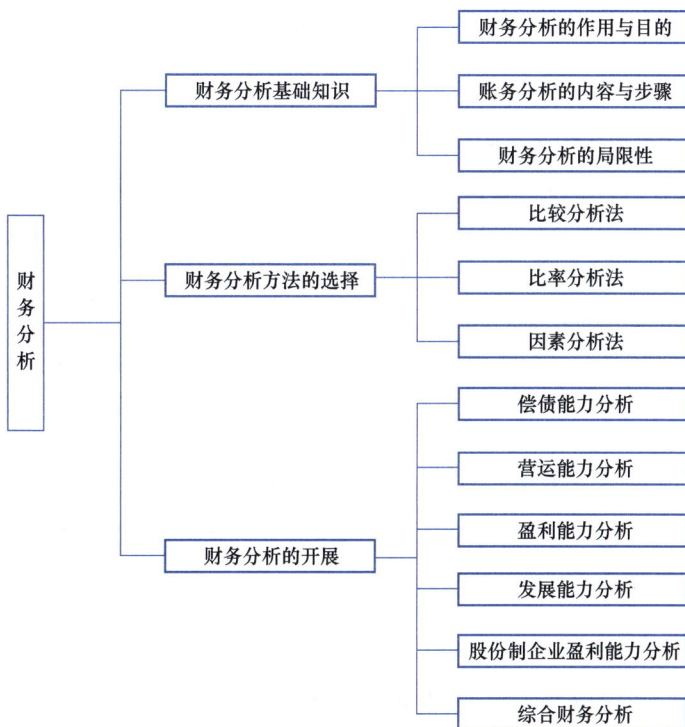

曾被评为中央电视台"2002年经济年度人物"和"感动中国——2002年度人物"的专家学者刘姝威（中央财经大学财经研究所研究员），分析了蓝田股份2000年的全部财务报告以及其他公开资料，写了一篇600多字的研究推理短文《应立即停止对蓝田股份发放贷款》，依据如下：

1．蓝田股份的偿债能力分析

蓝田股份的流动比率是0.77，这说明蓝田股份短期可转换成现金的流动资产不足以偿还到期流动负债，偿还短期债务能力弱；速动比率是0.35，这说明扣除存货后，蓝田股份的流动资产只能偿还35%的到期流动负债；净营运资金是-1.3亿元，这说明蓝田股份将不能按时偿还1.3亿元的到期流动负债。

2．蓝田股份的农副水产品销售收入分析

蓝田股份的农副水产品收入占主营业务收入的69%，饮料收入占主营业务收入的29%，二者合计占主营业务收入的98%。公告称：由于公司基地地处洪湖市瞿家湾镇，占公司产品70%的水产品在养殖基地现场成交，上门提货的客户中个体比重大，因此"钱货两清"成为惯例，应收款占主营业务收入比重较低。经研究推理：蓝田股份不可能以"钱货两清"和客户上门提货的销售方式，一年销售12.7亿元水产品。

3．蓝田股份的现金流量分析

蓝田股份的"销售商品、提供劳务收到的现金"超过了"主营业务收入"，但是其短期偿债能力却位于同业最低水平，则农副水产品收入12.7亿元应该是现金收入。如果水产品基地瞿家湾每年有12.7亿元销售水产品收到的现金，各家银行会争先恐后地在瞿家湾设立分支机构，会为争取这"12.7亿元销售水产品收到的现金"业务而展开激烈的竞争，绝不会让"12.7亿元销售水产品收到的现金"游离于银行系统之外。经研究推理：农副水产品收入12.7亿元的数据是虚假的。

4．蓝田股份的资产结构分析

蓝田股份的流动资产逐年下降，应收款逐年下降，流动资产主要由存货和货币资金构成，在产品占存货的82%；资产逐年上升主要由于固定资产逐年上升导致。经研究推理：在产品占存货百分比和固定资产占资产百分比异常高于同业平均水平，因此在产品和固定资产的数据是虚假的。

根据以上分析：蓝田股份的偿债能力越来越恶化；扣除各项成本和费用后，蓝田股份没有净收入来源；蓝田股份不能创造足够的现金流量以便维持正常经营活动和保证按时偿还银行贷款的本金和利息；银行应该立即停止对蓝田股份发放贷款。

在600多字的短文发表25天后，所有银行对蓝田股份停发贷款，资金链断了。在银行停发贷款的短时间内，业务已经无法进行。如果是一家健康的企业，不会出现这种情况。刘姝威运用国际通用的财务分析方法，击碎了"蓝田神话"，为国家挽回了巨大损失，也使很多股民免遭"家破人亡"的悲剧。

讨论与思考

如何对企业的财务报告进行分析与评价？

第一节　财务分析基础知识

一、财务分析的作用与目的

财务分析是以企业财务报告及其他相关资料为主要依据，采用专门的技术和方法，对企业的财务状况和经营成果进行分析和评价，为企业的经营者、债权人、投资者等利益相关者了解企业的过去、评价企业的现状、预测企业的未来提供对决策有用的信息。财务分析既是对已完结财务活动的总结，又是财务预测的前提。

（一）财务分析的作用

1. 财务分析是评价企业财务状况、经营成果和现金流量信息的重要依据

通过财务分析，企业的管理层及其他财务报表使用者可以了解企业财务状况和经营成果及现金流量信息，并区分主、客观因素，以划分经济责任，合理评价经营者工作业绩，同时据此奖惩，激励经营者不断改进工作效率、提升工作效果。

2. 财务分析是实现企业财务管理目标的重要手段

通过财务分析，可以了解企业的盈利能力和资金周转状况，不断挖掘企业改善财务状况和扩大财务成果的内部潜力，充分利用未被利用的人力资源和物质资源，寻找利用不当的原因，发现进一步提高利用效率的可能性，以便从各方面揭露矛盾，找出差距，寻求措施，改进工作，促使企业生产经营活动良性运行，实现企业价值最大化的财务管理目标。

3. 财务分析是科学决策的重要前提

通过财务分析，可以了解投资的收益水平和风险程度，从而为投资决策提供必要的信息。

（二）财务分析的目的

财务分析的目的是指财务信息使用者想要通过财务分析得到的结果。根据财务指标使用者的不同要求及关注点，财务分析的目的也有所不同。

1. 投资者

企业的投资者包括企业的所有者和潜在投资者。投资者对企业投资的目的在于获取投资收益，也就是要在资本保值的基础上进一步实现资本的不断增值，因此，投资者的利益与企业的财务状况和经营成果密切相关。为了提高投资收益、减少投资风险，投资者更关注企业的盈利能力、偿债能力、营运能力及其发展趋势。通过分析企业的资产和盈利能力来决定是否进行投资；通过分析企业的盈利状况、股价变动和发展前景来决定是否转让股份；通过分析企业盈利水平、破产风险和竞争能力，来考查经营者的业绩；通过分析企业的筹资状况来决定股利分配政策。总之，财务分析可以为投资者做出投资决策提供依据。

2. 债权人

企业的债权人包括企业借款的银行及一些金融机构，以及购买企业债券的单位与个人等。

作为企业的债权人，其要求权是对企业资产及其变现能力、偿债能力的要求，他们最关心的是企业能否按期偿还债务本金及利息。因此，债权人进行财务分析，一是看其对企业的借款或其他债券能否及时、足额收回，也就是分析企业的偿债能力大小；二是看企业的收益状况与风险程度能否相适应，为此，还应将偿债能力分析与盈利能力分析相结合。总之，通过财务分析，债权人可以全面、准确地掌握企业的支付能力和偿债能力，从而对提供信贷资金的风险进行评价，为其制定信用政策提供依据。

3. 经营者

企业的经营者主要是指企业的管理人员。他们有责任保证企业的内部资产合理使用并得到保值和增值。在生产经营活动中，他们既要保持企业良好的偿债能力和营运能力，又要为投资者争取较多的利润。因此，他们进行财务分析的目的是综合的、多方面的，涉及的内容最广泛，几乎包括外部使用者关心的所有问题，还要预测企业未来的发展趋势。总之，财务分析可以为经营者进行经营决策和改善管理提供依据。

4. 其他财务分析主体或服务对象

其他财务分析主体或服务对象主要是指与企业经营有关的政府经济管理部门。通过财务分析，检查国家各项经济政策、法规、制度在企业的执行情况；通过财务分析，保证企业财务会计信息和财务报告的真实性、准确性，从而为投资者提供真实可靠的会计信息资料，维护市场秩序，防止欺诈和不正当竞争；通过财务分析，对国家整个经济形势或发展做出评价与预测，以便取得宏观调控所需的信息资料。总之，财务分析可以为政府经济管理部门进行管理和宏观调控提供依据。

二、财务分析的内容与步骤

（一）财务分析的内容

尽管不同利益主体进行财务分析有着各自的侧重点，但财务分析的基本内容可以分四个方面：偿债能力分析、营运能力分析、盈利能力分析和发展能力分析。四者相辅相成，其中，偿债能力是财务目标实现的稳健保证，营运能力是财务目标实现的物质基础，盈利能力是上述两者共同作用的结果，同时对两者起着推动作用，发展能力是企业在生存的基础上，扩大规模、壮大实力的潜在能力。

（二）财务分析的步骤

财务分析的具体步骤因分析目的和分析主体的不同而不同。财务分析的一般步骤如下：

（1）明确分析的目标。

（2）收集有关的数据资料。

（3）根据分析目的把整体的各部分分别列示，给予适当组织，使之符合需要。

（4）深入研究各个部分的特殊本质。

（5）进一步研究各个部分的联系。

（6）解释结果，提供对决策有用的信息。

三、财务分析的局限性

财务分析的局限性主要表现为资料来源的局限性、分析方法的局限性和分析指标的局限性。其中，资料来源的局限性包括数据本身缺乏可比性、数据来源缺乏可靠性和数据时间存在滞后性等。

第二节 财务分析方法的选择

进行财务分析，需要运用一定的方法。财务分析的方法主要包括比较分析法、比率分析法和因素分析法等。

一、比较分析法

比较分析法是指对两个或两个以上的可比数据进行对比，找出企业财务状况、经营成果中的差异与问题。

根据比较对象的不同，比较分析法可划分为趋势分析法、横向比较法和预算差异分析法。趋势分析法的比较对象是本企业的历史；横向比较法的比较对象是同类企业，如行业平均水平或竞争对手；预算差异分析法的比较对象是预算数据。在财务分析中，最常用的比较分析法是趋势分析法。

趋势分析法是通过对比两期或连续数期财务报告中的相同指标，确定其增减变动的方向、数额和幅度，来说明企业财务状况或经营成果变动趋势的一种方法。采用这种方法，可以分析引起变化的主要原因、变动的性质，并预测企业未来的发展趋势。趋势分析法的具体运用主要有三种：①重要财务指标的比较；②财务报表的比较；③财务报表项目构成的比较。

（一）重要财务指标的比较

重要财务指标的比较是将不同时期财务报告中的相同指标或比率进行比较，直接观察其增减变动情况及变动幅度，考查其发展趋势，预测其发展前景。对不同时期财务指标的比较，可以有以下两种方法：

1. 定基动态比率

定基动态比率是以某一时期的数额为固定的基期数额，用分析期数额同其比较，而计算出来的动态比率。其计算公式为

$$定基动态比率 = \frac{分析期数额}{固定基期数额} \times 100\%$$

2. 环比动态比率

环比动态比率是以每一分析期的前期数额为基期数额，用分析期数额同其比较，而计算出

来的动态比率。其计算公式为

$$环比动态比率 = \frac{分析期数额}{前期数额} \times 100\%$$

（二）财务报表的比较

财务报表的比较是将连续数期的财务报表的金额并列起来，比较各指标不同期间金额和幅度的增减变动，据以判断企业财务状况和经营成果发展变化的一种方法。财务报表的比较，具体包括资产负债表比较、利润表比较和现金流量表比较等。一般比较时，既要计算出报表中有关项目增减变动的绝对额，又要计算出其增减变动的相对百分比。

（三）财务报表项目构成的比较

财务报表项目构成比较是在财务报表比较的基础上发展而来的。它是以财务报表中的某个总体指标作为100%，再计算出其各组成指标占该总体指标的百分比，从而来比较各个项目百分比的增减变动，以此来判断有关财务活动的变化趋势。这种方法比前述两种方法更能准确地分析企业财务活动的发展趋势。它既可用于同一企业不同时期财务状况的纵向比较，又可用于不同企业之间的横向比较。同时，这种方法能消除不同时期（不同企业）之间业务规模差异的影响，有利于分析企业的资源耗费水平和实际盈利水平。

但在采用趋势分析法时，必须注意以下问题：

（1）用来进行对比的各个时期的指标，在计算口径上必须保持一致。

（2）一般需要运用例外原则，通过对某项有显著变动的指标的重点分析，来研究其产生变动的原因，以便采取对策，趋利避害。

（3）必须剔除偶发性项目的影响，使作为分析的数据能反映正常的经营状况。

二、比率分析法

比率分析法是通过计算各种比率指标来确定经济活动变动程度的一种分析方法。比率是相对数，采用这种方法，能够把某些条件下的不可比指标变为可比指标，以利于进行分析。

比率指标可以有不同的类型，主要有构成比率、效率比率和相关比率三类。

（一）构成比率

构成比率又称结构比率，是指某项财务指标的各组成部分数值占总体数值的百分比，反映部分与总体的关系。其计算公式为

$$构成比率 = \frac{某个组成部分数值}{总体数值} \times 100\%$$

例如，企业资产中流动资产、固定资产和无形资产占资产总额的百分比（资产构成比率），企业负债中流动负债和长期负债占负债总额的百分比（负债构成比率）等。利用构成比率，可以考查总体中某个部分的构成和安排是否合理，以便协调各项财务活动。

（二）效率比率

效率比率是某项财务活动中所费与所得的比率，反映投入与产出的关系。利用效率指标，

可以进行得失比较，考查经营成果，评价经济效益。例如，将利润项目与销售成本、销售收入、资本金等项目加以对比，可计算出成本利润率、销售利润率及资本金利润率等利润率指标，可以从不同角度观察比较企业获利能力的高低及其增减变化的情况。

（三）相关比率

相关比率是通过某个项目和与其有关但又不同的项目加以对比所得的比率，以反映有关经济活动的相互关系。利用相关比率指标，可以考查企业有联系的相关业务安排得是否合理，以保障运营活动顺畅进行。例如：将流动资产与流动负债加以对比，计算出流动比率，可以判断企业的短期偿债能力；将企业的负债总额与资产总额进行对比，可以判断企业的长期偿债能力。

比率分析法的优点是计算简便，计算结果也比较容易判断，而且可以使某些指标在不同规模的企业之间进行比较，甚至也能在一定程度上超越行业间的差别进行比较。但采用这一方法时应该注意以下几点：

（1）对比项目具有相关性。

（2）对比口径符合一致性。

（3）衡量标准设置的科学性。

三、因素分析法

因素分析法是依据分析指标与其影响因素的关系，从数量上确定各因素对分析指标影响方向和影响程度的一种方法。因素分析法具体有两种：一是连环替代法，二是差额分析法。

因素分析法

（一）连环替代法

连环替代法是将分析指标分解为各个可以计量的因素，并根据各个因素之间的依存关系，顺次用各因素的比较值（通常指实际值）替代基准值（通常指标准值或计划值），据以测定各因素对分析指标的影响。

例8-1　A企业当月某种原材料费用的实际耗用数是 4 200 元，而计划数是 3 600 元。实际数比计划数增加了 600 元。由于原材料费用是由产品产量、单位产品材料消耗量和材料单价三个因素的乘积构成的，因此，就可以把材料费用这一总指标分解为三个因素，然后逐个来分析它们对材料费用总额的影响程度。现假定这三个因素的数值见表8-1。

表8-1　材料费用计算表

项　　目	单　　位	计　划　数	实　际　数
产品产量	件	90	100
单位产品材料消耗量	千克	8	7
材料单价	元	5	6
材料费用总额	元	3 600	4 200

根据表 8-1 中的资料，材料费用总额实际数较计划数增加 600 元，这是分析对象。运用连环替代法，可以计算各因素变动对材料费用总额的影响程度如下：

计划指标：90×8×5=3 600（元）　　　　①

第一次替代：100×8×5=4 000（元）　　　②

第二次替代：100×7×5=3 500（元）　　　　③

第三次替代：100×7×6=4 200（元）　　　　④

产量增加的影响：②−①=4 000−3 600=400（元）

材料消耗量节约的影响：③−②=3 500−4 000=−500（元）

材料价格提高的影响：④−③=4 200−3 500=700（元）

上述各因素影响的代数和，即为全部因素的影响：400−500+700=600（元）。

即：产量增加使得材料费用总额增加400元；材料消耗量节约使得材料费用总额减少500元；材料价格提高使得材料费用总额增加700元。

（二）差额分析法

差额分析法是连环替代法的一种简化形式，它是利用各个因素的比较值与基准值之间的差额，来计算各因素对分析指标的影响。

例8-2　仍以表8-1所列数据为例，可采用差额分析法计算确定各因素变动对材料费用的影响。

（1）产量增加对材料费用总额的影响为

（100−90）×8×5=400（元）

即产量增加使得材料费用总额增加400元。

（2）材料消耗量节约对材料费用总额的影响为

100×（7−8）×5=−500（元）

即材料消耗量节约使得材料费用总额减少500元。

（3）材料价格提高对材料费用总额的影响为

100×7×（6−5）=700（元）

即材料价格提高使得材料费用总额增加700元。

（4）全部因素的影响应为上述各因素影响的代数和400−500+700=600（元）。

因素分析法既可以全面分析各因素对某一经济指标的影响，又可以单独分析某个因素对某一经济指标的影响，在财务分析中应用十分广泛。但在应用这一方法时必须注意以下几个问题：

（1）分解因素的关联性。即确定构成经济指标用以分解的各因素，必须在客观上存在着因果关系，能够反映形成该项指标差异的内在构成原因，否则就失去了其分析的价值。

（2）因素替代的顺序性。替代因素时，必须按照各因素的依存关系，排列成一定的顺序并依次替代，不可随意颠倒，否则就会得出不同的计算结果。一般而言，确定正确排列因素替代程序的原则是，按分析对象的性质，从诸因素相互依存关系出发，并使分析结果有助于分清责任。

（3）顺序替代的连环性。因素分析法在计算每一个因素变动的影响时，都是在前一次计算的基础上进行，并采用连环比较的方法确定因素变化影响结果。因为只有保持计算程序上的连环性，才能使各步骤因素影响之和等于分析指标变动的差异，以全面说明分析指标变动的原因。

（4）计算结果的假定性。由于因素分析法计算的各因素变动的影响数，会因替代计算顺序的不同而有差别，因而计算结果不免带有假定性，即它不可能使每个因素计算的结果都达到绝对的准确。它只是在某种假定前提下的影响结果，离开了这种假定前提条件，也就是另外一种影响结果。为此，分析时应力求使这种假定是合乎逻辑的假定，是具有实际经济意义的假定。这样，计算结果的假定性，才不至于妨碍分析的有效性。

第三节　财务分析的开展

通过财务指标的分析可以总结和评价企业财务状况与经营成果，企业财务分析的常用指标主要包括偿债能力指标、营运能力指标、盈利能力指标和发展能力指标四大类。

一、偿债能力分析

偿债能力是指企业偿还到期债务（包括本金和利息）的能力。对企业偿债能力进行分析有利于债权人进行正确的借贷决策；有利于投资者进行正确的投资决策；有利于企业经营者进行正确的经营决策；有利于正确评价企业的财务状况。

偿债能力的衡量方法有两种：一种是比较可供偿债资产与债务的存量，资产存量超过债务存量较多，则认为偿债能力较强；另一种是比较经营活动现金流量和偿债所需现金，如果产生的现金超过需要的现金较多，则认为偿债能力较强。

债务一般按到期时间分为短期债务和长期债务，偿债能力分析也由此分为短期偿债能力分析和长期偿债能力分析。

（一）短期偿债能力

企业在短期（一年或一个营业周期）需要偿还的负债主要指流动负债，因此短期偿债能力衡量的是对流动负债的清偿能力。企业的短期偿债能力取决于短期内企业产生现金的能力，即在短期内能够转化为现金的流动资产的多少。所以，短期偿债能力主要考查的是流动资产对流动负债的清偿能力。企业短期偿债能力的衡量指标主要有营运资金、流动比率、速动比率和现金比率。

1. 营运资金

营运资金是指流动资产超过流动负债的部分。其计算公式为

$$营运资金 = 流动资产 - 流动负债$$

计算营运资金使用的"流动资产"和"流动负债"，通常可以直接取自资产负债表。当流动资产大于流动负债时，营运资金为正，说明企业财务状况稳定，不能偿债的风险较小；反之，企业不能偿债的风险很大。因此，企业必须保持正的营运资金，以避免流动负债的偿付风险。但是营运资金是绝对数，不便于不同历史时期以及不同企业之间进行比较。例如，B公司和C公司有着相同的营运资金（见表8-2），是否意味着它们具有相同的偿债能力呢？

表8-2　B公司和C公司的营运资金　　　　（单位：万元）

项　　目	B　公　司	C　公　司
流动资产	1 200	4 800
流动负债	400	4 000
营运资金	800	800

从表8-2可以看出，尽管B公司和C公司营运资金都为800万元，但是C公司的偿债能力明显好于B公司，原因是B公司的营运资金占流动资产的比例是2/3，即流动资产中只有1/3可

用于偿还流动负债；而 C 公司的营运资金占流动资产的比例是 1/6，即流动资产的绝大部分（5/6）可以用于偿还流动负债。因此，在实务中一般不直接使用营运资金来评价企业短期偿债能力。

2. 流动比率

流动比率是流动资产与流动负债的比率。它表明企业每 1 元流动负债有多少流动资产作为偿还保障，反映企业可在短期内变现的流动资产偿还流动负债的能力。其计算公式为

$$流动比率 = \frac{流动资产}{流动负债}$$

一般而言，流动比率越高，企业短期偿债能力越强。国际上通常认为，流动比率等于 2 时较为适当，它表明企业财务状况稳定可靠，除了满足日常生产经营的流动资金需要外，还有足够的财力偿付到期短期债务。如果流动比率过低，表示企业可能捉襟见肘，难以如期偿还债务；但流动比率也不宜过高，过高则表明企业流动资产占用较多，会影响资金的使用效率和企业的筹资成本，进而影响企业盈利能力。不同行业的流动比率通常有明显差异。一般营业周期越短的企业，合理的流动比率就越低。

例 8-3　根据 A 公司 2022 年资产负债表（见表 8-3）相关数据可计算该公司流动比率。

表 8-3　资产负债表（简表）

编制单位：A 公司　　　　　　　　2022 年 12 月 31 日　　　　　　　　单位：万元

资产	年末余额	年初余额	负债	年末余额	年初余额
流动资产：			流动负债：		
货币资金	520	270	短期借款	620	470
交易性金融资产	80	140	应付账款	1 090	1 170
应收账款	4 100	2 140	预收款项	120	60
预付款项	140	60	应付职工薪酬	180	210
其他应收款	240	240	应交税费	110	140
存货	1 210	3 280	其他应付款	590	360
一年内到期的非流动资产	690	0	一年内到期的非流动负债	520	0
其他流动资产	200	130	其他流动负债	50	70
流动资产合计	7 180	6 260	流动负债合计	3 280	2 480
非流动资产：			非流动负债：		
长期股权投资	320	470	长期借款	4 520	2 470
固定资产	12 380	9 550	应付债券	2 420	2 620
在建工程	200	370	其他非流动负债	720	770
无形资产	200	240	非流动负债合计	7 660	5 860
递延所得税资产	70	170	负债合计	10 940	8 340
其他非流动资产	50	140	所有者权益：		
非流动资产合计	13 220	10 940	实收资本	6 000	6 000
			资本公积	180	120
			盈余公积	760	420
			未分配利润	2 520	2 320
			所有者权益合计	9 460	8 860
资产总计	20 400	17 200	负债和所有者权益合计	20 400	17 200

$$年初流动比率=\frac{年初流动资产}{年初流动负债}=\frac{6\,260}{2\,480}=2.52$$

$$年末流动比率=\frac{年末流动资产}{年末流动负债}=\frac{7\,180}{3\,280}=2.19$$

A 公司年初、年末流动比率均大于 2，说明该企业具有较强的短期偿债能力。

但是运用流动比率也有一定的局限性，因为该指标假定企业全部流动资产都可以变现用于偿债，并且企业全部的流动负债都需要偿还。但是在实务中，经营性流动资产是公司持续经营所必需的，不能全部用于偿债；而经营性应付项目可以滚动存续，并不需要动用现金全部结清。因此，流动比率是对短期偿债能力的粗略估计。

3. 速动比率

速动比率是企业速动资产与流动负债的比值。其计算公式为

$$速动比率=\frac{速动资产}{流动负债}$$

速动资产是指流动资产减去变现能力较差且不稳定的存货、预付账款、一年内到期的非流动资产和其他流动资产等之后的余额。由于剔除了存货等变现能力较弱且不稳定的资产，因此，速动比率较流动比率能够更加准确、可靠地评价企业资产的流动性及其偿还短期负债的能力。速动资产的计算公式为

$$速动资产=货币资金+交易性金融资产+应收账款+应收票据+其他应收款$$
$$=流动资产-存货-预付款项-一年内到期的非流动资产-其他流动资产$$

需要说明的是，若报表中有应收利息、应收股利和其他应收款项目，可视情况归入速动资产项目。

一般情况下，速动比率越高，表明企业短期偿债能力越强。不同行业的速动比率有着比较大的差别，一般认为，速动比率为 1 是安全标准。如果速动比率小于 1，企业将面临很大的偿债风险；如果速动比率大于 1，尽管债务偿还的安全性很高，但却会因企业现金及应收账款资金占用过多而大大增加企业的机会成本。

在分析时需注意的是，尽管速动比率较之流动比率更能反映出流动负债偿还的安全性和稳定性，但并不能认为速动比率较低的企业的流动负债到期绝对不能偿还。实际上，如果企业存货流转顺畅，变现能力较强，即使速动比率较低，只要流动比率高，企业仍然有望偿还到期的债务本息。

例 8-4 承例 8-3，计算该公司速动比率。

$$年初速动比率=\frac{年初速动资产}{年初流动负债}=\frac{2\,790}{2\,480}=1.13$$

$$年末速动比率=\frac{年末速动资产}{年末流动负债}=\frac{4\,940}{3\,280}=1.51$$

A 公司 2022 年年初和年末的速动比率都比一般公认标准高，说明其短期偿债能力较强，但进一步分析可以发现，在 A 公司的速动资产中应收账款所占比重很高（分别占 77% 和 83%），而应收账款不一定能按时收回，因此速动比率受应收账款变现能力的影响，为了排除这一影响，我们还须借助另一重要比率指标——现金比率进行计算分析。

4. 现金比率

现金比率是企业一定时期的现金资产同流动负债的比率，表明每1元流动负债有多少现金资产作为偿债保障。其计算公式为

$$现金比率 = \frac{现金资产}{流动负债}$$

上式中的现金资产，包括货币资金和交易性金融资产等。现金比率剔除了应收款项对偿债能力的影响，最能反映企业直接偿付流动负债的能力。一般认为0.2的现金比率是可以接受的。现金比率并不是越高越好，如果现金比率过高，意味着企业有过多资源占用在盈利能力较低的现金资产上，从而影响了企业的盈利能力。

例8-5 承例8-3，计算该公司现金比率。

$$年初现金比率 = \frac{年初现金资产}{年初流动负债} = \frac{410}{2\,480} = 0.17$$

$$年末现金比率 = \frac{年末现金资产}{年末流动负债} = \frac{600}{3\,280} = 0.18$$

经上述计算，A公司虽然流动比率和速动比率都较高，但现金比率偏低，说明该公司短期偿债能力还是有一定风险，应缩短收账期，加大应收账款催收力度，以加速应收账款资金的周转。

5. 现金流量比率

现金流量比率是企业一定时期的经营活动现金净流量同流动负债的比率，它可以从现金流量角度来反映企业当期偿付短期负债的能力。其计算公式为

$$现金流量比率 = \frac{年经营活动现金净流量}{年末流动负债}$$

其中，经营活动现金净流量是指一定时期内，企业经营活动所产生的现金及现金等价物流入量与流出量的差额。一般可以从企业的现金流量表中获得该数据。

现金流量比率越大，表明企业经营活动产生的现金净流量越多，越能保障企业按期偿还到期债务，但该指标也并不是越大越好，现金流量比率过高则表明企业流动资金利用不充分，进而影响企业的盈利能力。

例8-6 根据表8-3的资料，同时假设A公司2021年度和2022年度的经营活动现金净流量分别为2 000万元和4 000万元（经营活动现金净流量的数据从A公司的现金流量表中获得），计算该公司2021年度和2022年度的现金流量比率。

$$2021年度的现金流动负债比率 = \frac{2\,000}{2\,480} = 0.81$$

$$2022年度的现金流动负债比率 = \frac{4\,000}{3\,280} = 1.22$$

经上述计算，该公司2022年度的现金流量比率比2021年度提高比较明显，表明该公司短期偿债能力增强。

（二）长期偿债能力

长期偿债能力是指企业在较长的期间偿还债务的能力。企业在长期经营过程中，不仅需要偿还流动负债，还需要偿还非流动负债。因此，长期偿债能力衡量的是企业对所有负债的清偿能力。企业对所有负债的清偿能力取决于其总资产水平，因此长期偿债能力考查的是企业资产、负债和所有者权益之间的关系。其财务指标主要有四项：资产负债率、产权比率、权益乘数和利息保障倍数。

1. 资产负债率

资产负债率即负债比率，是企业负债总额与资产总额之比。其计算公式为

$$资产负债率 = \frac{负债总额}{资产总额} \times 100\%$$

资产负债率表明企业资产总额中，由债权人提供资金所占的比重，以及企业资产对债权人权益的保障程度。一般情况下，资产负债率越小，表明企业长期偿债能力越强。但并不是说该指标越小越好，应视财务报表信息使用对象而定。从债权人角度来讲，该指标越小越好，因为这样企业偿债能力更有保证；但从企业所有者角度来说，如果该指标较大，说明利用较少的自有资本投资形成了较多的生产经营用资产，不仅扩大了生产经营规模，而且在经营状况良好的情况下，还可以利用财务杠杆的原理，取得较多的投资利润，如果该指标过小则表明企业对财务杠杆利用不够。相反地，如果资产负债率过大，则表明企业的债务负担重，企业资金实力不强，不仅对债权人不利，而且企业存在破产倒闭的风险。此外，企业的长期偿债能力与获利能力密切相关，因此企业的经营决策者应当将偿债能力指标（风险指标）与获利能力指标（收益指标）结合起来分析，予以综合考虑。保守的观点认为资产负债率不应高于50%，而国际上通常认为资产负债率等于60%时较为适当。

例8-7 承例8-3，计算A公司2022年资产负债率。

$$年初资产负债率 = \frac{8\,340}{17\,200} \times 100\% = 48.49\%$$

$$年末资产负债率 = \frac{10\,940}{20\,400} \times 100\% = 53.63\%$$

计算结果显示，A公司年初资产负债率为48.49%，年末资产负债率为53.63%，有所上升，表明企业负债水平提高，但偿债能力强弱还需结合行业水平进一步分析。如果A公司所属的行业平均资产负债率为60%，说明尽管A公司资产负债率上升，财务风险有所加大，但相对于行业平均水平而言其财务风险仍然较低，长期偿债能力较强。企业仍有空间进一步提高负债水平，以发挥财务杠杆效应。

2. 产权比率

产权比率又称资本负债率，是负债总额与所有者权益之比，它是企业财务结构稳健与否的重要标志。其计算公式为

$$产权比率 = \frac{负债总额}{所有者权益总额} \times 100\%$$

一般情况下，产权比率越低，表明企业的长期偿债能力越强，债权人权益的保障程度越高，

承担的风险越小，但此时企业不能充分发挥负债的财务杠杆效应。因此，企业在评价产权比率适度与否时，应从提高获利能力与增强偿债能力两个方面综合考评，即在保障债务偿还安全的前提下，应尽可能提高产权比率。

例8-8 承例8-3，计算该公司2022年的产权比率。

$$年初产权比率 = \frac{8\,340}{8\,860} \times 100\% = 94.13\%$$

$$年末产权比率 = \frac{10\,940}{9\,460} \times 100\% = 115.64\%$$

由上述计算可知，A公司2022年年末的产权比率较年初有所提高，表明年末A公司举债经营程度提高，财务风险有所加大，但仍低于行业平均水平（行业的平均资产负债率为60%，故行业的平均产权比率 = $\frac{60\%}{40\%}$ = 1.5），同资产负债率的计算结果可相互佐证。

产权比率与资产负债率对评价企业偿债能力的作用基本相同，两者的主要区别是：资产负债率侧重于分析债务偿付安全性的物质保障程度，产权比率则侧重于揭示财务结构的稳健程度以及自有资金对偿债风险的承受能力。

3. 权益乘数

权益乘数是总资产与股东权益的比值，表明股东每投入1元钱可实际拥有和控制的金额。其计算公式为

$$权益乘数 = \frac{资产总额}{股东权益总额}$$

在企业存在负债的情况下，权益乘数大于1。企业负债比例越高，权益乘数越大。产权比率和权益乘数是资产负债率的另外两种表现形式，是常用的反映财务杠杆水平的指标。

例8-9 承例8-3，计算该公司的权益乘数。

$$年初权益乘数 = \frac{17\,200}{8\,860} = 1.94$$

$$年末权益乘数 = \frac{20\,400}{9\,460} = 2.16$$

4. 利息保障倍数

利息保障倍数是指企业息税前利润与应付利息之比，又称已获利倍数，用以衡量偿付借款利息的能力。其计算公式为

$$利息保障倍数 = \frac{息税前利润}{应付利息}$$

式中的"息税前利润"是指利润表中扣除利息费用和所得税之前的利润。式中的"应付利息"是指本期发生的全部应付利息，不仅包括财务费用中的利息费用，还应包括计入固定资产成本的资本化利息。原因在于资本化利息虽然不在利润表中扣除，但仍然是要偿还的。利息保障倍数主要是衡量企业支付利息的能力，没有足够多的息税前利润，利息的支付就会发生困难。

利息保障倍数反映支付利息的利润来源（息税前利润）与利息支出之间的关系，该比率越高，长期偿债能力越强。从长期看，利息保障倍数至少要大于1（国际公认标准为3），也就是说，息税前利润至少要大于应付利息，企业才具有偿还债务利息的可能性。如果利息保障倍数过低，企业将面临亏损、偿债的安全性与稳定性下降的风险。一般在分析时通过比较企业连续多个会计年度（如5年）的利息保障倍数，来说明企业付息能力的稳定性。

例 8-10　根据表 8-4 的资料，假定表中财务费用全部为利息费用，资本化利息为 0，计算 A 公司利息保障倍数。

表 8-4　利润表（简表）

编制单位：A 公司　　　　　　　　　　2022 年度　　　　　　　　　　单位：万元

项　　目	本年金额	上年金额
一、营业收入	30 020	28 520
减：营业成本	26 460	25 050
税金及附加	300	300
销售费用	240	220
管理费用	480	420
研发费用	0	0
财务费用	1 120	980
加：其他收益	0	0
投资收益	420	260
公允价值变动损益	220	380
资产减值损失	0	0
资产处置收益	0	0
二、营业利润	2 060	2 190
加：营业外收入	120	190
减：营业外支出	220	70
三、利润总额	1 960	2 310
减：所得税费用	490	577.5
四、净利润	1 470	1 732.5

$$上年利息保障倍数 = \frac{3\,290}{980} = 3.36$$

$$本年利息保障倍数 = \frac{3\,080}{1\,120} = 2.75$$

从以上计算结果可以看出，A 公司的利息保障倍数降低，利息支付能力有所下降，盈利能力还能支付将近 3 期的利息，具有一定的偿债能力，但还需要与其他企业特别是本行业平均水平进行比较来分析评价。

除上述指标可以用来衡量企业长期偿债能力之外，企业长期偿债能力还受长期经营租赁、债务担保或者企业未决诉讼等因素的影响。

二、营运能力分析

营运能力主要是指企业资产运营、循环效率的高低。一般而言，资金周转速度越快，说明企业的资金管理水平越高，资金利用效率越高，企业可以以较少的投入获得较多的收益。由此，营运能力指标是通过投入与产出之间的关系来进行反映的。评价企业营运能力的指标主要有应收账款周转率、存货周转率、流动资产周转率、固定资产周转率和总资产周转率等。

（一）应收账款周转率

应收账款在流动资产中有着举足轻重的地位，及时收回应收账款，不仅能增强企业的短期偿债能力，也反映出企业管理应收账款的效率。反映应收账款周转情况的比率有应收账款周转率（次数）和应收账款周转天数。

应收账款周转次数是一定时期内商品或劳务营业收入与应收账款平均余额的比值，表明一定时期内应收账款平均收回的次数。其计算公式为

$$应收账款周转率（次数）= \frac{营业收入}{应收账款平均余额}$$

其中：

$$应收账款平均余额 = \frac{应收账款期初余额 + 应收账款期末余额}{2}$$

应收账款周转天数指的是应收账款周转一次（从销售开始到收回现金）所需要的时间。其计算公式为

$$应收账款周转天数 = \frac{360}{应收账款周转次数}$$

通常，应收账款周转次数越高（或周转天数越短）表明应收账款管理效率越高。在实务中计算和使用应收账款周转率指标时应注意的问题包括：

（1）营业收入是指扣除销售折扣和折让后的销售净额。营业收入数据一般使用利润表中的"营业收入"项目数据。

（2）应收账款包括财务报表中"应收票据""应收账款"等全部赊销账款在内，因为应收票据是销售形成的应收款项的另一种形式。

（3）应收账款应为未扣除坏账准备的金额。应收账款在财务报表上按净额列示，计提坏账准备会使财务报表上列示的应收账款金额减少，而营业收入不变。其结果是，计提坏账准备越多，应收账款周转率越高、周转天数越少，对应收账款实际管理欠佳的企业反而会得出应收账款周转情况更好的错误结论。

（4）应收账款期末余额的可靠性问题。应收账款是特定时点的存量，容易受季节性、偶然性和人为因素的影响。在用应收账款周转率进行业绩评价时，最好使用多个时点的平均数，以减少这些因素的影响。

应收账款周转率反映了企业应收账款周转速度的快慢及应收账款管理效率的高低。在一定时期内周转次数多（或周转天数少）表明：

（1）企业收账迅速，信用销售管理严格。

（2）应收账款流动性强，从而增强了企业的短期偿债能力。

（3）可以减少收账费用和坏账损失，相对增加了企业流动资产的投资收益。

（4）通过比较应收账款周转天数及企业信用期限，可评价客户的信用程度，调整企业信用政策。

例8-11 根据表8-3、表8-4的资料，A公司2022年度营业收入为30 020万元，2022年应收账款、应收票据合计数年末、年初分别为4 100万元、2 140万元，假设年初、年末坏账准备均为0，一年按360天计。请计算2022年该公司应收账款周转率及周转天数。

$$应收账款周转率 = \frac{30\,020}{\dfrac{4\,100 + 2\,140}{2}} = 9.62（次）$$

$$应收账款周转天数 = \frac{360}{9.62} = 37（天）$$

需要注意的是，在运用应收账款周转率指标评价企业应收账款管理效率时，应将计算出的指标与该企业前期、行业平均水平或其他类似企业相比较来进行判断。

（二）存货周转率

存货周转率是企业一定时期营业成本与存货平均余额的比率，是反映企业流动资产流动性的一个指标，也是衡量企业生产经营各环节存货运营效率的一个综合性指标。其计算公式为

$$存货周转率（次数） = \frac{营业成本}{存货平均余额}$$

其中：

$$存货平均余额 = \frac{存货期初余额 + 存货期末余额}{2}$$

式中，营业成本为利润表中"营业成本"项目的数值。

衡量存货周转速度的另一指标为存货周转天数，是指存货周转一次（即以存货取得到存货销售）所需要的时间。其计算公式为

$$存货周转天数 = \frac{360}{存货周转次数}$$

例8-12 根据表8-3、表8-4的资料，A公司2022年度营业成本为26 460万元，期初存货为3 280万元，期末存货为1 210万元，一年按360天计。请计算该公司存货周转率及周转天数。

$$存货周转率 = \frac{26\,460}{\dfrac{3\,280 + 1\,210}{2}} = 11.79（次）$$

$$存货周转天数 = \frac{360}{11.79} = 31（天）$$

一般来讲，存货周转速度越快，存货占用水平越低，流动性越强，存货转化为现金或应收账款的速度就越快，这样会增强企业的短期偿债能力及盈利能力。通过存货周转速度分析，有利于找出存货管理中存在的问题，尽可能降低资金占用水平。在具体分析时，应注意以下几点：

（1）存货周转率的高低与企业的经营特点有密切联系，应注意行业的可比性。

（2）该比率反映的是存货整体的周转情况，不能说明企业经营各环节的存货周转情况和管理水平。

（3）应结合应收账款周转情况和信用政策进行分析。

（三）流动资产周转率

流动资产周转率是企业一定时期营业收入与平均流动资产总额的比率，是反映企业流动资产周转速度的指标。其计算公式为

$$流动资产周转率（次数）=\frac{营业收入}{流动资产平均余额}$$

其中：

$$流动资产平均余额=\frac{流动资产期初余额+流动资产期末余额}{2}$$

衡量流动资产周转速度的另一指标为流动资产周转天数。其计算公式为

$$流动资产周转天数=\frac{360}{流动资产周转率}$$

在一定时期内，流动资产周转次数越多，表明以相同的流动资产完成的周转额越多，流动资产利用效果越好。流动资产周转天数越少，表明流动资产在经历生产、销售各阶段所占用的时间越短，可相对节约流动资产，增强企业盈利能力。

例 8-13　根据表 8-3、表 8-4 的资料，A 公司 2022 年营业收入为 30 020 万元，2022 年流动资产期初数为 6 260 万元，期末数为 7 180 万元，一年按 360 天计。请计算该公司流动资产周转率及周转天数。

$$流动资产周转率=\frac{30\ 020}{\dfrac{6\ 260+7\ 180}{2}}=4.47（次）$$

$$流动资产周转天数=\frac{360}{4.47}=81（天）$$

（四）固定资产周转率

固定资产周转率是指企业年营业收入与固定资产平均余额的比率。它是反映企业固定资产周转情况，从而衡量固定资产利用效率的一项指标。其计算公式为

$$固定资产周转率（次数）=\frac{营业收入}{固定资产平均余额}$$

其中：

$$固定资产平均余额=\frac{固定资产期初余额+固定资产期末余额}{2}$$

一般来说，固定资产周转率高（即一定时期内固定资产周转次数多），说明企业固定资产投资得当，结构合理，利用效率高；反之，如果固定资产周转率不高，则表明固定资产利用效率不高，提供的生产成果不多，企业的营运能力不强。

例 8-14 根据表 8-3、表 8-4 的资料，A 公司 2021 年、2022 年的营业收入分别为 28 520 万元、30 020 万元，2022 年年初固定资产为 9 550 万元，年末为 12 380 万元。假设 2021 年年初固定资产为 8 000 万元，一年按 360 天计。请计算该公司 2021 年、2022 年固定资产周转率。

$$2021 \text{ 年固定资产周转率} = \frac{28\,520}{\dfrac{8\,000 + 9\,550}{2}} = 3.25 \text{（次）}$$

$$2022 \text{ 年固定资产周转率} = \frac{30\,020}{\dfrac{9\,550 + 12\,380}{2}} = 2.74 \text{（次）}$$

通过以上计算可知，A 公司 2022 年固定资产周转率为 2.74 次，2021 年固定资产周转率为 3.25 次，说明 2022 年度固定资产周转速度要比 2021 年慢，其主要原因在于固定资产增长幅度要大于营业收入增长幅度，说明企业营运能力有所减弱，这种减弱幅度是否合理，还要视公司目标及同行业平均水平而定。

（五）总资产周转率

总资产周转率是反映总资产周转情况的主要指标，它是企业一定时期营业收入与平均资产总额的比值，可以用来反映企业全部资产的利用效率。其计算公式为

$$\text{总资产周转率（次数）} = \frac{\text{营业收入}}{\text{资产平均总额}}$$

其中：

$$\text{资产平均总额} = \frac{\text{资产年初总额} + \text{资产年末总额}}{2}$$

总资产周转率这一比率用来衡量企业资产整体的使用效率。总资产由各项资产组成，在营业收入既定的情况下，总资产周转率的驱动因素是各项资产。因此，对总资产周转情况的分析应结合各项资产的周转情况，以发现影响企业资产周转的主要因素。总资产周转率越高，表明企业全部资产的使用效率越高；反之，如果该指标较低，则说明企业利用全部资产进行经营的效率较差，最终会影响企业的获利能力。企业应采取各项措施来提高企业的资产利用程度，如提高销售收入或处理多余的资产。

例 8-15 根据表 8-3、表 8-4 的资料，2021 年 A 公司营业收入为 28 520 万元、2022 年为 30 020 万元；资产总额 2022 年年初为 17 200 万元、年末为 20 400 万元。假设 2021 年年初资产总额为 15 600 万元。请计算该公司 2021 年、2022 年总资产周转率。

$$2021 \text{ 年总资产周转率} = \frac{28\,520}{\dfrac{15\,600 + 17\,200}{2}} = 1.74 \text{（次）}$$

$$2022 \text{ 年总资产周转率} = \frac{30\,020}{\dfrac{17\,200 + 20\,400}{2}} = 1.60 \text{（次）}$$

从以上计算可知，A 公司 2022 年总资产周转速度比上年减慢，这与前面计算分析得出的固定资产周转速度减慢结论一致，因此该公司应扩大销售额，处理闲置资产，以提高资产使用效率。

总之，各项资产的周转率指标用于衡量各项资产赚取收入的能力，经常与企业盈利能力指标结合在一起考虑，以全面评价企业的盈利能力。

三、盈利能力分析

不论是投资人、债权人还是管理者，都会非常重视和关心企业的盈利能力。盈利能力是企业获取利润、实现资金增值的能力。因此，盈利能力指标主要通过收入与利润之间的关系、资产与利润之间的关系反映。反映企业盈利能力的指标主要有营业毛利率、营业净利率、总资产净利率和净资产收益率。

（一）营业毛利率

营业毛利率是企业营业毛利与营业收入之比，反映每 1 元营业收入所包含的毛利润是多少，即营业收入扣除营业成本后还有多少剩余可用于弥补各期费用和形成利润，其计算公式为

$$营业毛利率 = \frac{营业毛利}{营业收入} \times 100\%$$

其中：

$$营业毛利 = 营业收入 - 营业成本$$

营业毛利率越高，表明产品的盈利能力越强。将营业毛利率与行业水平进行比较，可以反映企业产品的市场竞争地位。

例 8-16 承例 8-10，计算该公司营业毛利率。

$$2021 \text{ 年营业毛利率} = \frac{28\,520 - 25\,050}{28\,520} \times 100\% = 12.17\%$$

$$2022 \text{ 年营业毛利率} = \frac{30\,020 - 26\,460}{30\,020} \times 100\% = 11.86\%$$

（二）营业净利率

营业净利率是净利润与营业收入之比。其计算公式为

$$营业净利率 = \frac{净利润}{营业收入} \times 100\%$$

营业净利率反映每 1 元营业收入最终赚取了多少利润，用于反映产品最终的盈利能力。在利润表上，从营业收入到净利润需要扣除营业成本、期间费用、税金等项目。因此，将营业净利率按利润的扣除项目进行分解可以识别影响营业净利率的主要因素。

例 8-17 承例 8-10，计算该公司营业净利率。

$$2021 \text{ 年营业净利率} = \frac{1\,732.5}{28\,520} \times 100\% = 6.07\%$$

$$2022 \text{ 年营业净利率} = \frac{1\,470}{30\,020} \times 100\% = 4.90\%$$

从上述计算分析可以看出，2022 年营业净利率这一指标与 2021 年相比有所下降，说明企业盈利能力有所下降，企业应查明原因，采取相应措施，提高盈利水平。

（三）总资产净利率

总资产净利率是指净利润与平均总资产的比率，反映每 1 元资产创造的净利润。其计算公式为

$$总资产净利率 = \frac{净利润}{资产平均总额} \times 100\%$$

总资产净利率衡量的是企业资产的盈利能力。总资产净利率越高，表明企业资产的利用效果越好。影响总资产净利率的因素是营业净利率和总资产周转率。

由于 $总资产净利率 = \dfrac{净利润}{资产平均总额} = \dfrac{净利润}{营业收入} \times \dfrac{营业收入}{资产平均总额} = 营业净利率 \times 总资产周转率$，

因此，企业可以通过提高营业净利率、加速资产周转来提高总资产净利率。

例 8-18　根据表 8-3、表 8-4 的资料，A 公司 2021 年净利润为 1 732.5 万元，年末总资产为 17 200 万元；2022 年净利润为 1 470 万元，年末总资产为 20 400 万元。假设 2021 年年初总资产为 15 600 万元，则 A 公司总资产净利率为多少？

$$2021 年总资产净利率 = \frac{1\,732.5}{\dfrac{15\,600 + 17\,200}{2}} \times 100\% = 10.56\%$$

$$2022 年总资产净利率 = \frac{1\,470}{\dfrac{20\,400 + 17\,200}{2}} \times 100\% = 7.82\%$$

由以上计算结果可知，总资产净利率下降明显，表明企业盈利能力减弱。结合前面计算的营业净利率和总资产周转率可以发现，营业净利率和总资产周转率均下降是总资产净利率下降的原因，表明企业产品的盈利能力和资产运用效率均存在问题。企业应进一步分析产品盈利能力和资产周转能力下降的原因，通过提高营业净利率和总资产周转率改善企业整体盈利水平。

（四）净资产收益率

净资产收益率又称权益净利率或权益报酬率，是净利润与平均所有者权益的比值，表示每 1 元权益资本赚取的净利润，反映权益资本经营的盈利能力。其计算公式为

$$净资产收益率 = \frac{净利润}{平均所有者权益} \times 100\%$$

该指标是企业盈利能力指标的核心，也是杜邦财务分析体系的核心，更是投资者关注的重点。一般来说，净资产收益率越高，所有者和债权人的利益保障程度越高。如果企业的净资产收益率在一段时期内持续增长，说明权益资本盈利能力稳定上升。但净资产收益率不是越高越好，分析时还要注意企业的财务风险。

例 8-19　根据表 8-3、表 8-4 的资料，A 公司 2021 年净利润为 1 732.5 万元，年末所有者权益为 8 860 万元；2022 年净利润为 1 470 万元，年末所有者权益为 9 460 万元。假设 2021 年年初所有者权益为 8 000 万元，则 A 公司净资产收益率为多少？

$$2021 年净资产收益率 = \frac{1\,732.5}{\dfrac{8\,000 + 8\,860}{2}} = 20.55\%$$

$$2022\ 年净资产收益率 = \frac{1\ 470}{\dfrac{8\ 860 + 9\ 460}{2}} = 16.05\%$$

由于该公司所有者权益的增长快于净利润的增长，2022 年净资产收益率要比 2021 年低 4.5%，说明权益资本的盈利能力明显降低。由前面的计算结果可以发现，企业权益乘数有所增加，但由于资产盈利能力下降较快导致净资产收益率下降。因此，A 公司盈利水平下降的同时面临的财务风险加大。企业应尽快改善盈利能力，通过提高产品竞争能力、加快资产周转，同时控制财务风险以改善企业所面临的问题。

四、发展能力分析

衡量企业发展能力的指标主要有营业收入增长率、总资产增长率、营业利润增长率、资本保值增值率和所有者权益增长率等。

（一）营业收入增长率

该指标反映的是相对化的营业收入增长情况，是衡量企业经营状况和市场占有能力、预测企业经营业务拓展趋势的重要指标。在实际分析时，应考虑企业历年的销售水平、市场占有情况、行业未来发展及其他影响企业发展的潜在因素，或结合企业前三年的营业收入增长率进行趋势性分析判断。其计算公式为

$$营业收入增长率 = \frac{本年营业收入增长额}{上年营业收入} \times 100\%$$

其中：

$$本年营业收入增长额 = 本年营业收入 - 上年营业收入$$

计算过程中，营业收入可以使用利润表中的"营业收入"数据。营业收入增长率大于零，表明企业本年营业收入有所增长。该指标值越高，表明企业营业收入的增长速度越快，企业市场前景越好。

例 8-20 承例 8-10，A 公司 2021 年营业收入为 28 520 万元，2022 年营业收入为 30 020 万元。计算该公司营业收入增长率。

$$2022\ 年营业收入增长率 = \frac{30\ 020 - 28\ 520}{28\ 520} \times 100\% = 5.26\%$$

（二）总资产增长率

总资产增长率是企业本年资产增长额同年初资产总额的比率，反映企业本期资产规模的增长情况。其计算公式为

$$总资产增长率 = \frac{本年资产增长额}{年初资产总额} \times 100\%$$

其中：

$$本年资产增长额 = 年末资产总额 - 年初资产总额$$

总资产增长率越高，表明企业一定时期内资产经营规模扩张的速度越快。但在分析时，需

要关注资产规模扩张的质和量的关系，以及企业的后续发展能力，避免盲目扩张。

例 8-21　承例 8-3，A 公司 2022 年年初资产总额为 17 200 万元，年末资产总额为 20 400 万元。计算该公司总资产增长率。

$$2022 年总资产增长率 = \frac{20\,400 - 17\,200}{17\,200} \times 100\% = 18.60\%$$

（三）营业利润增长率

营业利润增长率是企业本年营业利润增长额与上年营业利润总额的比率，反映企业营业利润的增减变动情况。其计算公式为

$$营业利润增长率 = \frac{本年营业利润增长额}{上年营业利润总额} \times 100\%$$

其中：

$$本年营业利润增长额 = 本年营业利润 - 上年营业利润$$

例 8-22　承例 8-10，A 公司 2021 年营业利润为 2 190 万元，2022 年营业利润为 2 060 万元。计算该公司营业利润增长率。

$$2022 年营业利润增长率 = \frac{2\,060 - 2\,190}{2\,190} \times 100\% = -5.94\%$$

（四）资本保值增值率

资本保值增值率是指扣除客观因素影响后的所有者权益的期末总额与期初总额之比。这里的客观因素是指企业非主观因素的所有者权益增减变动，表现形式包括股东投入资本、股本溢价、公允价值变动等，主要是资本公积项目下的金额变动。其计算公式为

$$资本保值增值率 = \frac{扣除客观因素后的期末所有者权益}{期初所有者权益} \times 100\%$$

在其他因素不变的情况下，如果企业本期净利润大于 0，并且利润留存率大于 0，则必然会使期末所有者权益大于期初所有者权益，所以该指标也是衡量企业盈利能力的重要指标。这一指标的高低，除了受企业经营成果的影响外，还受企业利润分配政策的影响。

例 8-23　承例 8-19，根据前面净资产收益率的有关资料，计算 A 公司资本保值增值率。

$$2021 年资本保值增值率 = \frac{8\,860}{8\,000} \times 100\% = 110.75\%$$

$$2022 年资本保值增值率 = \frac{9\,460}{8\,860} \times 100\% = 106.77\%$$

可见该公司 2022 年资本保值增值率比 2021 年有所降低。

（五）所有者权益增长率

所有者权益增长率是企业本年所有者权益增长额与年初所有者权益的比率，反映企业当年资本的积累能力。其计算公式为

$$所有者权益增长率 = \frac{本年所有者权益增长额}{年初所有者权益} \times 100\%$$

其中：

$$本年所有者权益增长额 = 年末所有者权益 - 年初所有者权益$$

所有者权益增长率越高，表明企业的资本积累越多，应对风险、持续发展的能力越强。

例 8-24　承例 8-3，A 公司 2022 年年初所有者权益为 8 860 万元，年末所有者权益为 9 460 万元。计算该公司所有者权益增长率。

$$2022 年所有者权益增长率 = \frac{9\,460 - 8\,860}{8\,860} \times 100\% = 6.77\%$$

五、股份制企业盈利能力分析

（一）市盈率

市盈率是企业普通股每股市价与每股收益的比率，反映普通股股东为获得 1 元净利润所愿意支付的股票价格。其计算公式为

$$市盈率 = \frac{每股市价}{每股收益}$$

其中：

$$每股收益 = \frac{归属于普通股股东的净利润}{流通在外的普通股加权平均股数}$$

例 8-25　某企业 2022 年不存在优先股，2022 年 12 月 31 日普通股每股市价为 30 元，2022 年流通在外的普通股加权平均股数为 500 万股，每股收益为 0.95 元。计算该企业 2022 年的市盈率。

$$2022 年市盈率 = \frac{30}{0.95} = 31.58$$

在实务中，采用市盈率进行财务分析时需要注意的问题有：

（1）使用市盈率进行分析必须建立在每股收益稳定在一定水平的基础上，如果每股收益很小或者企业接近亏损，此时企业的股票市价并不会降至为零，那么计算出来的市盈率极高，但是此时很高的市盈率并不能说明任何问题。

（2）市盈率反映的都是投资者的预期，但是并不是每一个投资者都能够在市场不完全和信息不对称的情况下做出完全正确的预估，因此通常难以根据某一股票在某一时期的市盈率对其投资价值做出准确判断。

（二）市净率

市净率是指普通股每股市价与每股净资产的比率，反映了企业普通股股东愿意为每 1 元净资产支付的价格。其计算公式为

$$市净率 = \frac{每股市价}{每股净资产}$$

其中：

$$每股净资产=\frac{普通股股东权益}{流通在外的普通股加权平均股数}$$

例 8-26 某企业 2022 年不存在优先股，2022 年 12 月 31 日普通股每股市价为 20 元，2022 年流通在外的普通股加权平均股数为 400 万股，股东权益总额为 1 005 364 元。则该企业 2022 年市净率为多少？

$$每股净资产=\frac{1\,005\,364}{4\,000\,000}=0.251\,3$$

$$2022\,年市净率=\frac{20}{0.251\,3}=79.59$$

在实务中，市净率这一指标仅仅可用于整个企业的评估，而不能用于企业某一部分（如一个部门等）的评估。而且市净率计算的取数依赖于报表数据，会计政策或者会计估计可能会扭曲市净率这一指标。此外，净资产受过去留存收益的影响，如果一家公司持续支付比较低的股利，而把利润投入到进一步的经营活动中，相当于净资产账面价值较高，因此市净率就较低。

（三）市销率

市销率是指普通股每股市价与每股销售收入的比率，反映了企业普通股股东愿意为每 1 元销售收入支付的价格。其计算公式为

$$市销率=\frac{每股市价}{每股销售收入}$$

其中：

$$每股销售收入=\frac{销售收入}{流通在外的普通股加权平均股数}$$

例 8-27 某企业 2022 年不存在优先股，2022 年 12 月 31 日普通股每股市价为 20 元，2022 年流通在外的普通股加权平均股数为 400 万股，销售收入总额为 3 134 688 元。则该企业 2022 年市销率为多少？

$$每股销售收入=\frac{3\,134\,688}{4\,000\,000}=0.783\,7$$

$$2022\,年市销率=\frac{20}{0.738\,7}=25.52$$

六、综合财务分析

综合财务分析的方法很多，其中应用比较广泛的有杜邦财务分析体系和沃尔评分法。

（一）杜邦财务分析体系

杜邦财务分析体系简称杜邦体系，是利用各财务指标间的内在关系，对

杜邦财务
分析体系

企业综合经营、理财及经济效益进行系统分析、评价的方法。因其最初由美国杜邦公司创立并成功应用而得名。该体系以净资产收益率为核心，将其分解为若干财务指标，通过分析各分解指标的变动对净资产收益率的影响来揭示企业盈利能力及其变动原因。

杜邦体系各主要指标之间的关系如下：

$$净资产收益率 = \frac{净利润}{净资产}$$

$$= \frac{净利润}{总资产} \times \frac{总资产}{净资产}$$

$$= \frac{净利润}{营业收入} \times \frac{营业收入}{总资产} \times \frac{总资产}{净资产}$$

$$= 营业净利率 \times 总资产周转率 \times 权益乘数$$

上述指标之间的关系如下：

（1）净资产收益率是一个综合性最强的财务比率，是杜邦体系的核心。其他各项指标都是围绕这一核心，通过研究彼此间的依存、制约关系，而揭示企业的获利能力及其前因后果。财务管理的目标是使股东财富最大化，净资产收益率反映所有者投入资金的盈利能力，反映企业筹资、投资、资产营运等活动的效率，提高净资产收益率是实现财务管理目标的基本保证。该指标的高低取决于营业净利率、总资产周转率与权益乘数。

（2）营业净利率反映了企业净利润与营业收入的关系。提高营业净利率是提高企业盈利的关键，主要有两个途径：一是扩大营业收入，二是降低成本费用。

（3）总资产周转率揭示了企业资产总额实现营业收入的综合能力。企业应当联系营业收入来分析企业资产的使用是否合理，资产总额中流动资产和非流动资产的结构安排是否适当。此外，还必须对资产的内部结构以及影响总资产周转率的各具体因素进行分析。

（4）权益乘数反映所有者权益与总资产的关系。权益乘数越大，说明企业负债程度越高，给企业带来的财务杠杆利益也越大，但同时也带来了较大的偿债风险。因此，企业既要合理使用全部资产，又要妥善安排资本结构。

通过杜邦体系自上而下地分析，不仅可以揭示企业各项财务指标间的结构关系，查明影响各项主要指标变动的因素，而且为决策者优化经营理财状况、提高企业经济效益提供了思路。提高净资产收益率的根本在于扩大销售、节约成本、合理安排投资配置、加速资金周转、优化资本结构、确立风险意识等。

但杜邦财务分析体系的指标设计也具有一定的局限性，它更偏重于企业所有者的利益。从杜邦财务分析体系来看，在其他因素不变的情况下，资产负债率越高，净资产收益率就越高。这是因为利用负债越多，财务杠杆作用的效果就越大，但是没有考虑财务风险的因素，负债越多，财务风险越大，偿债压力也越大。因此，具体应用时，还要结合其他指标进行综合分析。

（二）沃尔评分法

在进行财务分析时，人们遇到的一个主要困难就是计算出财务比率之后，无法判断它是偏高还是偏低。与本企业的历史比较，也只能看出自身的变化，却难以评价其在市场竞争中的优劣地位。为了弥补这些缺陷，亚历山大·沃尔在其于 20 世纪初出版的《信用晴雨表研究》和《财务报表比率分析》等著作中提出了信用能力指数概念，将流动比率、产权比率、固定资产比率、存货周转率、应收账款周转率、固定资产周转率、自有资金周转率等七项财务比率用线性关系结合起来，并分别给定各自的分数比重，然后通过与标准比率进行比较，确定各项指标的得分及总体指标的累计分数，从而对企业信用水平做出评价。

原始意义上的沃尔评分法存在两个缺陷：①所选定的七项指标缺乏证明力；②当某项指标严重异常时，会对总评分产生不合逻辑的重大影响。况且，现代社会与沃尔所处的时代相比，已经发生了很大的变化。沃尔最初提出的七项指标已难以完全适用当前企业评价的需要。现在通常认为，在选择指标时，偿债能力、运营能力、获利能力和发展能力指标均应当选到，除此之外还应适当选取一些非财务指标作为参考。

本章小结

财务分析是以企业财务报告及其他相关资料为主要依据，采用专门的技术和方法，对企业的财务状况和经营成果进行分析和评价，为企业的经营者、债权人、投资者等利益相关者了解企业的过去、评价企业的现状、预测企业的未来提供对决策有用的信息。财务分析既是评价企业财务状况、经营成果和现金流量信息的重要依据，也是实现企业财务管理目标的重要手段，又是科学决策的重要前提。根据财务指标使用者不同的使用要求及关注点，财务分析的目的也不同。财务分析的基本内容可以分四个方面：偿债能力分析、营运能力分析、盈利能力分析和发展能力分析。四者相辅相成。财务分析有资料来源、分析方法和分析指标等方面的局限性。

进行财务分析，需要运用一定的方法。财务分析的方法主要包括比较分析法、比率分析法和因素分析法等。其中比较分析法可划分为趋势分析法、横向比较法和预算差异分析法。趋势分析法主要运用于重要财务指标的比较、财务报表的比较以及财务报表项目构成的比较。比率分析法中的比率指标主要有构成比率、效率比率和相关比率三种类型。因素分析法具体包括连环替代法和差额分析法。

通过财务指标分析可以总结和评价企业财务状况与经营成果，企业财务分析的常用指标主要包括偿债能力指标、营运能力指标、盈利能力指标和发展能力指标四大类。偿债能力分析包括短期偿债能力分析和长期偿债能力分析，其中短期偿债能力的衡量指标主要有营运资金、流动比率、速动比率、现金比率和现金流量比率等，长期偿债能力的衡量指标主要有资产负债率、产权比率、权益乘数和利息保障倍数；企业营运能力的衡量指标主要有应收账款周转率、存货周转率、流动资产周转率、固定资产周转率和总资产周转率等；企业盈利能力的衡量指标主要有营业毛利率、营业净利率、总资产净利率和净资产收益率等；企业发展能力的衡量指标则主要有营业收入增长率、总资产增长率、营业利润增长率、资本保值增值率和所有者权益增长率等。股份制企业还可以通过市盈率、市净率、市销率等指标来衡量其盈利能力。除分析财务指标外，还可以通过综合财务分析的方法来总结和评价企业财务状况与经营成果，其中应用比较广泛的是杜邦财务分析体系和沃尔评分法。

同步测试

一、单项选择题

1. 为改善财务决策，需要进行内容广泛的财务分析，几乎包括外部使用者关注的所有问题，这是企业的（　　）进行财务分析的目的。

    A. 投资人　　　　　　B. 债权人　　　　　　C. 经营者　　　　　　D. 供应商

2. 债权人在进行企业财务分析时，最为关心的是（　　）。

    A. 企业的获利能力　　　　　　　　　　B. 企业的偿债能力

    C. 企业的社会贡献能力　　　　　　　　D. 企业的资产营运能力

3. 如果企业速动比率很小，则下列结论成立的是（　　）。

    A. 企业的资产流动性很强　　　　　　　B. 企业的短期偿债能力很强

    C. 企业的短期偿债风险很大　　　　　　D. 企业的流动资产占用过多

4. 以某一时期的数额为固定的基期数额而计算出来的动态比率，称为（　　）。

    A. 定基动态比率　　　　　　　　　　　B. 环比动态比率

    C. 循环动态比率　　　　　　　　　　　D. 定期动态比率

5. 某项财务指标的各组成部分数值占总体数值的百分比，反映部分与总体关系的比率，称为（　　）。

    A. 相关比率　　　　B. 效率比率　　　　C. 配比比率　　　　D. 构成比率

6. 某企业期末现金余额为 320 万元，现金比率为 40%，期末流动资产为 800 万元，则该企业的流动比率为（　　）。

    A. 1　　　　　　　　B. 0.4　　　　　　　C. 0.5　　　　　　　D. 2.5

7. 当流动比率为 1.5 时，若企业从银行借入短期借款，则（　　）。

    A. 流动比率不变　　　　　　　　　　　B. 流动比率下降

    C. 流动比率上升　　　　　　　　　　　D. 无法确定流动比率的变化

8. 当流动比率为 2，速动比率为 1 时，企业用现金偿还应付账款，则（　　）。

    A. 流动比率和速动比率不变　　　　　　B. 流动比率下降，速动比率上升

    C. 流动比率上升，速动比率下降　　　　D. 流动比率上升，速动比率不变

9. 某企业的资产总额为 500 万元，所有者权益总额为 300 万元，则资产负债率为（　　）。

    A. 40%　　　　　　　B. 60%　　　　　　　C. 67%　　　　　　　D. 33%

10. 权益乘数减去产权比率等于（　　）。

    A. –1　　　　　　　　B. 1　　　　　　　　C. 0　　　　　　　　D. 2

11. 某企业某年末的应收账款周转天数为 180 天，应收账款平均余额为 200 万元，赊销比率为 80%，企业无销售退回、折让和折扣，则企业年末的主营业务收入是（　　）。

    A. 400 万元　　　　B. 320 万元　　　　C. 500 万元　　　　D. 1 000 万元

12. 某企业 2022 年的营业收入净额为 500 万元，营业毛利率为 20%，年末流动资产为 180 万元，年初流动资产为 220 万元，则该企业流动资产周转率为（　　）。

    A. 2 次　　　　　　　B. 2.22 次　　　　　C. 2.5 次　　　　　　D. 2.78 次

13. 下列各项中，相加之和等于 1 的是（   ）。

    A. 流动比率 + 速动比率
        B. 速动比率 + 现金比率

    C. 流动资产 + 流动负债
        D. 资产负债率 + 股权比率

14. 某企业 2022 年度的利润总额为 500 万元，财务费用为 100 万元，资本化的利息费用为 150 万元，则企业的利息保障倍数为（   ）。

    A. 10
        B. 5
        C. 3
        D. 2.4

15. 杜邦财务分析体系主要用于（   ）。

    A. 企业偿债能力分析
        B. 企业盈利能力分析

    C. 企业资产管理能力分析
        D. 财务综合分析

二、多项选择题

1. 趋势分析法所计算的动态指标比率包括（   ）。

    A. 构成比率
        B. 定比动态比率

    C. 环比动态比率
        D. 相关比率

2. 反映短期偿债能力的比率包括（   ）。

    A. 流动比率
    B. 速动比率
    C. 现金比率
    D. 营业周期

3. 分析企业盈利能力时，需要关注的特殊项目或因素包括（   ）。

    A. 税收政策
    B. 资本结构
    C. 利润结构
    D. 企业盈利模式

4. 最常用的财务综合分析方法有（   ）。

    A. 杜邦财务分析体系
        B. 沃尔评分法

    C. 直接评价法
        D. 间接评价法

5. 财务分析最常用的基本方法包括（   ）。

    A. 差异分析法
    B. 因素分析法
    C. 趋势分析法
    D. 比率分析法

6. 下列各项中，属于财务分析内容的有（   ）。

    A. 发展能力分析
        B. 盈利能力分析

    C. 偿债能力分析
        D. 营运能力分析

7. 采用比率分析法时，比率指标的类型主要有（   ）。

    A. 相关比率
        B. 效率比率

    C. 配比比率
        D. 构成比率

8. 企业的应收账款周转率较高，说明（   ）。

    A. 收账迅速，账龄较短
        B. 资产流动性强，短期偿债能力强

    C. 可以减少收账费用和坏账损失
        D. 信用政策比较严格

9. 下列各项中，属于衡量企业长期偿债能力的有（   ）。

    A. 资产负债率
        B. 产权比率

    C. 利息保障倍数
        D. 现金流量债务比率

10. 从杜邦财务分析体系可知，下列各项中，属于提高净资产收益率的途径有（   ）。

    A. 加强负债管理，降低负债比率
        B. 加强成本管理，降低成本费用

    C. 加强销售管理，提高销售利润率
        D. 加强资产管理，提高资产周转率

11. 净资产收益率可以综合反映企业的（   ）。

    A. 盈利能力
        B. 短期偿债能力

    C. 长期偿债能力
        D. 营运能力

12. 影响净资产收益率的因素有（　　　　）。

    A．总资产周转率　　　　　　　　　B．资产负债率

    C．营业净利率　　　　　　　　　　D．流动负债与长期负债的比率

13. 影响总资产净利率的因素主要有（　　　　）。

    A．产品的售价　　　　　　　　　　B．单位产品成本的高低

    C．产销量　　　　　　　　　　　　D．所得税税率

14. 以下指标可以衡量企业发展能力大小的有（　　　　）。

    A．总资产增长率　　　　　　　　　B．销售增长率

    C．销售利润率　　　　　　　　　　D．净资产收益率

三、判断题

1. 最关心企业偿债能力的是企业的投资者。（　　　）

2. 采用比率分析法时，应当注意用于对比的各个时期的指标，其计算口径必须保持一致。（　　　）

3. 利用效率比率指标，可以进行得失比较，考查经营成果，评价经济效益。（　　　）

4. 在采用因素分析法时，既可以按照各因素的依存关系排列成一个数列并依次替代，也可以任意颠倒顺序，其结果是相同的。（　　　）

5. 既是企业盈利能力指标的核心指标，也是杜邦财务分析体系的核心指标的是净资产收益率。（　　　）

6. 财务分析的相关比率是某项财务活动中所费与所得的比率。（　　　）

7. 财务管理的目标之一是使股东财富最大化，净资产收益率反映了企业总资产的获利能力。（　　　）

8. 资产负债率与产权比率的区别在于，前者侧重于揭示财务结构的稳健程度，后者侧重于分析债务偿还安全的物质保障程度。（　　　）

9. 与产权比率比较，用资产负债率评价企业偿债能力的侧重点是揭示主权资本对偿债风险的承受能力。（　　　）

10. 在其他条件不变的情况下，权益乘数越大，则财务杠杆系数越大。（　　　）

11. 每股收益是一个综合性的盈利指标，能比较恰当地说明收益的增长或减少。（　　　）

12. 如果利息保障倍数低于1，则企业一定无法支付到期利息。（　　　）

13. 产权比率越低，偿债的保障程度越高，所以企业应尽量降低产权比率。（　　　）

14. 流动比率越高，企业偿还短期债务的流动资产的保证程度越高，但流动比率高也可能是存货积压以及应收账款、其他应收款等增多且收账期限延长所致。（　　　）

15. 尽管速动比率较流动比率更能反映流动负债偿还的安全性和稳定性，但并不能认为速动比率较低的企业绝对不能偿还流动负债。（　　　）

16. 流动资产周转次数越多，表明以相同的流动资产完成的周转额越少，流动资产利用效果越差。（　　　）

17. 所有者权益增长越快，债权人的债务越有保障，企业发展后劲越强。（　　　）

四、计算分析题

1. 甲公司 2022 年年末的部分财务数据见表 8-5。

表 8-5 甲公司 2022 年年末的部分财务数据

货币资金	150 000 元	固定资产	425 250 元
长期负债	200 000 元	销售收入	1 500 000 元

甲公司 2022 年的流动比率为 3，速动比率为 2（速动资产仅包括货币资金和应收账款），应收账款周转期为 40 天。

要求：

计算以下指标：

（1）应收账款。

（2）流动负债。

（3）流动资产。

（4）资产总额。

（5）资产负债率（计算结果取整数）。

2. 乙公司为上市公司，2022 年度利润分配及年末股东权益的有关资料见表 8-6。

表 8-6 乙公司 2022 年度利润分配及年末股东权益的有关资料（单位：万元）

普通股股本（每股 1 元）	5 000	流通在外的股数	6 000 万股
优先股股本（每股 1 元）	1 000	税前利润	2 400
资本公积	4 400	所得税	700
盈余公积	2 400	普通股现金股利	2 400
留存收益	5 500	优先股现金股利	700
所有者权益合计	18 300	普通股每股市价	20.5 元

要求：

计算以下指标：

（1）普通股每股收益。

（2）市盈率。

（3）普通股每股股利。

3. 丙公司 2022 年年末的有关资产和收益情况如下：

（1）丙公司 2022 年度的资产负债表（部分资料）见表 8-7。

表 8-7 资产负债表（部分资料）

编制单位：丙公司　　　　　　　　2022 年 12 月 31 日　　　　　　　　单位：万元

资 产	期末余额	负 债	期末余额
流动资产：		流动负债：	
货币资金	121	短期借款	17
交易性金融资产	27	应付票据	51
应收账款	35	应付账款	130
存货	219	其他流动负债	167

（续）

资 产	期末余额	负 债	期末余额
其他流动资产	7	流动负债合计	
流动资产合计		非流动负债：	
非流动资产：		长期借款	150
长期股权投资	95	应付债券	37
固定资产	1 600	长期应付款	194
无形资产	120	非流动负债合计	
递延所得税资产	24		
其他长期资产	1		
非流动资产合计			
平均资产总额	2010		

（2）丙公司2022年度的收益情况见表8-8。

表8-8　丙公司2022年度的收益情况　　　　　（单位：万元）

销售收入	6 618
销售总成本	6 354
其他业务利润	278
所得税	178

要求：

（1）计算该公司的净利润、流动资产合计、非流动资产合计、流动负债合计、非流动负债合计、负债总额、期末资产总额、期初资产总额。

（2）计算该公司的营业净利率、资产周转率、资产负债率、权益乘数、总资产利润率、净资产收益率。

（3）根据以上资料和你所学的知识写出该公司包括总资产利润率、净资产收益率的杜邦财务分析关系式。

4．丁企业的简化资产负债表见表8-9。

表8-9　资产负债表　　　　　　　　　　单位：万元

流动资产	3 440	流动负债	1 336
其中：存货	907	长期负债	370
固定资产净值	1 440		
无形资产	100	所有者权益	3 274
总计	4 980	总计	4 980

其他资料：该企业当年的税后净利润为725万元，债务利息为308万元，所得税税率为25%。

要求：

计算下列指标：

（1）流动比率。

（2）速动比率。

（3）资产负债率。

（4）利息保障倍数。

5. 甲、乙公司以及同行业平均值连续两年的资产负债表相关资产项目的数额见表8-10。

表8-10 资产负债表相关资产项目的数额　　　　　（单位：万元）

项　　目	甲　公　司		乙　公　司		同行业平均值	
	2021 年	2022 年	2021 年	2022 年	2021 年	2022 年
流动资产	4 020	4 020	3 500	3 700	4 200	4 800
其中：应收账款	1 542	1 710	2 400	2 900	2 800	3 300
存货	1 392	1 605	1 300	1 600	1 200	1 700
固定资产	5 010	5 250	5 200	5 400	6 400	6 900
资产总额	12 090	13 380	15 100	13 800	18 600	19 400

其中：

（1）甲公司2021年的主营业务收入为13 650万元，2022年的主营业务收入比2021年增长了15%；2021年的主营业务成本为10 950万元，2022年的主营业务成本比2021年增长了12%。（假定不考虑现销收入）

（2）乙公司2022年的主营业务收入为18 000万元，主营业务成本为16 950万元。（假定不考虑现销收入）

（3）甲、乙公司同行业2022年的主营业务收入平均值为22 000万元，主营业务成本平均值为19 600万元。（假定不考虑现销收入）

要求：

（1）试计算并分析甲、乙公司和同行业2022年的应收账款周转率、应收账款周转天数、存货周转率、存货周转天数、营业周期、流动资产周转率、流动资产周转天数、固定资产周转率、固定资产周转天数、总资产周转率、总资产周转天数。

（2）结合（1）的计算结果对甲、乙公司的营运能力进行简要评价。

第九章

财务战略

知识目标

1. 了解财务战略的含义、本质和分类。
2. 了解财务战略管理的内容。
3. 熟悉财务战略管理的分析方法。
4. 掌握企业不同时期财务战略的选择。

能力目标

1. 能够厘清财务战略的含义，正确区分财务战略的本质和类别。
2. 能够运用财务战略管理的内容进行战略制定。
3. 能够熟练运用财务战略管理的分析方法。
4. 能够进行企业不同时期财务战略的选择。

知识结构

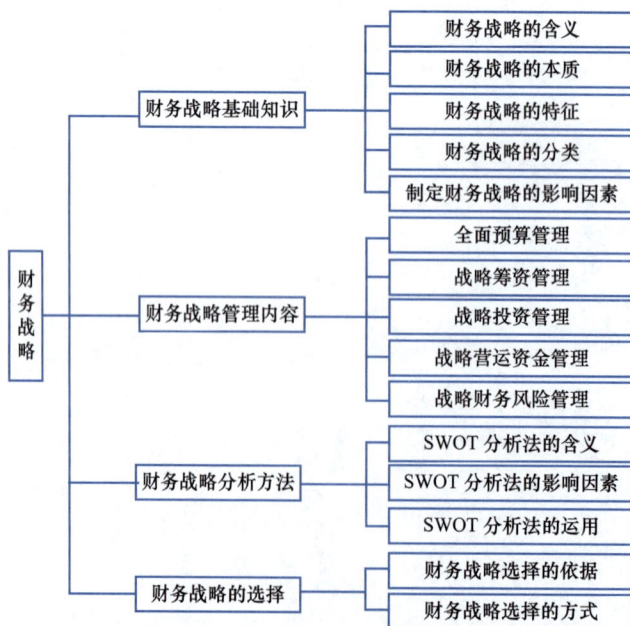

海尔集团创立于1984年，是全球领先的美好生活和数字化转型解决方案服务商，截至2022年，在全球设立了10大研发中心、71个研究院、33个工业园、133个制造中心和23万个销售网络。海尔集团发展至今，共经历了六个战略阶段。

一是名牌战略阶段（1984—1991年）。首席执行官张瑞敏为强化员工质量意识，亲手砸毁有质量问题的冰箱，制定"名牌战略"，凭借高质量创出的品牌效应，海尔集团从一开始的亏损147万元、濒临倒闭的集体小厂，逐步在市场中占据领先位置。

二是多元化战略阶段（1991—1998年）。1993年，海尔股票挂牌上市，筹措的资金使海尔工业园顺利建成，且在1995年通过向兼并公司输入海尔文化，"激活休克鱼"，盘活被兼并企业，企业规模得以不断扩展，开始在国际市场崭露头角。

三是国际化战略（1998—2005年）。1999年海尔在美国建立工厂，在2001年实现中国白色家电企业首次跨国并购，在美国成立北美总部，在日本东京银座竖起中国企业第一座广告牌，2005年成为2008年奥运会白色家电赞助商，逐渐成为中国品牌走向全球的代表。在这一战略发展阶段，中国家电市场趋于成熟，海尔集团不断加大研发和创新能力的投入，以摆脱竞争对手，创造新的利润增长点；完成历时5年的海外上市，开辟出"海外融资"这一新的筹资渠道。

四是全球化品牌战略（2005—2012年）。这一阶段海尔集团整合多家国外公司，创出全球最大家电品牌集群，赞助世博会多个国家馆的建设，收购多家东南亚国家家用电器业务以形成本土化架构，形成了海创汇等自有生态品牌。在这一阶段，海尔集团逐步实现财务共享和智能化建设，原先基础财务工作从82%的占比降低至40%，决策支持从9%升级到55%。

五是网络化战略（2012—2019年）。2014年是我国家电行业的加速转型期，智能化产品经历了从初级层次到用户参与企业价值创造的深层转变。海尔集团"人单合一模式"战略的探索创新得以进一步实践，连续五年蝉联全球大型家用电器销量第一，累计销售家电超过5亿件。在这一阶段，洗衣机和冰箱领域的市场份额持续扩大，并与多家大型企业签订框架合作协议，推动业务提升与发展。海尔发布七大领域生态圈，对外公布了工业4.0战略的实践，以逐步实现从制造产品到孵化创客的转型。这一过程中，海尔的财务也在发生转型，所搭建的海尔管理会计体系，实现了海尔集团财务的颠覆，利润复合增长率达到35%，是同行业的两倍，营运资金周转天数达到负10天，而同行业是正30天。

六是生态品牌战略（2019年至今）。从传统时代的产品品牌到互联网时代的平台品牌再到物联网时代的生态品牌，海尔集团发布全球首个关于物联网时代生态品牌建设的白皮书，对企业在物联网时代向生态品牌进化具有非常重要的指导意义。2021年，面对数字经济和数字化转型的新挑战，海尔集团坚守底线思维，预防风险。董事局成立审计与风控委员会，目的在于建立国际一流的审计风控体系，形成规避风险、预警风险、化解风险的三大能力，以实现高质量发展。

讨论与思考

1. 海尔集团在不同时期采用了哪些财务战略？

2. 企业如何制定财务战略？

案例引入

第一节　财务战略基础知识

一、财务战略的含义

财务战略是企业为了谋求长远发展，根据企业战略要求和资金运动规律，在分析企业内外环境因素的变化趋势及其对财务活动影响的基础上，对企业未来财务活动的发展方向、目标以及实现目标的基本途径和策略所做的全局性、长远性、系统性和决定性的谋划。

财务战略是在分析企业内外环境因素对资金流动影响的基础上，以价值管理为基础，以实现企业财务管理目标为目的，以实现企业财务资源的优化配置为衡量标准所采取的战略性思维方式、决策方式和管理方针。财务战略主要是为了谋求企业资金均衡有效的流动和实现企业整体战略，为增强企业财务竞争优势，对企业资金流动进行谋划，并确保其执行的过程。财务战略是企业战略的重要组成部分，企业战略需要财务战略来支撑。

二、财务战略的本质

财务战略是对企业财务活动的整体性决策，其着眼点不是当前，而是未来，是立足于长远的需要对企业财务活动的发展所做出的判断。财务战略是战略理论在财务管理方面的应用与延伸，它既具有一般"战略"共性，又具有自己的"财务"个性。

（一）财务战略的"战略"共性

1. 全局性

财务战略是以整个企业的筹资、投资和收益分配的全局性工作为对象，根据企业长远发展规划需要而制定的。它从财务的角度对企业总体发展战略所做的描述，是企业未来财务活动的行动纲领和蓝图，对企业的各项具体财务活动等起着普遍和权威的引领作用。

2. 长期性

制定财务战略不是为了解决企业的短期发展问题，而是为了规划企业未来的长远发展。因此，财务战略一经制定就会对企业未来相当长时期内的财务活动产生深远影响。

3. 导向性

财务战略规定了企业未来较长时期内财务活动的发展方向、目标以及实现目标的基本措施和途径，它是企业一切财务决策的指南，企业的一切财务活动都应该紧密围绕其实施和开展。

4. 风险性

由于企业的财务管理环境总是在不断变化，因此，任何企业的财务战略都伴随着风险。财务战略风险的大小，主要取决于财务决策者的知识、经验和判断能力。科学合理的财务战略一旦制定并实施，会给企业带来持续的增长；反之，则会给企业造成重大损失，使企业陷入财务困境甚至破产。

5. 适应性

企业经营的实质，就是在不断变化的内外环境中，实现企业外部环境、内部条件和经营目标三者之间的动态平衡。财务战略把企业内部条件与外部环境相匹配，注重调查研究、分析外部环境的变化及其给企业财务管理可能带来的机会和威胁，因而大大增强了企业对外部环境的适应性。

6. 动态性

战略是环境分析的结果，环境的变化必然引起战略的变化。通常情况下，当财务管理环境变化不大时，所有财务活动都必须按原定财务战略执行，充分体现财务战略对财务活动的指导性；当财务管理环境发生较大变化时，财务战略就应做适当的调整，以适应财务管理环境的变化。

（二）财务战略的"财务"个性

1. 财务战略在企业战略体系中的相对独立性

企业战略具有多元化结构的特征，它不仅包括企业整体意义上的战略，而且包括职能层次上的战略。财务战略作为企业职能战略之一，其相对独立性主要取决于以下两个基本事实：①在市场经济条件下，财务管理不再只是企业生产经营过程的附属职能，而是有其特定的相对独立的内容；②财务活动并非总是企业的"局部"活动，而是有着许多对企业整体发展具有战略意义的内容。

2. 财务战略地位的从属性

财务战略作为企业战略系统中的一个子系统，尽管它具有相对的独立性，但它必须服从和反映企业战略的总体规划，应该与企业战略协调一致，并为企业战略的顺利实施提供资金支持。

3. 财务战略谋划对象的特殊性

财务战略是对企业财务活动的一种谋划，其目标是谋求企业资金运动最优、成本效益最优、资源有效配置、收益风险均衡、利益关系协调等。财务战略要解决风险与收益的矛盾、收益性与成长性的矛盾、偿债能力与盈利能力的矛盾、生产经营与资本经营的矛盾等，这一系列矛盾都是由财务战略谋划对象的特殊性引发的。

4. 财务战略实施主体的全员性

从纵向看，财务战略的制定与实施应是企业经营者、财务职能部门经理、基层财务部门三位一体的管理过程；从横向看，财务战略必须与企业其他战略相匹配，渗透到企业的各个部门、各个方面，并最终由经营者负责协调。因此，财务战略管理实际上是以经营者经营战略为主导、以财务职能部门战略管理为核心、以其他部门的协调为依托而进行的全员管理。

三、财务战略的特征

（一）全局性

财务战略是为企业的筹资、投资、营运和股利分配等财务活动整体制定的，对企业未来长期财务规划和年度财务预算具有全局性的指导作用。

（二）长期性

制定财务战略是为了谋求企业未来的长远发展，是对企业未来相当长时期内的财务活动做出的战略性筹划。

（三）导向性

财务战略规定了企业未来长期财务活动的发展方向，以及财务目标实现的基本途径，为企业财务预算提供方向性的指引。

四、财务战略的分类

（一）财务战略的职能类型

财务战略按照财务管理的职能领域不同，可分为筹资战略、投资战略、营运战略、股利战略。

1. 筹资战略

筹资战略是指企业重大筹资方面的战略性筹划。例如，企业设计的首次发行股票、增资发行股票、发行大笔债券、与银行建立长期合作关系等战略性筹划，即为筹资战略。

2. 投资战略

投资战略是指企业在长期、重大投资方面的战略性筹划。例如，企业涉及的重大投资领域、投资方向、投资项目等筹划，即为投资战略。

3. 营运战略

营运战略是指企业营运资本的战略性筹划。例如，涉及重大的营运资本策略、与重要的上下游供应商和客户建立长期商业信用关系等战略性筹划，即为营运战略。

4. 股利战略

股利战略是指企业在长期、重大股利分配方向的战略性筹划。例如，企业涉及重大的留用利润方案、股利政策的长期安排等战略性筹划，即为股利战略。

（二）财务战略的综合类型

企业的财务战略往往涉及企业财务资源的长期筹划和总体配置，综合类型一般可以分为扩张型财务战略、稳健型财务战略、防御型财务战略和收缩型财务战略。

1. 扩张型财务战略

扩张型财务战略一般表现为企业长期内迅速扩大投资规模，保留全部或大部分利润，大量筹措外部资本。

2. 稳健型财务战略

稳健型财务战略一般表现为企业长期内投资规模稳定增长，保留部分利润，内部留利与外部筹资相结合。

3. 防御型财务战略

防御型财务战略一般表现为保持现有投资规模和投资收益水平，保持或适当调整现有资产负债率和资本结构水平，维持现行的股利政策。

4．收缩型财务战略

收缩型财务战略一般表现为维持或缩小现有投资规模，分发大量股利，减少对外筹资，甚至通过偿债或股份回购归还投资。

五、制定财务战略的影响因素

企业在规划自身的财务战略时，需要结合不同方面的影响因素来进行相关战略制定，这些相关因素包括以下几点：

（一）环境因素

影响财务战略规划的环境因素来自诸多方面，然而对企业财务战略的制定和实施起决定性作用的，还是经济环境。经济环境是影响企业生产经营活动最直接的外部因素，也是企业赖以生存和发展的基础。金融环境是企业进行财务活动所面临的金融政策和金融市场，是企业财务活动的重要外部条件。

（二）企业内部组织结构因素

通常认为，对企业财务战略规划的威胁往往存在于外部。但对战略更大的威胁往往来自于企业内部。企业的组织结构不仅在很大程度上决定了目标和政策是如何建立的，而且还决定了企业的资源配置。因此，在战略指导下的企业行为演变的同时，其组织结构也应相应地发生变化，以新的组织结构实施新的战略，以使企业行为达到目标最大化。

（三）生产经营规模因素

企业生产经营规模的大小也会影响企业财务战略规划的制定。一般而言，企业经营规模越大，财务战略制定越复杂，实施也越困难。若企业经营规模小，则企业的财务战略规划制定和实施也相对简单很多。因此，企业应根据自己的实际情况制定适合自己的财务战略规划，保证企业目标的顺利实现。

财务战略作为企业整体战略的一个子系统，不仅能够提高企业财务系统对环境的适应性；同时，财务战略着眼于长远利益与整体绩效，有助于创造并维持企业的财务优势，进而创造并保持企业的竞争优势。

第二节 财务战略管理内容

企业财务战略管理的内容主要包括五大方面，即全面预算管理、战略筹资管理、战略投资管理、战略营运资金管理、战略财务风险管理等。

一、全面预算管理

企业在全面预算管理战略目标下，采取相关措施合理配置各种资源，以全面预测、决策企业经营收支、成本费用、资本性支出及资金流向等，进而对企业生产经营活动提供指导、协调和控制，构建实现企业战略目标的管理体系。整个全面预算管理框架体系包括了多项预算项目，如收入利润预算、收支业务预算、成本费用预算、资产规模预算、现金流量预算、固定资产投资及其他资本性支出预算等。

二、战略筹资管理

战略筹资管理是企业为保证长期竞争能力而提供可靠的资金保证，并系统谋划资金筹措目标、结构、渠道及方式的管理方式。在战略筹资管理风险控制方面，企业应总体防范和控制负债经营风险，如树立风险意识、构建风险防范机制、确定适度负债数额、根据企业实情编制负债财务计划、根据资金市场供求状况进行筹资安排等。同时需要阶段性控制筹资风险，包括事前控制、事中控制和事后控制。事前控制即做好财务预测和计划、确定资本结构及主权资本和借入资本的比例关系；事中控制即持有合理的现金储备、强化存货管理、提升存货周转率、加速货币资金回笼；事后控制即分析筹资过程，为日后筹资活动提供指导意见。

同时，战略筹资管理还应恰当选择筹资方式，如内源筹资，即把本企业留存收益及折旧转化为投资；外源筹资即吸收其他经济主体的储蓄并将其转化为投资。企业生产规模不同、经营特点有异，则获取资金的方式也有所不同。

三、战略投资管理

企业战略投资是以战略为导向的投资，战略投资管理应全面考虑投资可行性，进行相应的管理措施。在影响战略投资可行性分析的因素中，外部因素包括市场环境、政治环境、自然环境、社会环境以及经济状况等，内部因素主要是对企业目标及现有资源进行分析，其中财务因素是内部因素中很重要的环节，财务因素有收入预测、成本预测、投资收益及投资风险等；同时，战略投资管理还应注重对非财务指标的考量，非财务指标具有动态性、综合性、创新性等特点，其更加关注企业的长远发展和创新能力的提升。

四、战略营运资金管理

企业战略营运资金管理包括现金管理、存货管理、应收账款管理等，它是形式多样、动态调整、高效务实、创新性强的管理方法。战略营运资金管理能够提高企业获利能力及偿债能力，管理目标是营运资金占用最小、风险最小、效率最高、收益最大、总成本最低。在对该项管理进行业绩评价时，须首先明确上述战略管理目标，并选取基于目标的关键指标，将评价标准与关键指标相互联系，建立一套有效的营运资金管理绩效评价体系。在财务战略管理思想导向下，企业营运资金循环周转管理十分重要，它是一把双刃剑，当对其进行有效管理时可以降低资金成本，但是一旦管理失误，将会把企业推入财务困境。

五、战略财务风险管理

企业战略财务风险即未来的不确定性影响于企业战略及财务管理，并使企业经营目标的实现陷入困难。战略财务风险管理即在总体经营目标下，企业在战略管理及财务管理的各个环节，有效执行风险管理的基本流程，以良好的风险管理理念和健全的风险管理体系，为达到风险管理的总体目标而提供合理保证的过程及方法。其在目标上表现为：把风险控制在能与总体目标相适应并能够承受范围内，保证企业内外部特别是企业和股东间实现及时、可靠、真实的信息沟通，确保企业经营遵守相关法律法规，保证企业以完善的危机处理计划预防、减少灾害性风险或人为失误带来的重大损失。

企业应建立健全财务战略管理风险体系，实行全面风险信息管理、风险评估、风险管理组织职能体系、风险管理策略。其中，风险信息管理是企业战略财务风险管理的基础所在。它贯穿于企业风险管理整个流程的始终，并要求企业定期或不定期地进行风险辨识、分析及评价，发现新风险，并重新评估企业面临的风险情况；风险评估即企业在收集财务战略管理风险信息前提下，对企业整体及各个管理流程进行风险辨识、分析及评价，这一过程是风险管理的起点和财务管理的关键。另外，风险管理组织职能体系是战略财务风险管理的组织保证，风险管理策略是战略财务风险管理的导向。

第三节　财务战略分析方法

财务战略分析是通过对企业外部财务环境和内部财务条件的全面分析，系统评价与财务资源相关的企业外部的机会与威胁、企业内部的优势与劣势，形成企业财务战略决策的过程。根据企业实践应用情况来看，财务战略分析的方法主要是 SWOT 分析法。

一、SWOT 分析法的含义

SWOT（Strengths—优势，Weaknesses—劣势，Opportunities—机会，Threats—威胁，取其首字母组合而得名）分析法是在对企业的外部财务环境和内部财务条件进行全面调查的基础上，对有关内外因素进行系统归纳分析，评价企业财务的机会与威胁、优势与劣势，从而为财务战略的选择提供参考依据。

二、SWOT 分析法的影响因素

SWOT 分析法涉及企业的外部财务环境和内部财务条件等相关因素，需要经过系统分析研判，找出主要的影响因素，并将其区分为外部财务机会、外部财务威胁以及内部财务优势、内部财务劣势。

（一）企业外部财务环境的影响因素分析

1. 产业、财税及金融等政策性因素

不同的产业政策会影响产业发展的布局规划、产业结构的调整及产业的发展；不同的财税

政策影响程度也不一样，如积极或保守的财政信用政策、财政贴息政策、行业和地区的税收优惠政策等；不同的金融政策影响程度也不一样，如货币政策、汇率政策、利率政策，资本市场政策等。这些政策及其调整往往会直接影响企业投资的领域、机会和程度，从而影响企业财务战略的选择。

2. 宏观周期

如宏观经济周期、产业周期和金融周期所处的阶段等。这需要企业加以科学的分析和判断，以选择和调整与宏观周期相适应的财务战略。

（二）企业内部财务条件的影响因素分析

企业内部财务条件的影响因素主要包括：企业生命周期和产品寿命周期所处的阶段，企业的盈利水平，企业的投资项目及其收益状况，企业的资产负债规模，企业的资本结构及财务杠杆利用条件，企业的现金流量状况，企业的筹资能力和投资潜力等。这些因素将直接支撑或限制企业财务战略的决策选择。

（三）SWOT 分析法中的定性分析

企业运用 SWOT 分析法，需要经过全面判断，对企业内部财务条件因素和企业外部财务环境因素进行定性分析。

1. 内部财务优势

例如，较高的企业盈利水平、合理的资本结构、充裕的现金流，这些因素属于企业内部的财务优势因素，为财务战略选择提供了有利的条件。

2. 内部财务劣势

例如，过高的资产负债率、大幅下降的流动比率、受限的债务筹资能力，这些因素属于企业内部的财务劣势，将限制企业财务战略选择的机会。

3. 外部财务机会

外部财务机会包括良好的财税政策、同行业间良性的竞争等，这些外部的财务机会或机遇能为企业财务战略的选择提供更广阔的空间。

4. 外部财务威胁

例如，企业发行债券筹资受到严格控制、竞争对手正在准备扩大筹资，这些因素属于企业的外部财务威胁或挑战，将制约企业财务战略的选择。

三、SWOT 分析法的运用

运用 SWOT 分析法，可以采用 SWOT 分析表和 SWOT 分析图来进行分析，从而为企业财务战略的选择提供参考方案。

（一）SWOT 分析表

SWOT 分析表可以进行因素归纳和定性分析，为企业财务战略的选择提供依据。某企业的 SWOT 分析表见表 9-1。

表 9-1　SWOT 分析表

内部财务优势（S）	
主要财务因素	对财务战略的影响分析
1. 稳健的资本结构：稳定合理的长期资本结构 2. 充裕的现金流量，盈利能力强：经营现金流量持续稳定增长	1. 资本结构方面：适当提升财务杠杆 2. 投资方面：适当追加投资，扩大规模
内部财务劣势（W）	
主要财务因素	对财务战略的影响分析
1. 较高的资产负债率：较多的短期借款，较低的流动比率 2. 股东要求提高投资回报：全球金融危机影响	1. 营运资本方面：适当减少短期筹资，改善营运资本策略 2. 股东关系方面：适当考虑增发股利
外部财务机会（O）	
主要财务因素	对财务战略的影响分析
1. 投资机会良好：行业投资报酬率回升 2. 筹资环境趋于宽松：积极的政府财政政策，宽松的货币政策	1. 投资方面：适当增加投资规模 2. 筹资方面：适当增加筹资规模
外部财务威胁（T）	
主要财务因素	对财务战略的影响分析
1. 筹资控制严格：发行债券筹资受限 2. 筹资竞争激烈：各类企业都在筹资	1. 筹资方式方面：考虑是否采取股权筹资方式 2. 筹资竞争方面：制定有效的筹资方案

（二）SWOT 分析图

采用 SWOT 分析图对四种性质的影响因素进行组合分析，为企业财务战略的选择提供依据。SWOT 分析图如图 9-1 所示。

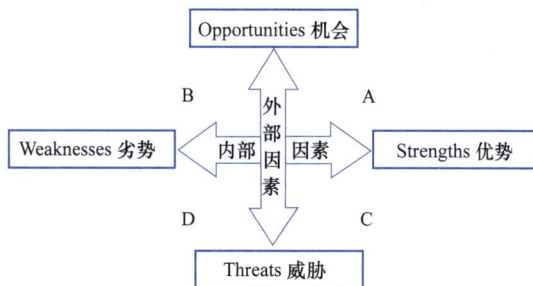

图 9-1　SWOT 分析图

通常情况下，企业的内部财务优势与劣势和外部财务机会与威胁往往是同时存在的。因此，综合四类不同性质因素的组合，客观上可以构成四种综合财务战略的选择。在图 9-1 中，该企业内部的财务优势与劣势和外部的财务机会与威胁可以构成下列四种组合。

（1）A 区为 SO 组合。即企业内部财务优势和外部财务机会的组合，这是最为理想的组合。企业的内部条件具有优势；同时，企业的外部环境提供机会。处于这种最为理想组合状态下的企业，应当发挥优势和利用机会，适合采取积极扩张型的财务战略。

（2）B 区为 WO 组合。即外部财务机会与内部财务劣势的组合，这是不尽理想的组合，一方面，企业的外部环境提供机会；但另一方面，企业内部条件处于劣势。处于这种不尽理想组合状态下的企业，可以利用机会、克服劣势，适合采取稳健增长型的财务战略。

（3）C区为ST组合。即企业内部财务优势和外部财务威胁的组合，这是不太理想的组合。一方面，企业的内部条件具有优势；另一方面，企业的外部环境构成威胁或挑战。处于这种不太理想组合状态下的企业，可以尽可能发挥优势，避免威胁，采取有效防御型的财务战略。

（4）D区为WT组合。即企业内部财务劣势和外部财务威胁的组合，这是最不理想的组合。一方面，企业的内部条件处于劣势；另一方面，企业的外部环境构成威胁或挑战。处于这种最不理想组合状态下的企业，应当克服劣势、避免威胁，可以采取适当收缩型的财务战略。

第四节　财务战略的选择

财务战略选择的好与坏直接影响着企业资金运营效率的高低以及盈利能力的强弱，进而影响着企业的发展，因此理性地选择财务战略是企业进行财务管理的关键环节。所以企业需要根据生命周期各阶段的特点，分析并选择适合自身实际的财务战略，这对于提高企业自身竞争力，意义重大。

一、财务战略选择的依据

企业财务战略的选择必须考虑经济周期的波动情况、企业发展阶段和企业增长方式，要适应内外部环境的变化，具有防范未来风险的意识，着眼于企业未来长期稳定的发展，并在执行过程中适时进行调整，以保持战略的持续性。

企业财务
战略选择

（一）财务战略的选择必须与宏观经济周期相适应

经济的周期性波动要求企业适时顺应经济周期。企业通过制定和选择富有弹性的财务战略，来抵御大起大落的经济震荡，以减轻经济周期对财务战略的影响，特别是减少经济周期中上升和下降的波动对财务战略的消极影响。

（1）在经济复苏阶段适宜采取扩张型财务战略。主要举措有逐步扩大投资、增加厂房设备、采用融资租赁、增加存货、开发新产品以及增加劳动力等。

（2）在经济繁荣阶段适宜先采取扩张型财务战略，再转为稳健型财务战略。主要举措有扩充厂房设备、采用融资租赁、继续增加存货、提高产品价格、开展营销策划以及增加劳动力等。

（3）在经济衰退阶段应采取防御型财务战略。主要举措有停止扩张、出售多余的厂房设备、停产无利润的产品、停止长期采购、削减存货以及减少雇员等。

（4）在经济萧条阶段，特别是在经济处于低谷时期，应采取防御型和收缩型财务战略。主要举措有建立投资标准、保持市场份额、压缩管理费用、放弃次要的财务利益、削减存货以及减少临时性雇员等。

（二）财务战略的选择必须与企业发展阶段相适应

每个企业的发展一般要经过初创期、扩张期、稳定期和衰退期四个阶段。不同的发展阶段应该有不同的财务战略与之相匹配。因此，企业应当分析自身所处的发展阶段，采取相适应的财务战略。

（1）在初创期，现金需求量大，但往往此时企业的资信水平低，偿债能力差，负债融资缺乏信用和担保支持，很难获得外部资金的支持，因此企业资金主要来源于创业者本身及企业内部筹资。因为初创期企业财务管理的目标是"现金流量最大化"，所以大多采取扩张型财务战略。

（2）在扩张期，随着企业的产品或服务成功地进入市场，销售数量就会快速增长，企业的竞争策略会重点强调营销活动，以确保产品销售增长以及企业市场份额和销售量的增加。因此，在扩张期，企业要采取扩张型财务战略。

（3）在稳定期，企业战略往往会出现调整，由以前的关注市场和市场份额转移到关注盈利能力和获取利润上来。此时，企业的经营风险变小，产生了大量的现金流，同时企业的再投资机会变少，资金需求降低。因此，在稳定期，企业应采用稳健型财务战略。

（4）在衰退期，企业逐渐从行业中退出，销售业绩开始下滑，高额的固定成本使得企业常常处于亏损的境地，因而财务战略应当转向考虑使用短期资金。在这一阶段，企业的资金来源渠道主要是借款，以进行合理避税，最大限度地提高企业利润。因此，在衰退期，企业应采取防御型或收缩型财务战略。

（三）财务战略的选择必须与企业经济增长方式相适应

从企业长期发展目标来看，企业经济增长的方式客观上要求实现从粗放型增长向集约型增长的转变。为适应这种转变，财务战略需要从两个方面进行调整。

一方面，调整企业财务投资战略，加大基础项目的投资力度。企业经济真正的长期增长要求提高资源配置能力和效率，而资源配置能力和效率的提高取决于基础项目的发展。虽然基础项目在短期内难以带来较大的财务利益，但它是长期经济发展的重要基础。所以，企业在财务投资的规模和方向上，要实现基础项目相对经济增长的超前发展。

另一方面，加大财务制度创新力度。通过建立与现代企业制度相适应的现代企业财务制度，既可以对追求短期数量增长的冲动形成约束，也可以强化集约经营与技术创新的行为取向；通过明晰产权，从企业内部抑制掠夺性经营的冲动；通过以合理的财务资源配置，限制高投入、低产出项目对资源的耗用，使企业经营集约化、高效率得以实现。

二、财务战略选择的方式

（一）初创期财务战略选择

企业在这一阶段处于起步期，产品没有稳定的市场份额，盈利能力差，资金周转较慢，资金短缺，而外部筹资渠道狭窄，所以如何筹集所需资金是财务管理的重点。这一阶段企业的战略目标应定位在销售收入最大化。在此战略目标的指导下，制定财务战略的关键是如何使企业资源最优化，使企业生存下来。该阶段可以采取的财务战略有：

1. 资金来源应以权益资金为主,以降低经营风险和筹资风险

首先,由于企业在初创期的经营风险较大,尽量以内部筹集资金为主,采用较低负债水平的资金来源结构;其次,企业在初创期的盈利较低,如果采用负债方式筹集资金,不仅会加大风险,而且财务杠杆的抵税效果也不明显,因而资金来源应以权益资金为主,以降低经营风险和筹资风险。

2. 投资业务应集中化

在投资方面,企业应根据有限的资金,选择所能达到的投资规模,通过资源在一项业务中的高度集中,增加其主要业务销售量,提高产品市场占有率,从而为企业的发展增加原始资本积累。

3. 应较少地分配收益

由于一般企业初创阶段的盈利很低、市场不稳定,基本上不存在利益分配的问题,因此企业应少分配、多留利。此外,实施多留利的分配策略有利于提高权益资本的比例,可为企业进一步举债筹资建立牢固的基础。

总之,处于初创期的企业应选择"低负债、稳投资、少分配"的扩张型财务战略。

(二)扩张期财务战略选择

如果说初创期企业的主要任务是生存,那么扩张期企业的任务就是扩大市场规模,在市场上处于领先地位。这一阶段企业已拥有了较稳定的产品和生产销售体系,内部管理水平提高,盈利能力增强,自有资本在企业经营中不断增加,筹资能力也较强,在筹资方面表现为更多地利用负债、充分利用财务杠杆。该阶段可以采取的财务战略有:

1. 多元化筹资,适当提高负债

在扩张期,企业要想获得进一步的发展,就需要大量资金支持。通过发行股票等谋求资本规模的迅速扩大,是企业扩张发展的一种有效方式。同时,企业还可适当运用财务杠杆,提高资产负债率,以产生杠杆收益。

2. 应采用一体化战略进行扩张

一体化战略包括两种模式:横向一体化和纵向一体化,纵向一体化战略又可分为前向一体化和后向一体化。企业应根据自身具体情况选择一体化战略模式。例如,美的集团为了节省高额的家电连锁费用,通过前向一体化建立零售专卖店,向家电零售业发展,减轻了对零售连锁店的依赖。

3. 收益分配战略目标应为多留利、少分配

少分配收益可将大量的留存盈余用于再投资,这对于急需资金扩大再生产、而内部积累不足的企业来说,尤为重要,并且有利于提高权益资本比重,为进一步举债筹资提供了更为坚实的基础。

总之,处于扩张期的企业应选择"高负债、多投资、低分配"的扩张型财务战略。

(三)稳定期财务战略选择

企业进入稳定期后,资本结构相对合理、市场份额稳定、产品质量稳定,生产效率达到了最高点、成本达到了最低点，利润也随之达到最高水平，因此，财务战略重点应转移到保持、提高市场份额上。该阶段可以采取的财务战略有：

1. 较少利用负债，加快资金流转

由于市场需求的增长速度减缓，企业对资金的需求也相对减少，同时企业发展所积累的资金已在一定程度上满足了其对资金的需求，这使得稳定期企业对外部资金的需求必然减少，所以企业在这一阶段应采取"低负债"的筹资结构，主要以内部筹措方式为主；同时加速资金周转，节约资金，从而增加资金的来源渠道。

2. 采用多元化的投资战略，同时开发新的市场

例如：海尔集团所拥有的冰箱核心技术优势使其在冰柜、空调等产品领域遥遥领先；格兰仕集团最初生产单一产品——微波炉，当在国内市场占有率达 70% 后，再扩展到生产空调、电风扇、电饭煲等产品，这样避免了资本全部投入一个行业而产生的较高风险。多元化的投资战略能够使企业具备较强的抗风险能力。

3. 采用固定或稳定增长的股利分配政策

企业在稳定期，筹资能力相对较强，可随时筹集到经营所需资金，资本积累规模较大，具有较强的股利支付能力，因此，企业在这一阶段，应采取固定或稳定增长的股利分配政策。

总之，处于稳定期的企业应选择"低负债、多元投资、中分配"的稳健型财务战略。

（四）衰退期财务战略选择

企业进入衰退期，销售额和利润都明显下降，新产品和替代品大量出现，市场需求逐渐减少，盈利能力下降，资金周转不畅。针对这种情况，一是企业不再进行任何投资，维持当前生产规模，维持充足的现金流量，防止因现金过度流失可能带来的财务危机；二是应利用各种财务资源，及时组织新产品的研发和生产，实现战略转型，开辟新的领域。因此，企业进入衰退期，应以尽可能快的速度找到新的经济增长点，实现战略转移；或从衰退行业中尽可能多地收回投资，同时停止一切新的投资，削减成本，精简机构，盘活存量资产。企业在这一阶段，由于收益率很低、现金流量不足，所以不应采取固定或稳定增长股利政策，而应少分配收益。

总之，处于衰退期的企业应选择"低负债、少投资、少分配"的防御型或收缩型财务战略。

本章小结

财务战略是对企业财务活动的整体性决策，其着眼点不是当前，而是未来，是立足于长远的需要对企业财务活动的发展所做出的判断。

财务战略按照财务管理的职能领域不同，可分为筹资战略、投资战略、营运战略、股利战略。财务战略的综合类型一般可以分为扩张型财务战略、稳健型财务战略、防御型财务战略和收缩型财务战略。

企业财务战略管理的内容主要包括五大方面，即全面预算管理、战略筹资管理、战略投资

管理、战略营运资金管理、战略财务风险管理等。

　　财务战略分析是通过对企业外部财务环境和内部财务条件的分析，全面评价与财务资源相关的企业外部的机会与威胁、企业内部的优势与劣势，形成企业财务战略决策的过程。财务战略分析的方法主要是 SWOT 分析法。

　　企业应根据生命周期各阶段的特点，分析并选择适合自身实际的财务战略：处于初创期的企业应选择"低负债、稳投资、少分配"的财务战略；处于扩张期的企业应选择"高负债、多投资、低分配"的财务战略；处于稳定期的企业应选择"低负债、多元投资、中分配"的财务战略；处于衰退期的企业应选择"低负债、少投资、少分配"的财务战略。

同步测试

一、单项选择题

1. 短期借款较多，流动比率降低，这对一个企业来说一般属于（　　　）。
   A. 机会　　　　　　B. 劣势　　　　　　C. 优势　　　　　　D. 威胁

2. SWOT 分析法是（　　　）。
   A. 宏观环境分析技术　　　　　　　　B. 内部因素分析技术
   C. 内外部环境分析技术　　　　　　　D. 微观环境分析技术

3. 在 SWOT 分析中，最理想的组合是（　　　）。
   A. SO 组合　　　　B. WT 组合　　　　C. ST 组合　　　　D. WO 组合

4. 在初创期的企业，股利政策一般（　　　）。
   A. 采用非现金股利政策　　　　　　　B. 采用现金股利政策
   C. 可以考虑适当的现金股利政策　　　D. 采用高现金股利政策

5. 关于企业不同发展阶段的财务战略，下列说法中正确的是（　　　）。
   A. 初创期应该尽量使用权益筹资，应寻找从事高风险投资、要求高回报的投资人
   B. 在成长期，由于经营风险降低了，因此可以大量增加负债比例，以获得杠杆利益
   C. 在成熟期，企业权益投资人主要是大众投资者，公司多余的现金应该返还给股东
   D. 在衰退期，企业应该进一步提高债务筹资比例

二、多项选择题

1. 财务战略的特征包括（　　　）。
   A. 全局性　　　　B. 长期性　　　　C. 短期性　　　　D. 导向性

2. 财务战略按财务管理职能领域分类，可以分为（　　　）。
   A. 投资战略　　　B. 筹资战略　　　C. 营销战略　　　D. 营运战略
   E. 股利战略

3. 在 SWOT 分析法中，企业外部财务环境的影响因素包括（　　　）。
   A. 产业政策　　　B. 金融政策　　　C. 税收政策　　　D. 财政政策
   E. 宏观周期

4. 某公司是一家老字号重工业企业，面对刚刚度过全球金融危机、经济复苏的宏观经济环境和止跌企稳蓄势上扬的行业环境，在自身条件允许时，可以考虑选择的举措有（ ）。

    A. 增加厂房设备   B. 减少融资租赁

    C. 减少临时性雇员   D. 建立存货

    E. 开发新产品

5. 某公司是一家刚刚成立的多媒体产品研制和生产企业，产品还处于研发投入阶段，尚未形成收入和利润能力，但其市场前景被评估机构看好，对这家公司，以下说法中正确的有（ ）。

    A. 该公司处于初创期

    B. 该公司财务战略的关键应是吸纳债务资本

    C. 该公司面临的经营风险非常小

    D. 该公司的股利战略最好是不分红

    E. 该公司的筹资战略应是筹集股权资本

三、判断题

1. 财务战略属于具有局部性、长期性和导向性的重大谋划。   （ ）

2. 财务战略的选择必须与宏观经济周期相适应。   （ ）

3. 在企业的衰退期，企业财务战略的关键是如何回收现有投资，实现战略转型。（ ）

4. 处于扩张期的企业应选择"低负债、多投资、高分配"的财务战略。   （ ）

5. 处于稳定期的企业应选择"低负债、多元投资、中分配"的财务战略。   （ ）

四、简答题

1. 简述财务战略的本质。

2. 简述财务战略管理的内容。

3. 简述在不同的企业发展周期，企业应分别选择确定什么样的财务战略。

货币时间价值系数表

附录 A 复利终值系数表

$$(F/P, \ i, \ n) = (1+i)^n$$

利率\期数	1%	2%	3%	4%	5%	6%	7%	8%	9%	10%
1	1.010 0	1.020 0	1.030 0	1.040 0	1.050 0	1.060 0	1.070 0	1.080 0	1.090 0	1.100 0
2	1.020 1	1.040 4	1.060 9	1.081 6	1.102 5	1.123 6	1.144 9	1.166 4	1.188 1	1.210 0
3	1.030 3	1.061 2	1.092 7	1.124 9	1.157 6	1.191 0	1.225 0	1.259 7	1.295 0	1.331 0
4	1.040 6	1.082 4	1.125 5	1.169 9	1.215 5	1.262 5	1.310 8	1.360 5	1.411 6	1.464 1
5	1.051 0	1.104 1	1.159 3	1.216 7	1.276 3	1.338 2	1.402 6	1.469 3	1.538 6	1.610 5
6	1.061 5	1.126 2	1.194 1	1.265 3	1.340 1	1.418 5	1.500 7	1.586 9	1.677 1	1.771 6
7	1.072 1	1.148 7	1.229 9	1.315 9	1.407 1	1.503 6	1.605 8	1.713 8	1.828 0	1.948 7
8	1.082 9	1.171 7	1.266 8	1.368 6	1.477 5	1.593 8	1.718 2	1.850 9	1.992 6	2.143 6
9	1.093 7	1.195 1	1.304 8	1.423 3	1.551 3	1.689 5	1.838 5	1.999 0	2.171 9	2.357 9
10	1.104 6	1.219 0	1.343 9	1.480 2	1.628 9	1.790 8	1.967 2	2.158 9	2.367 4	2.593 7
11	1.115 7	1.243 4	1.384 2	1.539 5	1.710 3	1.898 3	2.104 9	2.331 6	2.580 4	2.853 1
12	1.126 8	1.268 2	1.425 8	1.601 0	1.795 9	2.012 2	2.252 2	2.518 2	2.812 7	3.138 4
13	1.138 1	1.293 6	1.468 5	1.665 1	1.885 6	2.132 9	2.409 8	2.719 6	3.065 8	3.452 3
14	1.149 5	1.319 5	1.512 6	1.731 7	1.979 9	2.260 9	2.578 5	2.937 2	3.341 7	3.797 5
15	1.161 0	1.345 9	1.558 0	1.800 9	2.078 9	2.396 6	2.759 0	3.172 2	3.642 5	4.177 2
16	1.172 6	1.372 8	1.604 7	1.873 0	2.182 9	2.540 4	2.952 2	3.425 9	3.970 3	4.595 0
17	1.184 3	1.400 2	1.652 8	1.947 9	2.292 0	2.692 8	3.158 8	3.700 0	4.327 6	5.054 5
18	1.196 1	1.428 2	1.702 4	2.025 8	2.406 6	2.854 3	3.379 9	3.996 0	4.717 1	5.559 9
19	1.208 1	1.456 8	1.753 5	2.106 8	2.527 0	3.025 6	3.616 5	4.315 7	5.141 7	6.115 9
20	1.220 2	1.485 9	1.806 1	2.191 1	2.653 3	3.207 1	3.869 7	4.661 0	5.604 4	6.727 5
21	1.232 4	1.515 7	1.860 3	2.278 8	2.786 0	3.399 6	4.140 6	5.033 8	6.108 8	7.400 2
22	1.244 7	1.546 0	1.916 1	2.369 9	2.925 3	3.603 5	4.430 4	5.436 5	6.658 6	8.140 3
23	1.257 2	1.576 9	1.973 6	2.464 7	3.071 5	3.819 7	4.740 5	5.871 5	7.257 9	8.954 3
24	1.269 7	1.608 4	2.032 8	2.563 3	3.225 1	4.048 9	5.072 4	6.341 2	7.911 1	9.849 7
25	1.282 4	1.640 6	2.093 8	2.665 8	3.386 4	4.291 9	5.427 4	6.848 5	8.623 1	10.834 7
26	1.295 3	1.673 4	2.156 6	2.772 5	3.555 7	4.549 4	5.807 4	7.396 4	9.399 2	11.918 2
27	1.308 2	1.706 9	2.221 3	2.883 4	3.733 5	4.822 3	6.213 9	7.988 1	10.245 1	13.110 0
28	1.321 3	1.741 0	2.287 9	2.998 7	3.920 1	5.111 7	6.648 8	8.627 1	11.167 1	14.421 0
29	1.334 5	1.775 8	2.356 6	3.118 7	4.116 1	5.418 4	7.114 3	9.317 3	12.172 2	15.863 1
30	1.347 8	1.811 4	2.427 3	3.243 4	4.321 9	5.743 5	7.612 3	10.062 7	13.267 7	17.449 4
40	1.488 9	2.208 0	3.262 0	4.801 0	7.040 0	10.285 7	14.974 5	21.724 5	31.409 4	45.259 3
50	1.644 6	2.691 6	4.383 9	7.106 7	11.467 4	18.420 2	29.457 0	46.901 6	74.357 5	117.391
60	1.816 7	3.281 0	5.891 6	10.519 6	18.679 2	32.987 7	57.946 4	101.257	176.031	304.482

（续）

利率\期数	11%	12%	13%	14%	15%	16%	17%	18%	19%	20%
1	1.110 0	1.120 0	1.130 0	1.140 0	1.150 0	1.160 0	1.170 0	1.180 0	1.190 0	1.200 0
2	1.232 1	1.254 4	1.276 9	1.299 6	1.322 5	1.345 6	1.368 9	1.392 4	1.416 1	1.440 0
3	1.367 6	1.404 9	1.442 9	1.481 5	1.520 9	1.560 9	1.601 6	1.643 0	1.685 2	1.728 0
4	1.518 1	1.573 5	1.630 5	1.689 0	1.749 0	1.810 6	1.873 9	1.938 8	2.005 3	2.073 6
5	1.685 1	1.762 3	1.842 4	1.925 4	2.011 4	2.100 3	2.192 4	2.287 8	2.386 4	2.488 3
6	1.870 4	1.973 8	2.082 0	2.195 0	2.313 1	2.436 4	2.565 2	2.699 6	2.839 0	2.986 0
7	2.076 2	2.210 7	2.352 6	2.502 3	2.660 0	2.826 2	3.001 2	3.185 5	3.379 3	3.583 2
8	2.304 5	2.476 0	2.658 4	2.852 6	3.059 0	3.278 4	3.511 5	3.758 9	4.021 4	4.299 8
9	2.558 0	2.773 1	3.004 0	3.251 9	3.517 9	3.803 0	4.108 4	4.435 5	4.785 4	5.159 8
10	2.839 4	3.105 8	3.394 6	3.707 2	4.045 6	4.411 4	4.806 8	5.233 8	5.694 7	6.191 7
11	3.151 8	3.478 5	3.835 9	4.226 2	4.652 4	5.117 3	5.624 0	6.175 9	6.776 7	7.430 1
12	3.498 5	3.896 0	4.334 5	4.817 9	5.350 3	5.936 0	6.580 1	7.287 6	8.064 2	8.916 1
13	3.883 3	4.363 5	4.898 0	5.492 4	6.152 8	6.885 8	7.698 7	8.599 4	9.596 4	10.699 3
14	4.310 4	4.887 1	5.534 8	6.261 3	7.075 7	7.987 5	9.007 5	10.147 2	11.419 8	12.839 2
15	4.784 6	5.473 6	6.254 3	7.137 9	8.137 1	9.265 5	10.538 7	11.973 7	13.589 5	15.407 0
16	5.310 9	6.130 4	7.067 3	8.137 2	9.357 6	10.748 0	12.330 3	14.129 0	16.171 5	18.488 4
17	5.895 1	6.866 0	7.986 1	9.276 5	10.761 3	12.467 7	14.426 5	16.672 2	19.244 1	22.186 1
18	6.543 6	7.690 0	9.024 3	10.575 2	12.375 5	14.462 5	16.879 0	19.673 3	22.900 5	26.623 3
19	7.263 3	8.612 8	10.197 4	12.055 7	14.231 8	16.776 5	19.748 4	23.214 4	27.251 6	31.948 0
20	8.062 3	9.646 3	11.523 1	13.743 5	16.366 5	19.460 8	23.105 6	27.393 0	32.429 4	38.337 6
21	8.949 2	10.803 8	13.021 1	15.667 6	18.821 5	22.574 5	27.033 6	32.323 8	38.591 0	46.005 1
22	9.933 6	12.100 3	14.713 8	17.861 0	21.644 7	26.186 4	31.629 3	38.142 1	45.923 3	55.206 1
23	11.026 3	13.552 3	16.626 6	20.361 6	24.891 5	30.376 2	37.006 2	45.007 6	54.648 7	66.247 4
24	12.239 2	15.178 6	18.788 1	23.212 2	28.625 2	35.236 4	43.297 3	53.109 0	65.032 0	79.496 6
25	13.585 5	17.000 1	21.230 5	26.461 9	32.919 0	40.874 2	50.657 8	62.668 6	77.388 1	95.396 2
26	15.079 9	19.040 1	23.990 5	30.166 6	37.856 8	47.414 1	59.269 7	73.949 0	92.091 8	114.475 5
27	16.738 6	21.324 9	27.109 3	34.389 9	43.535 3	55.000 4	69.345 5	87.259 8	109.589	137.371
28	18.579 9	23.883 9	30.633 5	39.204 5	50.065 6	63.800 4	81.134 2	102.967	130.411	164.845
29	20.623 7	26.749 9	34.615 8	44.693 1	57.575 5	74.008 5	94.927 1	121.501	155.189	197.814
30	22.892 3	29.959 9	39.115 9	50.950 2	66.211 8	85.849 9	111.065	143.371	184.675	237.376
40	65.000 9	93.051 0	132.782	188.884	267.864	378.721	533.869	750.378	1 051.67	1 469.77
50	184.565	289.002	450.736	700.233	1 083.66	1 670.70	2 566.22	3 927.36	5 988.91	9 100.44
60	524.057	897.597	1 530.05	2 595.92	4 384.00	7 370.20	12 335.4	20 555.1	34 105.0	56 347.5

附录 B　复利现值系数表

$(P/F, i, n) = 1/(1+i)^n$

利率 期数	1%	2%	3%	4%	5%	6%	7%	8%	9%	10%
1	0.990 1	0.980 4	0.970 9	0.961 5	0.952 4	0.943 4	0.934 6	0.925 9	0.917 4	0.909 1
2	0.980 3	0.961 2	0.942 6	0.924 6	0.907 0	0.890 0	0.873 4	0.857 3	0.841 7	0.826 4
3	0.970 6	0.942 3	0.915 1	0.889 0	0.863 8	0.839 6	0.816 3	0.793 8	0.772 2	0.751 3
4	0.961 0	0.923 8	0.888 5	0.854 8	0.822 7	0.792 1	0.762 9	0.735 0	0.708 4	0.683 0
5	0.951 5	0.905 7	0.862 6	0.821 9	0.783 5	0.747 3	0.713 0	0.680 6	0.649 9	0.620 9
6	0.942 0	0.888 0	0.837 5	0.790 3	0.746 2	0.705 0	0.666 3	0.630 2	0.596 3	0.564 5
7	0.932 7	0.870 6	0.813 1	0.759 9	0.710 7	0.665 1	0.622 7	0.583 5	0.547 0	0.513 2
8	0.923 5	0.853 5	0.789 4	0.730 7	0.676 8	0.627 4	0.582 0	0.540 3	0.501 9	0.466 5
9	0.914 3	0.836 8	0.766 4	0.702 6	0.644 6	0.591 9	0.543 9	0.500 2	0.460 4	0.424 1
10	0.905 3	0.820 3	0.744 1	0.675 6	0.613 9	0.558 4	0.508 3	0.463 2	0.422 4	0.385 5
11	0.896 3	0.804 3	0.722 4	0.649 6	0.584 7	0.526 8	0.475 1	0.428 9	0.387 5	0.350 5
12	0.887 4	0.788 5	0.701 4	0.624 6	0.556 8	0.497 0	0.444 0	0.397 1	0.355 5	0.318 6
13	0.878 7	0.773 0	0.681 0	0.600 6	0.530 3	0.468 8	0.415 0	0.367 7	0.326 2	0.289 7
14	0.870 0	0.757 9	0.661 1	0.577 5	0.505 1	0.442 3	0.387 8	0.340 5	0.299 2	0.263 3
15	0.861 3	0.743 0	0.641 9	0.555 3	0.481 0	0.417 3	0.362 4	0.315 2	0.274 5	0.239 4
16	0.852 8	0.728 4	0.623 2	0.533 9	0.458 1	0.393 6	0.338 7	0.292 0	0.252 0	0.217 6
17	0.844 4	0.714 2	0.605 0	0.513 4	0.436 3	0.371 4	0.316 6	0.270 0	0.231 0	0.197 8
18	0.836 0	0.700 2	0.587 4	0.493 6	0.415 5	0.350 3	0.296 0	0.250 0	0.212 0	0.179 9
19	0.827 7	0.686 4	0.570 3	0.474 6	0.395 7	0.330 5	0.276 5	0.231 7	0.194 5	0.163 5
20	0.819 5	0.673 0	0.553 7	0.456 4	0.376 9	0.311 8	0.258 4	0.214 5	0.178 4	0.148 6
21	0.811 4	0.659 8	0.537 5	0.438 8	0.358 9	0.294 2	0.241 5	0.198 7	0.163 7	0.135 1
22	0.803 4	0.646 8	0.521 9	0.422 0	0.341 8	0.277 5	0.225 7	0.183 9	0.150	0.122 8
23	0.795 4	0.634 2	0.506 7	0.405 7	0.325 6	0.261 8	0.210 9	0.170 3	0.137 8	0.111 7
24	0.787 6	0.621 7	0.491 9	0.390 1	0.310 1	0.247 0	0.197 1	0.157 7	0.126 4	0.101 5
25	0.779 8	0.609 5	0.477 6	0.375 1	0.295 3	0.233 0	0.184 2	0.146 0	0.116 0	0.092 3
26	0.772 0	0.597 6	0.463 7	0.360 7	0.281 2	0.219 8	0.172 2	0.135 2	0.106 4	0.083 9
27	0.764 4	0.585 9	0.450 2	0.346 8	0.267 8	0.207 4	0.160 9	0.125 2	0.097 6	0.076 3
28	0.756 8	0.574 4	0.437 1	0.333 5	0.255 1	0.195 6	0.150 4	0.115 9	0.089 5	0.069 3
29	0.749 3	0.563 1	0.424 3	0.320 7	0.242 9	0.184 6	0.140 6	0.107 3	0.082 2	0.063 0
30	0.741 9	0.552 1	0.412 0	0.308 3	0.231 4	0.174 1	0.131 4	0.099 4	0.075 4	0.057 3
35	0.705 9	0.500 0	0.355 4	0.253 4	0.181 3	0.130 1	0.093 7	0.067 6	0.049 0	0.035 6
40	0.671 7	0.452 9	0.306 6	0.208 3	0.142 0	0.097 2	0.066 8	0.046 0	0.031 8	0.022 1
45	0.639 1	0.410 2	0.264 4	0.171 2	0.111 3	0.072 7	0.047 6	0.031 3	0.020 7	0.013 7
50	0.608 0	0.371 5	0.228 1	0.140 7	0.087 2	0.054 3	0.033 9	0.021 3	0.013 4	0.008 5
55	0.578 5	0.336 5	0.196 8	0.115 7	0.068 3	0.040 6	0.024 2	0.014 5	0.008 7	0.005 3

（续）

利率 期数	11%	12%	13%	14%	15%	16%	17%	18%	19%	20%
1	0.900 9	0.892 9	0.885 0	0.877 2	0.869 6	0.862 1	0.854 7	0.847 5	0.840 3	0.833 3
2	0.811 6	0.797 2	0.783 1	0.769 5	0.756 1	0.743 2	0.730 5	0.718 2	0.706 2	0.694 4
3	0.731 2	0.711 8	0.693 1	0.675 0	0.657 5	0.640 7	0.624 4	0.608 6	0.593 4	0.578 7
4	0.658 7	0.635 5	0.613 3	0.592 1	0.571 8	0.552 3	0.533 7	0.515 8	0.498 7	0.482 3
5	0.593 5	0.567 4	0.542 8	0.519 4	0.497 2	0.476 1	0.456 1	0.437 1	0.419 0	0.401 9
6	0.534 6	0.506 6	0.480 3	0.455 6	0.432 3	0.410 4	0.389 8	0.370 4	0.352 1	0.334 9
7	0.481 7	0.452 3	0.425 1	0.399 6	0.375 9	0.353 8	0.333 2	0.313 9	0.295 9	0.279 1
8	0.433 9	0.403 9	0.376 2	0.350 6	0.326 9	0.305 0	0.284 8	0.266 0	0.248 7	0.232 6
9	0.390 9	0.360 6	0.332 9	0.307 5	0.284 3	0.263 0	0.243 4	0.225 5	0.209 0	0.193 8
10	0.352 2	0.322 0	0.294 6	0.269 7	0.247 2	0.226 7	0.208 0	0.191 1	0.175 6	0.161 5
11	0.317 3	0.287 5	0.260 7	0.236 6	0.214 9	0.195 4	0.177 8	0.161 9	0.147 6	0.134 6
12	0.285 8	0.256 7	0.230 7	0.207 6	0.186 9	0.168 5	0.152 0	0.137 2	0.124 0	0.112 2
13	0.257 5	0.229 2	0.204 2	0.182 1	0.162 5	0.145 2	0.129 9	0.116 3	0.104 2	0.093 5
14	0.232 0	0.204 6	0.180 7	0.159 7	0.141 3	0.125 2	0.111 0	0.098 5	0.087 6	0.077 9
15	0.209 0	0.182 7	0.159 9	0.140 1	0.122 9	0.107 9	0.094 9	0.083 5	0.073 6	0.064 9
16	0.188 3	0.163 1	0.141 5	0.122 9	0.106 9	0.093 0	0.081 1	0.070 8	0.061 8	0.054 1
17	0.169 6	0.145 6	0.125 2	0.107 8	0.092 9	0.080 2	0.069 3	0.060 0	0.052 0	0.045 1
18	0.152 8	0.130 0	0.110 8	0.094 6	0.080 8	0.069 1	0.059 2	0.050 8	0.043 7	0.037 6
19	0.137 7	0.116 1	0.098 1	0.082 9	0.070 3	0.059 6	0.050 6	0.043 1	0.036 7	0.031 3
20	0.124 0	0.103 7	0.086 8	0.072 8	0.061 1	0.051 4	0.043 3	0.036 5	0.030 8	0.026 1
21	0.111 7	0.092 6	0.076 8	0.063 8	0.053 1	0.044 3	0.037 0	0.030 9	0.025 9	0.021 7
22	0.100 7	0.082 6	0.068 0	0.056 0	0.046 2	0.038 2	0.031 6	0.026 2	0.021 8	0.018 1
23	0.090 7	0.073 8	0.060 1	0.049 1	0.040 2	0.032 9	0.027 0	0.022 2	0.018 3	0.015 1
24	0.081 7	0.065 9	0.053 2	0.043 1	0.034 9	0.028 4	0.023 1	0.018 8	0.015 4	0.012 6
25	0.073 6	0.058 8	0.047 1	0.037 8	0.030 4	0.024 5	0.019 7	0.016 0	0.012 9	0.010 5
26	0.066 3	0.052 5	0.041 7	0.033 1	0.026 4	0.021 1	0.016 9	0.013 5	0.010 9	0.008 7
27	0.059 7	0.046 9	0.036 9	0.029 1	0.023 0	0.018 2	0.014 4	0.011 5	0.009 1	0.007 3
28	0.053 8	0.041 9	0.032 6	0.025 5	0.020 0	0.015 7	0.012 3	0.009 7	0.007 7	0.006 1
29	0.048 5	0.037 4	0.028 9	0.022 4	0.017 4	0.013 5	0.010 5	0.008 2	0.006 4	0.005 1
30	0.043 7	0.033 4	0.025 6	0.019 6	0.015 1	0.011 6	0.009 0	0.007 0	0.005 4	0.004 2
35	0.025 9	0.018 9	0.013 9	0.010 2	0.007 5	0.005 5	0.004 1	0.003 0	0.002 3	0.001 7
40	0.015 4	0.010 7	0.007 5	0.005 3	0.003 7	0.002 6	0.001 9	0.001 3	0.001 0	0.000 7
45	0.009 1	0.006 1	0.004 1	0.002 7	0.001 9	0.001 3	0.000 9	0.000 6	0.000 4	0.000 3
50	0.005 4	0.003 5	0.002 2	0.001 4	0.000 9	0.000 6	0.000 4	0.000 3	0.000 2	0.000 1
55	0.003 2	0.002 0	0.001 2	0.000 7	0.000 5	0.000 3	0.000 2	0.000 1	0.000 1	*

*<0.000 1

附录 C 年金终值系数表

$$(F/A, i, n) = [(1+i)^n - 1]/i$$

利率\期数	1%	2%	3%	4%	5%	6%	7%	8%	9%	10%
1	1.000 0	1.000 0	1.000 0	1.000 0	1.000 0	1.000 0	1.000 0	1.000 0	1.000 0	1.000 0
2	2.010 0	2.020 0	2.030 0	2.040 0	2.050 0	2.060 0	2.070 0	2.080 0	2.090 0	2.100 0
3	3.030 1	3.060 4	3.090 9	3.121 6	3.152 5	3.183 6	3.214 9	3.246 4	3.278 1	3.310 0
4	4.060 4	4.121 6	4.183 6	4.246 5	4.310 1	4.374 6	4.439 9	4.506 1	4.573 1	4.641 0
5	5.101 0	5.204 0	5.309 1	5.416 3	5.525 6	5.637 1	5.750 7	5.866 6	5.984 7	6.105 1
6	6.152 0	6.308 1	6.468 4	6.633 0	6.801 9	6.975 3	7.153 3	7.335 9	7.523 3	7.715 6
7	7.213 5	7.434 3	7.662 5	7.898 3	8.142 0	8.393 8	8.654 0	8.922 8	9.200 4	9.487 2
8	8.285 7	8.583 0	8.892 3	9.214 2	9.549 1	9.897 5	10.259 8	10.636 6	11.028 5	11.435 9
9	9.368 5	9.754 6	10.159 1	10.582 8	11.026 6	11.491 3	11.978 0	12.487 6	13.021 0	13.579 5
10	10.462 2	10.949 7	11.463 9	12.006 1	12.577 9	13.180 8	13.816 4	14.486 6	15.192 9	15.937 4
11	11.566 8	12.168 7	12.807 8	13.486 4	14.206 8	14.971 6	15.783 6	16.645 5	17.560 3	18.531 2
12	12.682 5	13.412 1	14.192 0	15.025 8	15.917 1	16.869 9	17.888 5	18.977 1	20.140 7	21.384 3
13	13.809 3	14.680 3	15.617 8	16.626 8	17.713 0	18.882 1	20.140 6	21.495 3	22.953 4	24.522 7
14	14.947 4	15.973 9	17.086 3	18.291 9	19.598 6	21.015 1	22.550 5	24.214 9	26.019 2	27.975 0
15	16.096 9	17.293 4	18.598 9	20.023 6	21.578 6	23.276 0	25.129 0	27.152 1	29.360 9	31.772 5
16	17.257 9	18.639 3	20.156 9	21.824 5	23.657 5	25.672 5	27.888 1	30.324 3	33.003 4	35.949 7
17	18.430 4	20.012 1	21.761 6	23.697 5	25.840 4	28.212 9	30.840 2	33.750 2	36.973 7	40.544 7
18	19.614 7	21.412 3	23.414 4	25.645 4	28.132 4	30.905 7	33.999 0	37.450 2	41.301 3	45.599 2
19	20.810 9	22.840 6	25.116 9	27.671 2	30.539 0	33.760 0	37.379 0	41.446 3	46.018 5	51.159 1
20	22.019 0	24.297 4	26.870 4	29.778 1	33.066 0	36.785 6	40.995 5	45.762 0	51.160 1	57.275 0
21	23.239 2	25.783 3	28.676 5	31.969 2	35.719 3	39.992 7	44.865 2	50.422 9	56.764 5	64.002 5
22	24.471 6	27.299 0	30.536 8	34.248 0	38.505 2	43.392 3	49.005 7	55.456 8	62.873 3	71.402 7
23	25.716 3	28.845 0	32.452 9	36.617 9	41.430 5	46.995 8	53.436 1	60.893 3	69.531 9	79.543 0
24	26.973 5	30.421 9	34.426 5	39.082 6	44.502 0	50.815 6	58.176 7	66.764 8	76.789 8	88.497 3
25	28.243 2	32.030 3	36.459 3	41.645 9	47.727 1	54.864 5	63.249 0	73.105 9	84.700 9	98.347 1
26	29.525 6	33.670 9	38.553 0	44.311 7	51.113 5	59.156 4	68.676 5	79.954 4	93.324 0	109.182 0
27	30.820 9	35.344 3	40.709 6	47.084 2	54.669 1	63.705 8	74.483 8	87.350 8	102.723	121.100
28	32.129 1	37.051 2	42.930 9	49.967 6	58.402 6	68.528 1	80.697 7	95.339	112.968	134.210
29	33.450 4	38.792 2	45.218 9	52.966 3	62.322 7	73.639 8	87.346 5	103.966	124.135	148.631
30	34.784 9	40.568 1	47.575 4	56.084 9	66.438 8	79.058 2	94.460 8	113.283	136.308	164.494
35	41.660 3	49.994 5	60.462 1	73.652 2	90.320 3	111.435	138.237	172.317	215.711	271.024
40	48.886 4	60.402 0	75.401 3	95.025 5	120.800	154.762	199.635	259.057	337.882	442.593
45	56.481 1	71.892 7	92.719 9	121.029	159.700	212.744	285.749	386.506	525.859	718.905
50	64.463 2	84.579 4	112.797	152.667	209.348	290.336	406.529	573.770	815.084	1 163.91
60	81.669 7	114.052	163.053	237.991	353.584	533.128	813.520	1 253.21	1 944.79	3 034.82

（续）

利率 期数	11%	12%	13%	14%	15%	16%	17%	18%	19%	20%
1	1.000 0	1.000 0	1.000 0	1.000 0	1.000 0	1.000 0	1.000 0	1.000 0	1.000 0	1.000 0
2	2.110 0	2.120 0	2.130 0	2.140 0	2.150 0	2.160 0	2.170 0	2.180 0	2.190 0	2.200 0
3	3.342 1	3.374 4	3.406 9	3.439 6	3.472 5	3.505 6	3.538 9	3.572 4	3.606 1	3.640 0
4	4.709 7	4.779 3	4.849 8	4.921 1	4.993 4	5.066 5	5.140 5	5.215 4	5.291 3	5.368 0
5	6.227 8	6.352 8	6.480 3	6.610 1	6.742 4	6.877 1	7.014 4	7.154 2	7.296 6	7.441 6
6	7.912 9	8.115 2	8.322 7	8.535 5	8.753 7	8.977 5	9.206 8	9.442 0	9.683 0	9.929 9
7	9.783 3	10.089 0	10.404 7	10.730 5	11.066 8	11.413 9	11.772 0	12.141 5	12.522 7	12.915 9
8	11.859 4	12.299 7	12.757 3	13.232 8	13.726 8	14.240 1	14.773 3	15.327 0	15.902 0	16.499 1
9	14.164 0	14.775 7	15.415 7	16.085 3	16.785 8	17.518 5	18.284 7	19.085 9	19.923 4	20.798 9
10	16.722 0	17.548 7	18.419 7	19.337 3	20.303 7	21.321 5	22.393 1	23.521 3	24.708 9	25.958 7
11	19.561 4	20.654 6	21.814 3	23.044 5	24.349 3	25.732 9	27.199 9	28.755 1	30.403 5	32.150 4
12	22.713 2	24.133 1	25.650 2	27.270 7	29.001 7	30.850 2	32.823 9	34.931 1	37.180 2	39.580 5
13	26.211 6	28.029 1	29.984 7	32.088 7	34.351 9	36.786 2	39.404 0	42.218 7	45.244 5	48.496 6
14	30.094 9	32.392 6	34.882 7	37.581 1	40.504 7	43.672 0	47.102 7	50.818 0	54.840 9	59.195 9
15	34.405 4	37.279 7	40.417 5	43.842 4	47.580 4	51.659 5	56.110 1	60.965 3	66.260 7	72.035 1
16	39.189 9	42.753 3	46.671 7	50.980 4	55.717 5	60.925 0	66.648 8	72.939 0	79.850 2	87.442 1
17	44.500 8	48.883 7	53.739 1	59.117 6	65.075 1	71.673 0	78.979 2	87.068 0	96.021 8	105.930 6
18	50.395 9	55.749 7	61.725 1	68.394 1	75.836 4	84.140 7	93.405 6	103.740 3	115.265 9	128.116 7
19	56.939 5	63.439 7	70.749 4	78.969 2	88.211 8	98.603 2	110.285	123.414	138.166	154.740
20	64.202 8	72.052 4	80.946 8	91.024 9	102.444	115.380	130.033	146.628	165.418	186.688
21	72.265 1	81.698 7	92.469 9	104.768	118.810	134.841	153.139	174.021	197.847	225.026
22	81.214 3	92.502 6	105.491	120.436	137.632	157.415	180.172	206.345	236.438	271.031
23	91.147 9	104.602 9	120.205	138.297	159.276	183.601	211.801	244.487	282.362	326.237
24	102.174	118.155	136.831	158.659	184.168	213.978	248.808	289.494	337.010	392.484
25	114.413	133.334	155.620	181.871	212.793	249.214	292.105	342.603	402.042	471.981
26	127.999	150.334	176.850	208.333	245.712	290.088	342.763	405.272	479.431	567.377
27	143.079	169.374	200.841	238.499	283.569	337.502	402.032	479.221	571.522	681.853
28	159.817	190.699	227.950	272.889	327.104	392.503	471.378	566.481	681.112	819.223
29	178.397	214.583	258.583	312.094	377.170	0.000	552.512	669.447	811.523	984.068
30	199.021	241.333	293.199	356.787	434.745	530.312	647.439	790.948	966.712	1 181.882
35	341.590	431.663	546.681	693.573	881.170	1 120.71	1 426.49	1 816.65	2 314.21	2 948.34
40	581.826	767.091	1 013.70	1 342.03	1 779.09	2 360.76	3 134.52	4 163.21	5 529.83	7 343.86
45	986.639	1 358.23	1 874.16	2 590.56	3 585.13	4 965.27	6 879.29	9 531.58	13 203.4	18 281.3
50	1 668.77	2 400.02	3 459.51	4 994.52	7 217.72	10 435.6	15 089.5	21 813.1	31 515.3	45 497.2
60	4 755.07	7 471.64	11 761.9	18 535.1	29 220.0	46 057.5	72 555.0	114 189.7	179 494.6	281 732.6

附录 D　年金现值系数表

$$(P/A,\ i,\ n) =[1-(1+i)^{-n}]/i$$

利率\期数	1%	2%	3%	4%	5%	6%	7%	8%	9%	10%
1	0.990 1	0.980 4	0.970 9	0.961 5	0.952 4	0.943 4	0.934 6	0.925 9	0.917 4	0.909 1
2	1.970 4	1.941 6	1.913 5	1.886 1	1.859 4	1.833 4	1.808 0	1.783 3	1.759 1	1.735 5
3	2.941 0	2.883 9	2.828 6	2.775 1	2.723 2	2.673 0	2.624 3	2.577 1	2.531 3	2.486 9
4	3.902 0	3.807 7	3.717 1	3.629 9	3.546 0	3.465 1	3.387 2	3.312 1	3.239 7	3.169 9
5	4.853 4	4.713 5	4.579 7	4.451 8	4.329 5	4.212 4	4.100 2	3.992 7	3.889 7	3.790 8
6	5.795 5	5.601 4	5.417 2	5.242 1	5.075 7	4.917 3	4.766 5	4.622 9	4.485 9	4.355 3
7	6.728 2	6.472 0	6.230 3	6.002 1	5.786 4	5.582 4	5.389 3	5.206 4	5.033 0	4.868 4
8	7.651 7	7.325 5	7.019 7	6.732 7	6.463 2	6.209 8	5.971 3	5.746 6	5.534 8	5.334 9
9	8.566 0	8.162 2	7.786 1	7.435 3	7.107 8	6.801 7	6.515 2	6.246 9	5.995 2	5.759 0
10	9.471 3	8.982 6	8.530 2	8.110 9	7.721 7	7.360 1	7.023 6	6.710 1	6.417 7	6.144 6
11	10.367 6	9.786 8	9.252 6	8.760 5	8.306 4	7.886 9	7.498 7	7.139 0	6.805 2	6.495 1
12	11.255 1	10.575 3	9.954 0	9.385 1	8.863 3	8.383 8	7.942 7	7.536 1	7.160 7	6.813 7
13	12.133 7	11.348 4	10.635 0	9.985 6	9.393 6	8.852 7	8.357 7	7.903 8	7.486 9	7.103 4
14	13.003 7	12.106 2	11.296 1	10.563 1	9.898 6	9.295 0	8.745 5	8.244 2	7.786 2	7.366 7
15	13.865 1	12.849 3	11.937 9	11.118 4	10.379 7	9.712 2	9.107 9	8.559 5	8.060 7	7.606 1
16	14.717 9	13.577 7	12.561 1	11.652 3	10.837 8	10.105 9	9.446 6	8.851 4	8.312 6	7.823 7
17	15.562 3	14.291 9	13.166 1	12.165 7	11.274 1	10.477 3	9.763 2	9.121 6	8.543 6	8.021 6
18	16.398 3	14.992 0	13.753 5	12.659 3	11.689 6	10.827 6	10.059 1	9.371 9	8.755 6	8.201 4
19	17.226 0	15.678 5	14.323 8	13.133 9	12.085 3	11.158 1	10.335 6	9.603 6	8.950 1	8.364 9
20	18.045 6	16.351 4	14.877 5	13.590 3	12.462 2	11.469 9	10.594 0	9.818 1	9.128 5	8.513 6
21	18.857 0	17.011 2	15.415 0	14.029 2	12.821 2	11.764 1	10.835 5	10.016 8	9.292 2	8.648 7
22	19.660 4	17.658 0	15.936 9	14.451 1	13.163 0	12.041 6	11.061 2	10.200 7	9.442 4	8.771 5
23	20.455 8	18.292 2	16.443 6	14.856 8	13.488 6	12.303 4	11.272 2	10.371 1	9.580 2	8.883 2
24	21.243 4	18.913 9	16.935 5	15.247 0	13.798 6	12.550 4	11.469 3	10.528 8	9.706 6	8.984 7
25	22.023 2	19.523 5	17.413 1	15.622 1	14.093 9	12.783 4	11.653 6	10.674 8	9.822 6	9.077 0
26	22.795 2	20.121 0	17.876 8	15.982 8	14.375 2	13.003 2	11.825 8	10.810 0	9.929 0	9.160 9
27	23.559 6	20.706 9	18.327 0	16.329 6	14.643 0	13.210 5	11.986 7	10.935 2	10.026 6	9.237 2
28	24.316 4	21.281 3	18.764 1	16.663 1	14.898 1	13.406 2	12.137 1	11.051 1	10.116 1	9.306 6
29	25.065 8	21.844 4	19.188 5	16.983 7	15.141 1	13.590 7	12.277 7	11.158 4	10.198 3	9.369 6
30	25.807 7	22.396 5	19.600 4	17.292 0	15.372 5	13.764 8	12.409 0	11.257 8	10.273 7	9.426 9
35	29.408 6	24.998 6	21.487 2	18.664 6	16.374 2	14.498 2	12.947 7	11.654 6	10.566 8	9.644 2
40	32.834 7	27.355 5	23.114 8	19.792 8	17.159 1	15.046 3	13.331 7	11.924 6	10.757 4	9.779 1
45	36.094 5	29.490 2	24.518 7	20.720 0	17.774 1	15.455 8	13.605 5	12.108 4	10.881 2	9.862 8
50	39.196 1	31.423 6	25.729 8	21.482 2	18.255 9	15.761 9	13.800 7	12.233 5	10.961 7	9.914 8
55	42.147 2	33.174 8	26.774 4	22.108 6	18.633 5	15.990 5	13.939 9	12.318 6	11.014 0	9.947 1

（续）

利率 / 期数	11%	12%	13%	14%	15%	16%	17%	18%	19%	20%
1	0.900 9	0.892 9	0.885 0	0.877 2	0.869 6	0.862 1	0.854 7	0.847 5	0.840 3	0.833 3
2	1.712 5	1.690 1	1.668 1	1.646 7	1.625 7	1.605 2	1.585 2	1.565 6	1.546 5	1.527 8
3	2.443 7	2.401 8	2.361 2	2.321 6	2.283 2	2.245 9	2.209 6	2.174 3	2.139 9	2.106 5
4	3.102 4	3.037 3	2.974 5	2.913 7	2.855 0	2.798 2	2.743 2	2.690 1	2.638 6	2.588 7
5	3.695 9	3.604 8	3.517 2	3.433 1	3.352 2	3.274 3	3.199 3	3.127 2	3.057 6	2.990 6
6	4.230 5	4.111 4	3.997 5	3.888 7	3.784 5	3.684 7	3.589 2	3.497 6	3.409 8	3.325 5
7	4.712 2	4.563 8	4.422 6	4.288 3	4.160 4	4.038 6	3.922 4	3.811 5	3.705 7	3.604 6
8	5.146 1	4.967 6	4.798 8	4.638 9	4.487 3	4.343 6	4.207 2	4.077 6	3.954 4	3.837 2
9	5.537 0	5.328 2	5.131 7	4.946 4	4.771 6	4.606 5	4.450 6	4.303 0	4.163 3	4.031 0
10	5.889 2	5.650 2	5.426 2	5.216 1	5.018 8	4.833 2	4.658 6	4.494 1	4.338 9	4.192 5
11	6.206 5	5.937 7	5.686 9	5.452 7	5.233 7	5.028 6	4.836 4	4.656 0	4.486 5	4.327 1
12	6.492 4	6.194 4	5.917 6	5.660 3	5.420 6	5.197 1	4.988 4	4.793 2	4.610 5	4.439 2
13	6.749 9	6.423 5	6.121 8	5.842 4	5.583 1	5.342 3	5.118 3	4.909 5	4.714 7	4.532 7
14	6.981 9	6.628 2	6.302 5	6.002 1	5.724 5	5.467 5	5.229 3	5.008 1	4.802 3	4.610 6
15	7.190 9	6.810 9	6.462 4	6.142 2	5.847 4	5.575 5	5.324 2	5.091 6	4.875 9	4.675 5
16	7.379 2	6.974 0	6.603 9	6.265 1	5.954 2	5.668 5	5.405 3	5.162 4	4.937 7	4.729 6
17	7.548 8	7.119 6	6.729 1	6.372 9	6.047 2	5.748 7	5.474 6	5.222 3	4.989 7	4.774 6
18	7.701 6	7.249 7	6.839 9	6.467 4	6.128 0	5.817 8	5.533 9	5.273 2	5.033 3	4.812 2
19	7.839 3	7.365 8	6.938 0	6.550 4	6.198 2	5.877 5	5.584 5	5.316 2	5.070 0	4.843 5
20	7.963 3	7.469 4	7.024 8	6.623 1	6.259 3	5.928 8	5.627 8	5.352 7	5.100 9	4.869 6
21	8.075 1	7.562 0	7.101 6	6.687 0	6.312 5	5.973 1	5.664 8	5.383 7	5.126 8	4.891 3
22	8.175 7	7.644 6	7.169 5	6.742 9	6.358 7	6.011 3	5.696 4	5.409 9	5.148 6	4.909 4
23	8.266 4	7.718 4	7.229 7	6.792 1	6.398 8	6.044 2	5.723 4	5.432 1	5.166 8	4.924 5
24	8.348 1	7.784 3	7.282 9	6.835 1	6.433 8	6.072 6	5.746 5	5.450 9	5.182 2	4.937 1
25	8.421 7	7.843 1	7.330 0	6.872 9	6.464 1	6.097 1	5.766 2	5.466 9	5.195 1	4.947 6
26	8.488 1	7.895 7	7.371 7	6.906 1	6.490 6	6.118 2	5.783 1	5.480 4	5.206 0	4.956 3
27	8.547 8	7.942 6	7.408 6	6.935 2	6.513 5	6.136 4	5.797 5	5.491 9	5.215 1	4.963 6
28	8.601 6	7.984 4	7.441 2	6.960 7	6.533 5	6.152 0	5.809 9	5.501 6	5.222 8	4.969 7
29	8.650 1	8.021 8	7.470 1	6.983 0	6.550 9	6.165 6	5.820 4	5.509 8	5.229 2	4.974 7
30	8.693 8	8.055 2	7.495 7	7.002 7	6.566 0	6.177 2	5.829 4	5.516 8	5.234 7	4.978 9
35	8.855 2	8.175 5	7.585 6	7.070 0	6.616 6	6.215 3	5.858 2	5.538 6	5.251 2	4.991 5
40	8.951 1	8.243 8	7.634 4	7.105 0	6.641 8	6.233 5	5.871 3	5.548 2	5.258 2	4.996 6
45	9.007 9	8.282 5	7.660 9	7.123 2	6.654 3	6.242 1	5.877 3	5.552 3	5.261 1	4.998 6
50	9.041 7	8.304 5	7.675 2	7.132 7	6.660 5	6.246 3	5.880 1	5.554 1	5.262 3	4.999 5
55	9.061 7	8.317 0	7.683 0	7.137 6	4.208 1	6.248 2	5.881 3	5.554 9	5.262 8	4.999 8

参考文献

[1]　财政部会计资格评价中心. 财务管理 [M]. 北京：经济科学出版社，2022.

[2]　中国注册会计师协会. 财务成本管理 [M]. 北京：中国财政经济出版社，2022.

[3]　孔德兰. 财务管理实务 [M]. 3 版. 北京：高等教育出版社，2021.

[4]　荆新，王化成，刘俊彦. 财务管理学 [M]. 8 版. 北京：中国人民大学出版社，2018.

[5]　马元兴. 企业财务管理 [M]. 3 版. 北京：高等教育出版社，2017.

[6]　金阳，李淑波. 财务管理 [M]. 北京：中国人民大学出版社，2017.

[7]　陈宏桥，张俐娟，向美英. 财务管理实务 [M]. 2 版. 大连：东北财经大学出版社，2016.

[8]　张延泰. 财务管理 [M]. 上海：立信会计出版社，2016.

[9]　郭涛. 财务管理 [M]. 3 版. 北京：机械工业出版社，2020.